海上丝绸之路水下文化遗产保护法律制度研究

郭冉 著

Research on the Legal System for the Protection of Underwater Cultural Heritage on the Maritime Silk Road

知识产权出版社
全国百佳图书出版单位
—北京—

图书在版编目（CIP）数据

海上丝绸之路水下文化遗产保护法律制度研究 / 郭冉著. — 北京：知识产权出版社，2023.9

ISBN 978-7-5130-8616-5

Ⅰ.①海… Ⅱ.①郭… Ⅲ.①水下—文化遗产—保护—法律—研究—中国 Ⅳ.①D922.164

中国国家版本馆CIP数据核字（2023）第001695号

策划编辑：庞从容　　　　　　　责任校对：谷　洋
责任编辑：张琪惠　　　　　　　责任印制：孙婷婷
封面设计：乔智炜

海上丝绸之路水下文化遗产保护法律制度研究

郭　冉　著

出版发行：知识产权出版社有限责任公司	网　　址：http://www.ipph.cn
社　　址：北京市海淀区气象路50号院	邮　　编：100081
责编电话：010-82000860转8782	责编邮箱：963810650@qq.com
发行电话：010-82000860转8101/8102	发行传真：010-82000893/82005070/82000270
印　　刷：北京建宏印刷有限公司	经　　销：新华书店、各大网上书店及相关专业书店
开　　本：710mm×1000mm　1/16	印　　张：17.5
版　　次：2023年9月第1版	印　　次：2023年9月第1次印刷
字　　数：302千字	定　　价：98.00元
ISBN 978-7-5130-8616-5	

出版权专有　侵权必究
如有印装质量问题，本社负责调换。

本书系上海市哲学社会科学规划课题"保护水下文化遗产与海上丝绸之路建设"（2018BFX001）的最终研究成果

导 论

一、国内外研究现状

国内外学者在水下文化遗产保护方面的研究基础比较坚实,相关成果十分丰富。早在《保护水下文化遗产公约》的起草和缔结过程中,国外学者已经对公约保护制度进行了全面分析和深入探讨,其中包括:Patrick J. O'Keefe and James A. R. Nafziger, "The Draft Convention on the Protection of the Underwater Cultural Heritage" (1994); Anastasia Strati, *The Protection of the Underwater Cultural Heritage: An Emerging Objective of the Contemporary Law of the Sea* (1995); Sarah Dromgoole and Nicholas Gaskell, "Draft UNESCO Convention on the Protection of the Underwater Cultural Heritage 1998" (1999); Tullio Scovazzi, "2001 Convention on the Protection of the Underwater Cultural Heritage" (2001); Sarah Dromgoole, "2001 UNESCO Convention on the Protection of Underwater Cultural Heritage" (2003); Roberta Garabello and Tullio Scovazzi (eds.), *The Protection of the Underwater Cultural Heritage: Before and After the 2001 UNESCO Convention* (2003) 等。

在公约通过之后,国内外学者的研究逐步深入水下文化遗产国际公约、保护制度、国家实践等各个方面,尤其是针对《保护水下文化遗产公约》的立法理念、法律制度及其完善等问题的研究不断深化,代表性论著不断涌现。其中包括:Michael Flecker, "The Ethics, Politics, and Realities of Maritime Archaeology in Southeast Asia" (2002); Mariano J. Aznar, "Treasure Hunters, Sunken State Vessels and the 2001 UNESCO Convention on the Protection of Underwater Cultural Heritage" (2010); Michail Risvas, "The Duty to Cooperate and the Protection of Underwater Cultural Heritage" (2013); Elena Perez-Alvaro, *Underwater Cultural Heritage: Ethical Concepts and Practical Challenges* (2019); Francesco Francioni, and Ana Filipa Vrdoljak, *The Oxford Handbook of International Cultural Heritage Law* (2020);傅崐成、宋玉祥:《水下文化遗产的国际法保护:2001年联合国教科文组织〈保护水下文化遗产公约〉解析》(2006);赵亚娟:《联合国教科文组织〈保护水下文化遗产公约〉

研究》(2007);郭玉军主编:《国际法与比较法视野下的文化遗产保护问题研究》(2011);[丹麦]蒂斯·马尔拉维尔德等编:《水下文化遗产行动手册:联合国教科文组织2001年〈保护水下文化遗产公约〉附件之指南》(2013);孙雯:《水下文化遗产国际法律问题研究》(2019);等等。不少学者也对水下文化遗产的属性、概念、所有权和管辖权、协调国的法律义务、起源国的优先权、沉船等具体国际法律问题进行了专门研究。❶ 还有多位学者注重对中国、美国等国家进行国别研究,深入探讨各国加入《保护水下文化遗产公约》的可能性问题。❷ 这些丰

---

❶ 这类研究成果包括赵亚娟:《国际法视角下"水下文化遗产"的界定》,载《河北法学》2008年第1期,第143—147页;赵亚娟:《水下文化遗产保护的国际法制——论有关水下文化遗产保护的三项多边条约的关系》,载《武大国际法评论》2007年第1期,第93—127页;徐芳勤:《〈保护水下文化遗产公约〉协调国的产生与权义分析》,载《法制与社会》2011年第1期,第271页;郭玉军、徐锦堂:《国际水下文化遗产若干法律问题研究》,载《中国法学》2004年第3期,第157—169页;刘春梅:《水下文物归属于来源国的法律问题研究》,载《法制与社会》2008年第34期,第359页;马明飞:《水下文化遗产打捞合同争议解决路径研究——以国际投资条约为视角》,载《政治与法律》2015年第4期,第140—149页;马明飞:《水下文化遗产归属的困境与法律对策》,载《甘肃社会科学》2016年第1期,第123—126页;肖雄:《"区域"内考古和历史文物的权利归属问题研究》,载《国际法研究》2015年第4期,第55—69页;王君玲:《水下文化遗产的管辖权和所有权》,载《海洋开发与管理》2007年第1期,第123—126页;张亮、赵亚娟:《"文化财产"与"文化遗产"辨:一种国际法的视角》,载《学术研究》2012年第4期,第47—53页、159—160页;赵青:《来源国对"区域"内考古和历史文物的优先权研究》,载《研究生法学》2016年第2期,第120—126页;等等。

此外,在沉船保护方面的研究包括: Patrick J. O'Keefe, *Shipwrecked Heritage: A Commentary on the UNESCO Convention on Underwater Cultural Heritage*, Institute of Art and Law, 2002; Sarah Dromgoole, *The Legal Regime of Wrecks of Warships and Other State-Owned Ships in International Law: The 2015 Resolution of the Institut de Droit International*, 25 Italian Yearbook of International Law 181, 181-200 (2015); Zhen Lin, *The Protection of Sunken WWII Warships Located in Indonesian or Malaysian Territorial Waters*, 113 Marine Policy 103804 (2020); Rean Monfils, Trevor Gilbert, and Sefanaia Nawadra, *Sunken WWII Shipwrecks of the Pacific and East Asia: The Need for Regional Collaboration to Address the Potential Marine Pollution Threat*, 49(9-10) Ocean & Coastal Management 779, 779-788 (2006); 赵亚娟:《沉没的军舰和其他国家船舶的法律地位——以水下文化遗产保护为视角》,载《时代法学》2005年第5期,第114—119页;江河、於佳:《国际法上的历史沉船之所有权冲突——以保护水下文化遗产为视角》,载《厦门大学法律评论》2015年第1期,第80—96页。

❷ See, for example, Porter Hoagland, China, in Sarah Dromgoole (ed.), *Legal Protection of the Underwater Cultural Heritage*: National and International Perspective, Kluwer Law International, 1999; Sarah Dromgoole (ed.), *Legal Protection of the Underwater Cultural Heritage: National and International Perspectives*, Kluwer Law International, 1999; Natali Pearson, *Protecting and Preserving Underwater Cultural Heritage in Southeast Asia*, in Saskia Hufnagel, Duncan Chappell (eds.), *The Palgrave Handbook on Art Crime*, Palgrave Macmillan, 2019, pp.685–730; Nia N. H. Ridwan, *Maritime Archaeology in Indonesia: Resources, Threats, and Current Integrated Research*, 36 Journal of Indo-Pacific Archaeology 6, 6-24 (2015); Robert Peters, *Nationalism Versus Internationalism: New Perspectives Beyond State Sovereignty and Territoriality in the Protection of Cultural Heritage*, in Anne-Marie Carstens and Elizabeth Varner (eds.), *Intersections in International Cultural Heritage Law*, Oxford University Press, 2020, pp.364–388; Sarah Dromgoole,

硕的研究成果为本书奠定了坚实的法律框架和理论基础,明确了研究方向。

相比较而言,国内学者更加注重结合中国水下文化遗产保护实践,探讨《保护水下文化遗产公约》对中国的影响以及中国加入该公约的可能性。相关研究成果包括张亮、赵亚娟:《论中国应尽快批准〈保护水下文化遗产公约〉》(2011);张忠野:《国际水下文化遗产的管辖和保护与我国法之完善》(2015);黄伟、南雁冰:《中国加入〈保护水下文化遗产公约〉的方案探究——以〈《条例》修订草案〉和〈公约〉的比较与结合为视角》(2019);等等。更重要的是,中国学者注重借鉴国际公约和优秀国际实践,为完善中国法律法规、加强中国水下文化遗产保护提出有益的意见和建议,例如,刘丽娜:《中国水下文化遗产的法律保护》(2015);马明飞:《水下文化遗产归属的困境与法律对策》(2016);等等。这些研究成果为完善国内水下文化遗产保护法律制度提供重要学术支持,有利于加强中国水下文化遗产保护力度。

近年来,南海水下文化遗产破坏严重,国内学者开始关注南海水下文化遗产的保护问题,并对构建水下文化遗产合作保护机制开展研究,提出对策。部分代表性论著有李锦辉:《南海周边主要国家海底文化遗产保护政策分析及启示》(2011);刘长霞、傅廷中:《南海U形线外源自我国的水下文化遗产保护:机制、困境与出路》(2013);王秀卫:《南海低敏感领域合作机制初探》(2013);林蓁:《南海水下文化遗产保护合作机制的可行性研究——基于建设21世纪海上丝绸之路视角》(2016);赵亚娟:《论中国与东盟国家合作保护古沉船——以海上丝绸之路沿线古沉船为例》(2016);李建勋:《南海低敏感领域区域合作法律机制研究》(2017);刘丽娜:《中国南海水域水下文化遗产的法律保护与区域合作研究》(2017);石春雷:《论南海争议海域水下文化遗产"合作保护"机制的构建》(2017);李炳旭、张晏瑲:《论我国主张管辖之外的水下文化遗产保护》(2019);刘丽娜:《建构南海水下文化遗产区域合作保护机制的思考——以南海稳定和区域和平发展为切入点》(2019);

(接上页) *Reflections on the Position of the Major Maritime Powers with respect to the UNESCO Convention on the Protection of the Underwater Cultural Heritage 2001*, 38 Marine Policy 116, 116-123 (2013); Sarah Watkins-Kenney, *Beyond the Waters' Edge: Complexity and Conservation Management of Underwater Cultural Heritage by Public Agencies in North Carolina*, East Carolina University, 2019.

中国学者也有许多优秀的研究成果,例如,王晶:《美国水下文化遗产保护区模式简介》,载《中国文物科学研究》2017年第1期,第83—92页;余诚:《英美有关水下文化遗产保护的政策及立法介评》,载《武大国际法评论》2010年第3期,第28—50页;邬勇、王秀卫:《南海周边国家水下文化遗产立法研究》,载《西部法学评论》2013年第4期,第54—62页。

郑凡:《从海洋区域合作论"一带一路"建设海上合作》(2019);等等。这些研究对争议海域内的水下文化遗产保护问题提出了许多有益的建议,为本书构建区域合作保护机制提供了思路。但是,目前国内学者尚未提出保护海上丝绸之路水下文化遗产的整体法律框架,也未对通过保护水下文化遗产推进海上丝绸之路建设的可行性及其路径开展全面研究。

总之,目前相关研究仍有不足之处,特别是需要专门针对通过保护水下文化遗产推进21世纪海上丝绸之路建设的可行性及其路径进行系统分析,提出整体发展策略。

本书在以下四个方面具有一定的理论价值和现实意义:

首先,本书建议中国依《保护水下文化遗产公约》基本原则和保护制度修订中国水下文化遗产保护法规,明确水下文化遗产所有权、管辖权与国际协作义务,以国内法为依据保护水下文化遗产,进而通过广泛的国际合作保护位于他国管辖海域的中国水下文化遗产。这有助于保护海上丝绸之路沿线的水下文化遗产,夯实21世纪海上丝绸之路建设的物质文化基础。

其次,本书从传统的经济合作拓展到文化合作领域,以水下文化遗产保护合作推动经济、文化合作,为"一带一路"国际合作机制构建提供新的思路。

再次,对于争议海域内的水下文化遗产,本书结合周边国家水下文化遗产保护法律制度,对水下文化遗产保护问题进行专项研究,建议中国尝试与周边国家构建区域合作保护机制,为共同开发提供新的契机,打破21世纪海上丝绸之路建设的瓶颈。

最后,从长远来看,中国"一带一路"倡议的宗旨与《保护水下文化遗产公约》的命运共同体理念不谋而合,本书深入研究《联合国海洋法公约》和《保护水下文化遗产公约》规定的水下文化遗产保护制度,为完善水下文化遗产管辖权和所有权等相关国际法律制度提供理论依据。中国应适时加入《保护水下文化遗产公约》,依托公约保护制度,发挥中国作为水下文化遗产大国的优势,提出中国方案,贡献中国智慧,推动国际海洋法律秩序的变革。

二、主要研究内容

本书主要针对五个主题进行专项研究,各部分的主要内容和研究目标如下:

(一)海上丝绸之路水下文化遗产保护的不足之处

海上丝绸之路水下文化遗产保护的不足之处主要有三:

第一,海上丝绸之路沿线水下文化遗产保护的范围有限。中国遗存于沿线海域的水下文化遗产是21世纪海上丝绸之路建设的物质文化基础，但这个物质文化基础尚不坚实。海上丝绸之路的历史文化遗产点仅局限于国内城市，而位于"海上"和"境外"的遗产点仍是空白。已公布的31个遗产点大多为寺庙、塔桥和窑址等，属间接证据，类别单一，证明力有限。沿线丰富多样的水下文化遗产，包括中国古代沉船及其所载货物，是证明海上丝绸之路的直接证据且能形成完整证据链，亟须进一步挖掘。

第二，海上丝绸之路沿线水下文化遗产保护的共同开发遇到瓶颈。领土主权与海洋权益争端是制约21世纪海上丝绸之路建设的瓶颈。南海水下文化遗产丰富，但盗掘破坏活动猖獗，更有甚者蓄意破坏中国水下文化遗产。各国对中国倡议反应不一，越南等国担心它会强化中国的历史性权利，侵犯其海洋权益。南沙群岛领土主权和海洋权益之争错综复杂，域外大国介入造成地区紧张局势。为此，中国迫切需要在低敏感度领域达成合作协议，打造示范性项目，打破共同开发瓶颈，而水下文化遗产保护作为典型的低敏感度问题无疑具有无可比拟的先天优势。

第三，海上丝绸之路沿线水下文化遗产保护的国际合作机制不足。许多中国水下文化遗产处于中国境外、公海海域或他国管辖海域，保护工作十分艰巨。虽然中国倡议得到国际社会的积极回应，但沿线各国在文化遗产保护方面重视不够、投入有限，不能满足海上丝绸之路文化遗产保护的需求。中国迫切需要利用国际法律制度，走进公海和他国管辖海域，通过国际合作解决文化遗产保护所需的管辖权、信息、技术等现实问题。

（二）与保护海上丝绸之路水下文化遗产相关的国际法律制度

《保护水下文化遗产公约》是唯一一部以保护水下文化遗产为宗旨的国际公约，其保护范畴涵盖所有海上丝绸之路水下文化遗产，包括各种港口遗址、古代沉船及其所载货物等，其完善的合作保护制度有助于确保中国水下文化遗产在所有缔约国都得到保护，并为中国参与"区域"❶和他国管辖海域内的水下文化遗产保护提供了国际法依据。

（1）对于内水、群岛水域和领海内的水下文化遗产，缔约国拥有管理和批准开发活动的专属权利，但应保证其开发活动遵守《有关开发水下文化遗产之活动的规章》，并对在此水域内发现的他国国家船只的船旗国承担一定的通知责任。

（2）对于毗连区内的水下文化遗产，缔约国拥有与在其专属经济区和大

---

❶ 本书中的"区域"特指"国际海底区域"，即国家管辖范围以外的海床和洋底及其底土，后文均使用"区域"一词。

陆架内相同的权利和义务；但沿海国可推定任何未经其许可而把水下文化遗产移出海床的行为都是违法行为，并实施必要管制措施。

（3）对于专属经济区和大陆架内的水下文化遗产，缔约国有权禁止或授权任何开发活动，但不得违反《保护水下文化遗产公约》。同时，缔约国负有国际合作的义务：其他与该水下文化遗产有联系的缔约国有权向沿海国表达参与合作保护的意愿。其法律后果是，沿海国应与该缔约国共商保护措施，并且在其不愿担任"协调国"时，非沿海国有权指定"协调国"。

（4）对于"区域"内的水下文化遗产，所有缔约国都应承担保护责任，但都无权开发"区域"内的水下文化遗产。教科文组织总干事负有广泛的国际协作职责，包括通报信息、收存合作意向书、指定"协调国"等。

（5）对于在争议海域内的水下文化遗产，《保护水下文化遗产公约》未作出明确规定。从理论上讲，所有缔约国仍可依据国内法行使管辖权；但缔约国应遵循国际合作原则，共同承担保护水下文化遗产的责任。

总之，《保护水下文化遗产公约》规定缔约国应完善国内保护制度，并承担某些国际协作义务，但后者从根本上讲仍属于道义性程序义务，而非强制性实体义务。对位于中国管辖海域的他国国家船只和飞行器，船旗国并不拥有管辖豁免或所有权。中国仅需根据合作意愿和协商结果，适当照顾船旗国的权利要求，保证其参与国际合作的权利。因此，中国可根据《保护水下文化遗产公约》基本原则或修订部分国内法规妥善解决《保护水下文化遗产公约》与国内法规的冲突之处。

（三）通过《保护水下文化遗产公约》机制保护海上丝绸之路水下文化遗产，推进"一带一路"建设

中国可批准《保护水下文化遗产公约》，利用其法律制度保护中国水下文化遗产，以古代沉船为基点，打造海上丝绸之路"跨海大桥"，夯实21世纪海上丝绸之路建设的物质文化基础。主要体现在以下3个方面：

（1）中国将有权对中国管辖水域内的所有水下文化遗产行使管辖权。对于遗存于中国毗连区、专属经济区和大陆架的文物，中国只主张对那些起源于中国和起源国不明的文物享有管辖权，而未主张对这些区域内起源于他国的文物享有管辖权。批准《保护水下文化遗产公约》后，中国有权对更广泛的水下文化遗产行使管辖权。

（2）中国水下文化遗产将有权得到所有缔约国的保护。缔约国有义务建立必要的报告制度和通报制度；加强领土和国民管理，禁止使用其领土进行违反《保护水下文化遗产公约》的开发活动；阻止非法发掘的遗产入境、交

易和转移占有，剥夺非法收益，并采取严厉制裁措施。这保证中国水下文化遗产受到所有缔约国的保护。

（3）中国将有权依《保护水下文化遗产公约》参与国际海底区域和他国管辖海域内水下文化遗产的保护工作。海上丝绸之路（西线）已批准公约的国家包括柬埔寨、伊朗、沙特阿拉伯、黎巴嫩、利比亚、突尼斯、意大利、克罗地亚、法国、西班牙和葡萄牙等，涉及南海、印度洋、波斯湾、红海和地中海等海域。批准《保护水下文化遗产公约》后，只要水下文化遗产与中国有文化、历史或考古方面的联系，无论位于他国毗连区、专属经济区、大陆架还是位于国际海底区域，中国都有权参与相关合作保护工作。

（四）通过区域合作机制保护水下文化遗产，推进21世纪海上丝绸之路建设

中国与周边国家构建区域合作机制，联合开展水下文化遗产保护工作，有助于打破21世纪海上丝绸之路建设的共同开发瓶颈。具体而言，可根据不同情况采取不同策略：

（1）如周边国家都批准《保护水下文化遗产公约》，中国应以《保护水下文化遗产公约》为基础开展国际合作保护。目前，周边国家除柬埔寨外都未正式批准《保护水下文化遗产公约》，但各国皆积极修改法规，采取有效保护措施，加大对水下文化遗产的保护力度，积极考虑批准该公约。随着72个国家成为缔约国，❶保护水下文化遗产已经逐渐发展成习惯国际法，必将推动更多周边国家批准《保护水下文化遗产公约》。

（2）如周边国家未批准《保护水下文化遗产公约》，中国应以《保护水下文化遗产公约》为基础缔结双边或多边协定，开展国际合作。中国应坚持以《保护水下文化遗产公约》基本原则和保护措施作为相关协议的指导原则和核心内容，特别是"原址保护原则"和"国际合作原则"。原址保护并不改变遗存现状，不会对沿海国管辖权产生实质性影响，有利于推进国际合作。水下文化遗产保护属低敏感度问题，可为周边国家重启谈判、达成共同开发协定、最终解决领土主权和海洋划界问题提供一个切入点。

（3）目前，比较可行的方案是在双边合作协定或综合性区域合作协定中加入有关合作保护水下文化遗产的条款。"南海行为准则"是各方正在着力达成的多边区域合作协定，中国应主张增加水下文化遗产保护条款，坚持以《保护水

---

❶ 截至2023年1月27日。See UNESCO, "States Parties to the 2001 Convention", https://www.unesco.org/en/node/79722,visited on 7 July 2023.

下文化遗产公约》为基础开展国际合作，保护争议海域内的各国水下文化遗产。

（五）通过国内法机制保护水下文化遗产，推进21世纪海上丝绸之路建设

在中国暂时决定不批准《保护水下文化遗产公约》且双边条约或区域条约模式亦不成熟的情况下，中国应完善国内水下文化遗产保护与管理的法律与政策，加强保护和管理组织机构建设，增加水下文化遗产保护的力度和成效。同时，中国应当根据《保护水下文化遗产公约》基本原则，建立水下文化遗产保护区，单方面开展水下文化遗产保护工作，推进21世纪海上丝绸之路建设。

一方面，中国应高举保护文化遗产的国际合作大旗，以古代沉船为基点，建立水下文化遗产点，并适时设立水下文化遗产保护区。其间，中国应邀请所有与该沉船"确有联系的"国家参与，共同保护水下文化遗产。另一方面，无论相关国家是否参与，中国都可依据相关国际法，采取有力措施，暂停或终止水下文化遗产保护区内的开发活动。

三、研究思路与研究方法

笔者的整体思路分为3步：首先，进行实证分析。收集并整理海上丝绸之路沿线国家关于水下文化遗产保护方面的法律与政策，特别是周边国家的水下文化遗产保护法规与政策，厘清中国与沿线国家开展合作保护工作的重点和难点。

其次，进行对策研究。结合以《保护水下文化遗产公约》为核心的国际法律制度，对中国通过保护水下文化遗产推进海上丝绸之路建设过程中面临的问题逐一研究，提出对策，加强保护的实效，夯实海上丝绸之路的物质文化基础。

最后，尝试建立整体政策法律框架。参照国际法律制度和国家实践，立足中国水下文化遗产保护法律政策与保护实践，将短期目标与长远目标相结合，保护水下文化遗产与"一带一路"倡议相结合，为保护水下文化遗产、推进21世纪海上丝绸之路建设提出具有可行性的意见和建议。

根据上述思路，本书主要采取以下3种研究方法：

（1）国际法基本理论和国家实践相结合。本书注重运用国际法基本理论，切入水下文化遗产保护实践中的重大现实问题，聚焦难点和痛点，注重观点创新、内容创新、方法创新，突出研究实用价值，为完善水下文化遗产国际保护机制建言献策。同时，综合考察水下文化遗产保护相关的国际法律制度与相关国家的法律制度，设计符合我国国情的水下文化遗产保护路径，推动21世纪

海上丝绸之路建设，维护国家利益，构建海洋命运共同体。

（2）国内法与国际法相结合。通过保护水下文化遗产推动21世纪海上丝绸之路建设，不仅涉及以《保护水下文化遗产公约》为核心的国际法律制度，还涉及中国的法律政策，国内法和国际法相互影响、相互制约的共生关系尤其明显。因此，本书采用国内法与国际法相结合的研究方法，广泛参阅国际公约和国际实践，深入探讨中国现行法律政策与国家实践的现状和不足，正确认识和处理二者之间的互动机制，借鉴成功经验，完善中国水下文化遗产保护法律。

（3）案例研究与历史比较相结合。本书以国际水下文化遗产保护公约的建构历史为参照，研究主权国家在此过程中的地位、作用、路径以及成功经验，开展案例分析，为中国参与保护国内外的水下文化遗产提供参考。针对通过保护水下文化遗产推动21世纪海上丝绸之路建设这一核心问题，笔者尝试使用历史制度主义方法，从宏观历史变迁到中观国际规范和组织构建再到微观治理理念和制度，综合分析国际水下文化遗产保护机制的历史变迁过程，总结历史规律。

四、研究重点难点与创新之处

本书主张通过保护水下文化遗产推动海上丝绸之路建设，并就其可行性和具体路径开展深入研究。最大的难点及创新点是提出保护中国水下文化遗产的3种现实路径，分析论证其可行性，综合考量并妥善应对各种挑战。

（1）《保护水下文化遗产公约》保护模式。梳理《保护水下文化遗产公约》及国际实践，针对海上丝绸之路水下文化遗产保护问题进行专项研究，探索通过国际合作机制保护散落在沿线海域的中国水下文化遗产的可行性。

（2）区域合作保护模式。深入分析中国保护水下文化遗产所涉及的问题，逐一研究相关国家的水下文化遗产保护法规，推进构建水下文化遗产区域合作保护机制，从而打破海上丝绸之路建设的共同开发瓶颈。

（3）国内法保护模式。中国应完善国内立法，加强水下文化遗产保护力度。同时，中国应高举保护水下文化遗产的国际合作大旗，以古代沉船为基点，建立水下文化遗产点，并适时设立水下文化遗产保护区。

五、不足之处及未来研究方向

本书作为上海市哲学社会科学规划课题"保护水下文化遗产与海上丝绸之路建设"（2018BFX001）的最终研究成果，仅仅是课题组成员近两年来研究工作的初步总结，有待进一步完善，而且相关问题也仍有许多值得继续研究之处。

首先，中国是否应加入《保护水下文化遗产公约》以及如何完善公约法律制度。本书分析了加入《保护水下文化遗产公约》的利弊得失，主张中国应考虑加入公约并推动完善公约协调国制度、国际合作制度、国家船只管辖豁免制度等，但具体建议有待通过水下文化遗产保护实践予以检验并不断完善。

其次，中国如何进一步完善水下文化遗产保护法律制度。目前，我国已经建立了相对完善的水下文物保护制度，但在推动 21 世纪海上丝绸之路建设的宏大视角下，如何从最有利于国际保护的目的来科学界定水下文化遗产的概念及其所有权和管辖权，如何处理 UCH 军舰等国家船只的管辖豁免，如何合法地介入他国在其管辖海域内擅自开展发掘中国水下文化遗产的活动等，仍有待通过新的立法予以明确。

最后，中国如何更有效地保护那些遗存于争议海域和他国管辖海域的水下文化遗产。本书提出通过公约保护机制和区域合作保护机制开展国际合作，从而增加保护海上丝绸之路水下文化遗产的覆盖面和有效性，然而，如何确定水下文化遗产的所有权和管辖权、平衡水下文化遗产保护的国内利益和国外利益，仍需要结合多种因素作出适当调整。

总之，由于国际水下文化遗产保护法律制度正处于形成和发展过程之中，相关国际公约仍不完善，中国海上丝绸之路覆盖海域辽阔，沿线海洋权益争端错综复杂，水下文化遗产保护法律政策各不相同，加之我们的研究时间较短，研究水平有限，本书必然会存在诸多不足甚至谬误之处，敬请国内外专家学者不吝批评指正。

目 录

第一章 21世纪海上丝绸之路建设与水下文化遗产保护概述 ———— **001**
    一、水下文化遗产的概念   001
    二、21世纪海上丝绸之路水下文化遗产的现状   015
    三、21世纪海上丝绸之路水下文化遗产保护的不足之处   023
    四、21世纪海上丝绸之路水下文化遗产保护的总体设想   026

第二章 国内法保护模式的优势、不足以及对策 ———— **031**
    一、何谓国内法保护模式   031
    二、通过国内法保护模式保护水下文化遗产的优势   032
    三、通过国内法保护模式保护水下文化遗产的不足及其对策   041
    四、结　语   062

第三章 公约保护模式的制度优势、潜在问题以及中国对策 ———— **064**
    一、何谓公约保护模式   064
    二、公约保护模式的制度优势   066
    三、公约保护模式对海上丝绸之路水下文化遗产的特殊价值   075
    四、公约保护模式的潜在问题以及中国对策   082
    五、结　语   087

第四章 区域合作保护模式的现实基础、构建原则和框架 ———— **090**
    一、何谓区域合作保护模式   090
    二、相关国家水下文化遗产立法现状   095
    三、争议海域水下文化遗产合作保护机制的构建原则   102

四、争议海域水下文化遗产合作保护机制的构建框架　　113
　　五、结　语　　119

第五章　UCH国家船只的国际法律保护制度及其完善　　121
　　一、UCH国家船只的国际法律保护机制　　122
　　二、UCH国家船只的所有权问题　　124
　　三、UCH国家船只的管辖权问题　　129
　　四、中国UCH国家船只保护制度及其完善　　141
　　五、结　语　　153

第六章　保护海上丝绸之路水下文化遗产与中国的选择　　155
　　一、推进21世纪海上丝绸之路建设面临的严峻挑战　　156
　　二、与保护海上丝绸之路水下文化遗产相关的国际法律制度　　157
　　三、通过保护水下文化遗产推进21世纪海上丝绸之路建设的路径　　158
　　四、结　语　　162

参考文献　　165
　　（一）中文文献　　165
　　（二）英文文献　　168
　　（三）相关国际条约和相关国家立法　　173

附　录　水下文化遗产保护法选译　　177
　　附录一　《越南文化遗产法》　　178
　　附录二　《越南水下文化遗产保护条例》　　194
　　附录三　《关于保护和保存国家文化遗产、加强国家文化艺术
　　　　　　委员会及其附属文化机构以及其他目的之法案》　　207
　　附录四　《马来西亚国家遗产法》（节选）　　227
　　附录五　印度尼西亚文化旅游部《水下文化遗产管理导则》　　235
　　附录六　《文莱古物和宝藏法》　　245
　　附录七　《国际法中的军舰和其他国有船舶残骸的法律制度》　　258

第一章 21世纪海上丝绸之路建设与水下文化遗产保护概述

一、水下文化遗产的概念

水下文化遗产概念的内涵与外延问题是国际公约谈判过程中的争议焦点之一,科学的定义对限定公约适用范围、实现公约宗旨至关重要。从20世纪70年代末国际社会开始着手制定水下文化遗产保护公约,一直到2001年联合国教科文组织通过《保护水下文化遗产公约》,水下文化遗产概念经历了一个不断发展演化的过程。

(一) 1978年欧洲委员会《关于水下文化遗产的第848号建议》

水下文化遗产的概念首次出现在欧洲委员会议会大会(The Parliamentary Assembly of the Council of Europe)通过的《关于水下文化遗产的第848号建议》(1978)[Recommendation 848 (1978) on the Underwater Cultural Heritage]当中。❶ 在这份文件中,欧洲委员会议会大会发布了水下文化遗产保护的最低法律标准和成员国应当优先采取行动的领域,建议成员国政府重视水下文化遗产保护,并建议欧洲制定一项保护水下文化遗产的专门公约。❷

---

❶ 值得注意的是,欧洲委员会(Council of Europe)与欧盟理事会(Council of the European Union)并非一回事。欧洲委员会是一个位于法国斯特拉斯堡的国际组织,由47个欧洲国家组成,其宗旨是促进欧洲人权、法治、文化。欧盟理事会是一个由来自欧盟成员国各国政府部长所组成的理事会,是欧盟的主要决策机构之一。

❷ See Council of Europe, "Recommendation 848 (1978) on the Underwater Cultural Heritage", available at http://assembly.coe.int/nw/xml/XRef/Xref-XML2HTML-en.asp?fileid=14882&lang=en, visited on 22 February 2021. See also Council of Europe, *The Underwater Cultural Heritage, Report of the Committee on Culture and Education*, Doc. 4200-E, Strasbourg, 1978, pp. 1–4.

《关于水下文化遗产的第 848 号建议》规定，水下文化遗产包括所有遗存于水下超过 100 年的物体、遗址及其所处水下环境等，但经系统研究并妥善建档后可以酌情排除价值不大的物体；遗存于水下不足 100 年但具有重大历史或艺术价值的物体也应当属于水下文化遗产。

其中特别值得一提的是，该建议专门要求"每一个单独的甚至是完全孤立存在的水下文化遗产都应当得到与沉船和遗址同等程度的保护"。由此可以看出，水下文化遗产的概念由始至今都涵盖水下遗存及其有考古价值的环境和自然环境，由始至今都注重对每一个水下文化遗产的保护，无论是水下遗址群，还是单个甚至孤立存在的水下文化遗产，都应当受到同等程度的保护。

（二）1985 年欧洲委员会《欧洲保护水下文化遗产公约（草案）》

此后，欧洲委员会设立水下文化遗产专家委员会（Ad Hoc Committee of Experts on the Underwater Cultural Heritage），着手公约起草工作。1985 年 4 月，它向欧洲委员会提交《欧洲保护水下文化遗产公约（草案）》[1]，这是第一个专门保护水下文化遗产的国际公约草案。令人遗憾的是，该草案因管辖权争议过大最终未能获得欧洲委员会最高决策和执行机构部长理事会通过。[2]

1985 年《欧洲保护水下文化遗产公约（草案）》第 1 条对水下文化遗产定义如下：

> 1. 本公约规定，所有遗存、物体及其他人类生存的遗迹，完全或部分地遗存于海洋、湖泊、江河、运河、人工水库或其他水体之中，或者处于潮汐或其他周期性被水淹没的区域，或者已从这些环境中发掘出来，或已被冲到岸上，都将被视为"水下文化遗产"，下文称"水下文化财产"。
>
> 2. 至少有 100 年历史的水下文化财产应得到本公约的保护。

---

[1] Council of Europe, *Ad Hoc* Committee of Experts on the Underwater Cultural Heritage (CAHAQ), "Final Activity Report", Doc.CAHAQ(85)5, Strasbourg, 23 April 1985. See Anastasia Strati, *Draft Convention on the Protection of Underwater Cultural Heritage: A Commentary Prepared for UNESCO* (UNESCO Doc. CLT-99/WS/8), April 1999, Paris: UNESCO, p. 1, available at http://unesdoc.unesco.org/images/0011/001159/115994eo.pdf, visited on 22 February 2021.

[2] See Anastasia Strati, *Draft Convention on the Protection of Underwater Cultural Heritage: A Commentary Prepared for UNESCO* (UNESCO Doc. CLT-99/WS/8), April 1999, Paris: UNESCO, p. 1.

但任何缔约国都可规定不足100年的水下文化财产也应得到同等保护。❶

《欧洲保护水下文化遗产公约（草案）》设定了水下文化遗产的客观标准，即水下文化遗产应当至少是100年之前的遗存、物体及其他人类生存的遗迹。该草案使用"文化遗产"概念是因为它比"文物"的意义更加丰富，而"文物"一词可能被认为仅包括动产，而不包括港口遗址和设施之类的不动产。但草案同时规定缔约国可以扩大水下文化遗产的范围，即缔约国可以通过立法对不足100年的水下文化遗产提供同等保护。100年是公约草案规定的水下文化遗产最低年限标准，为界定水下文化遗产范围提供了一个较为简单易行的客观标准，为缔约国实施公约奠定基础。同时，缔约国可以通过法律把不足100年历史的水下文化遗产纳入国内法保护的范围，从而使缔约国可以根据本国历史传统扩大水下文化遗产的保护范围。

（三）1994年国际法协会《保护水下文化遗产公约（草案）》

1988年，国际法协会（ILA）成立文化遗产法律委员会，开始着手制定《保护水下文化遗产公约》。文化遗产法律委员会在起草过程中首先考虑的问题就是水下文化遗产的概念。具体而言，主要包括以下几个问题：委员会是否应该对所保护的水下文化遗产进行明确界定？如果界定的话，是否应限定为"具有重大历史意义的"沉船（wreck）和相关物体？如何界定"重大的""具有历史意义的"？定义是否应尽可能宽泛从而涵盖所有水下文化遗产？❷

文化遗产法律委员会最终采用了比较宽泛的定义：水下文化遗产包括所有沉船、遗址和具有重要历史和考古价值的相关物体。对"沉船"这一术语而言，水下文化遗产的保护机制应涵盖所有沉船以及沉船上的所有物体，甚至应当包括那些从沉船上散落下来的物体。例如，船只一般不会垂直坠入海底，相反，船只在从沉没到坠入海底的过程中往

---

❶ See Anastasia Strati, *Draft Convention on the Protection of Underwater Cultural Heritage: A Commentary Prepared for UNESCO* (UNESCO Doc. CLT-99/WS/8), April 1999, Paris: UNESCO, p. 2.

❷ See Patrick J. O'Keefe, James A. R. Nafziger, *The Draft Convention on the Protection of the Underwater Cultural Heritage*, 25 Ocean Development and International Law 391, 392 (1994).

往还会出于惯性而缓慢地移动，从而使沉船及其所载货物散落在相当大的海底区域。如果按照严格的法律术语来讲，公约保护对象应当包括海难残骸物/沉船（海上沉没的财产，无论是否被冲到岸上），遗弃物（derelict，被抛弃在海上的财产），漂浮物（flotsam，沉船后漂浮在海上的物体，水下文化遗产不太可能是漂浮物），抛货 [jetsam，轮船在紧急时刻扔掉的货物或设备（负荷），这些负荷或沉没或被冲上海岸]，商船失事时系浮标投海的货物（lagan）。总之，"沉船"包括所有沉船及其所载货物。❶

1993 年 11 月，文化遗产法律委员会完成公约草案的起草工作。1994 年，国际法协会通过《保护水下文化遗产公约（草案）》❷（以下简称《1994年公约草案》），并提交给联合国教科文组织审议。《1994年公约草案》比较全面地界定了水下文化遗产的概念：

在本公约中：
1."水下文化遗产"系指位于水下的所有人类生存的遗迹，包括：
（a）遗址、建筑、房屋、工艺品和人的遗骸，及其有考古价值的环境和自然环境；
（b）船只、飞行器、其他运输工具的海难残骸物或上述三类的任何部分，其所载货物或其他物品，及其有考古价值的环境和自然环境。
2. 水下文化遗产有下列情况之一者，应视为"被抛弃"：
（a）若勘探和开发技术已经具备可行性，但遗产所有者在此技术发明之日起 10 年之内未开展勘探和开发活动或者自遗产已经沉没水下超过 50 年的；
（b）若勘探和开发技术尚不具备，而该水下文化遗产所有者最后提出有记录的或其他公开的主张之日至少已经过去 50 年。
3."文化遗产区"指沿海国根据相关国际法规则和原则在其领

---

❶ See Patrick J. O'Keefe, James A. R. Nafziger, *The Draft Convention on the Protection of the Underwater Cultural Heritage*, 25 Ocean Development and International Law 391, 394 (1994).
❷ *Buenos Aires Draft Convention on the Protection of the Underwater Cultural Heritage*, in ILA, Report of the Sixty-Sixth Conference 432 (1994).

海之外到大陆架外部界限划定的区域。❶

国际法协会《1994年公约草案》中的水下文化遗产概念与1985年欧洲委员会《欧洲保护水下文化遗产公约（草案）》既有相似之处，也有不同之处。二者都设定了遗存于水下至少100年的客观标准，其目的是方便水下文化遗产主管机构、法院对水下文化遗产进行认定并决定其是否属于公约保护范围。二者都对水下文化遗产进行较为宽泛的界定，不仅包括一般意义上的"物"及其任何部分，还包括人的遗骸、水下遗存的具有考古价值的环境和自然环境，从而包括对人类历史具有重要意义的水下文化遗产的方方面面。这无疑有助于保护和研究水下文化遗产、了解其所处的特定历史和文化背景，掌握全面的第一手资料。

《1994年公约草案》中的水下文化遗产概念也有其独特之处。公约尝试建立一套水下文化遗产"推定抛弃"规则。水下文化遗产所有权问题错综复杂，公约规定水下文化遗产在一定条件下被推定为"抛弃"，其目的是通过"推定抛弃"规则限定公约保护范围。然而，"抛弃"这一法律概念难以明确，大多数国家采取主客观相结合的标准：既需要具备抛弃的客观行为，也需要具备抛弃船只及其货物的主观意图。对于百年以前的水下文化遗产而言，无论是抛弃行为本身，还是抛弃的意图，都充满不确定性，因此在实质上反而增加了公约实施的难度。不可否认的是，公约试图精确地定义"抛弃"，同时试图维护水下文化遗产所有者的合理权利，这的确具有一定的进步意义。

然而，《1994年公约草案》的适用范围并未包括所有水下文化遗产。《1994年公约草案》第2条规定，公约适用于已遗失或被抛弃（lost or abandoned）并处于水下至少100年的水下文化遗产；但是，《1994年公约草案》不适用于国家船只和飞行器及其所载货物。澳大利亚、美国、英国等国坚持明示抛弃理论，认为国家船只和飞行器非经国家明示抛弃，无论遗存于水下多长时间，皆为国家财产，由船旗国拥有所有权。部分国家还主张沉没军舰里可能遗存军人遗骸，船旗国将其视为不应被打扰的战争坟墓。❷ 由此可见，虽然公约适用"推定抛弃"规则，从一定程度上来讲可能有助于明确水下文化遗产的范围，

---

❶ See Patrick J. O'Keefe, James A. R. Nafziger, *The Draft Convention on the Protection of the Underwater Cultural Heritage*, 25 Ocean Development and International Law 391, 394 (1994).

❷ See Patrick J. O'Keefe, James A. R. Nafziger, *The Draft Convention on the Protection of the Underwater Cultural Heritage*, 25 Ocean Development and International Law 391, 407-408 (1994).

但是，抛弃概念本身的不确定性及其对国家船只和飞行器的不适用性反而增加了水下文化遗产界定的难度，对公约适用产生不利影响。

此外，对水下文化遗产作出较为宽泛的界定，也引起一些学者的批评。有学者认为，《1994年公约草案》对水下文化遗产的定义存在含义模糊、过于宽泛的问题。"水下文化遗产概念本身存在问题：它包罗万象，涵盖'位于水下的所有人类生存的遗迹'，这是否意味着应该包括冲浪板碎片甚至被随手扔到海里的苏打水瓶？肯定不应该，但该定义过于宽泛，似乎涵盖了这些物品，而且，该术语的定义包括'遗址、建筑、房屋、工艺品和人的遗骸，及其有考古价值的环境和自然环境'，也很容易被理解为包括码头的支撑梁、捕龙虾器和石油钻井平台。"❶ 在1998年6月29日—7月2日联合国教科文组织政府专家第一次会议（The First Meeting of Governmental Experts）上，美国政府也曾建议把遗迹限定为"具有重要史前意义、考古意义、历史和文化价值的物品"，但鉴于超过百年的水下文化遗产或多或少都可以阐释为具有重要价值，2001年《保护水下文化遗产公约》最终采用比较宽泛的水下文化遗产概念，并延续至今。反观中国一直坚持"重要性""文物"等比较严苛的定义，使中国水下文物保护范围远比水下文化遗产的范围狭窄，明显属于自我设限。

（四）1998年联合国教科文组织《保护水下文化遗产公约（草案）》

1998年，联合国教科文组织在国际法协会《1994年公约草案》文本的基础上，准备了新的《保护水下文化遗产公约（草案）》（以下简称《1998年公约草案》）。❷《1998年公约草案》基本沿袭了先前公约，通过描述法和列举法定义"水下文化遗产"的概念。

在本公约中：

1.（a）"水下文化遗产"系指至少100年来位于水下的所有人类生存的遗迹，包括：

---

❶ David J. Bederman, *The UNESCO Draft Convention on Underwater Cultural Heritage: A Critique and Counter-Proposal*, 30(2) Journal of Maritime Law and Commerce 331, 332 (1999).

❷ Doc. CLT-96/Conf.202/5, April 1998. For a discussion of this draft, see Sarah Dromgoole and Nicholas Gaskell, *Draft UNESCO Convention on the Protection of the Underwater Cultural Heritage 1998*, 14 IJMCL 171, 171-192 (1999). The text of the 1998 draft was included as an appendix to that article, see pp.193–206.

（i）遗址、建筑、房屋、工艺品和人的遗骸，及其有考古价值的环境和自然环境；

（ii）船只、飞行器、其他运输工具的海难残骸物或上述三类的任何部分，其所载货物或其他物品，及其有考古价值的环境和自然环境；

（b）尽管有上述规定，缔约国仍可决定某些在水下不足100年的人类生存遗迹构成水下文化遗产。

2. 水下文化遗产有下列情况之一者，应视为"被抛弃"：

（a）若勘探和开发技术已经具备可行性，但遗产所有者在此技术发明之日起25年之内未开展勘探和开发活动；

（b）若勘探和开发技术尚不具备，而该水下文化遗产所有者最后提出有记录的或其他公开的主张之日至少已经过去50年。❶

1998年6月29日—7月2日，在联合国教科文组织举行的政府专家第一次会议上，各国对《1998年公约草案》发表不同意见，提出很多修订建议。❷

各国对草案第1条第2项关于推定抛弃的规定争议颇大。美国政府建议删除该规定。拉美和加勒比国家则对推定抛弃条款作出有利于自己的解释，提议在第1条第2项后增加一小段："抛弃说不适用于在缔约国管辖水域发现的水下文化遗产。"该提议的目的是确保缔约国对其管辖水域的管辖权不受影响。但是，如果"推定抛弃"规则仅仅适用于缔约国管辖范围以外的水下文化遗产，势必会导致两种不同的制度共存于同一公约之下，造成难以克服的实际困难。

西班牙则提议在原有条款上增加一项："以某一缔约国为船旗国的沉船之财产和剩余物应被视为'未被抛弃'，除非上述缔约国明确宣布其抛弃之意图。"作为老牌海洋强国，以西班牙为船旗国的沉船散落于世界各地，因此，西班牙的提议旨在强化其长期固守的国家财产明示抛弃理论，确保西班牙对遗存于他国管辖海域的西班牙沉船享有所有权。然而，值得注意的是，船旗国管辖权与船旗国所有权既有联系又有区别：如果船旗国是船

---

❶ See Sarah Dromgoole and Nicholas Gaskell, *Draft UNESCO Convention on the Protection of the Underwater Cultural Heritage 1998*, 14 IJMCL 171, 171-192 (1999).

❷ See Anastasia Strati, *Draft Convention on the Protection of Underwater Cultural Heritage: A Commentary Prepared for UNESCO* (UNESCO Doc. CLT-99/WS/8), April 1999, Paris: UNESCO, p. 1.

东的话，它当然有权放弃船舶的所有权；但除此之外，船旗国只享有船旗国管辖权，并不拥有船舶所有权，当然也无权放弃船舶所有权。

再如，各国对认定水下文化遗产的主客观标准也存在不同意见。美国建议将第1条第1项（a）修正为："1.（a）'水下文化遗产'系指在水下或海床发现的、至少已经位于水下50年的，具有重要史前意义、考古意义、历史和文化价值的物品，包括：(i)遗址、建筑、房屋、工艺品和人的遗骸，及其有考古价值的环境和自然环境；(ii)船只、飞行器、其他运输工具的海难残骸物或上述三类的任何部分，其所载货物或其他物品，及其有考古价值的环境和自然环境。"概言之，美国提议设定"遗存于水下至少50年"的客观标准和"具有重要的史前意义、考古意义、历史和文化价值"的主观标准。

但是，美国增加"重要性"的主观标准，无论在理论上还是实践上都没有意义。从理论上看，遗存于水下50年以上的文化遗产或多或少都具有一定的价值；从实践上看，水下文物在被发掘出来之前无法评估其考古价值，水下遗址在全面勘探之前也无法评估其考古价值和历史文化重要性。增加"重要性"的主观标准势必将极大提高水下文化遗产保护的门槛。因此，水下文化遗产概念应当以客观标准为主，对符合标准的所有遗存及其考古和自然环境进行系统调查和全面保护，在维持现状的前提下再综合评估其重要性。

《1998年公约草案》把水下文化遗产限定为"遗存于水下至少100年"并非凭空想象。首先，欧洲委员会《关于水下文化遗产的第848号建议》和《欧洲保护水下文化遗产公约（草案）》都采用了100年的客观标准，具有一定的历史延续性；其次，100年的客观标准有助于避免沉船船东未经主管当局许可无权救助自己财产的尴尬局面；最后，100年的客观标准有助于妥善区分水下文化遗产法与救助法的适用范围。因为"遗存于水下至少100年"的客观标准要求相关文化遗产淹没于水下至少100年，这足以使其与周围环境达到平衡状态，文化遗产的分解速度缓慢，几乎没有进一步恶化的危险；而"救助"的基本要素之一是存在"海上危险"（marine peril）。水下文化遗产既然不存在恶化风险，也就不符合"救助"的基本要求，那么它自然不属于救助法的适用对象。虽然有国家建议采用50年或1945年作为时间标准，但在政府专家第一次会议的讨论中，"至少位于水下100年"的客观标准最终得到大多数代表的支持。

《1998年公约草案》第1条第1项（a）设定了100年的时间限制，同时（b）又规定："尽管有上述规定，缔约国仍可决定某些在水下不足100年的人类生存遗迹构成水下文化遗产。"❶ 这表明公约确立的是最低保护标准，实际上缔约国可以在公约设定的时间限制基础上扩大水下文化遗产的保护范围。换句话说，缔约国可以把任何水下物品认定为水下文化遗产，进行特别保护，通过国内法禁止任何人获得这些水下文化遗产。❷ 美国建议删除（b），理由是该规定虽然可以使缔约国灵活地保护那些在水下不足100年的水下文化遗产，但这种宽泛的规定势必使100年的时间要求变得无关紧要。❸ 因此，2001年联合国教科文组织《保护水下文化遗产公约》最终接受美国的意见，删除了该项规定。

（五）2001年联合国教科文组织《保护水下文化遗产公约》

2001年联合国教科文组织通过的《保护水下文化遗产公约》第一次全面科学地对水下文化遗产概念进行了界定。《保护水下文化遗产公约》第1条第1项（a）规定："'水下文化遗产'系指至少100年来，周期性地或连续地，部分或全部位于水下的具有文化、历史或考古价值的所有人类生存的遗迹，比如：（i）遗址、建筑、房屋、工艺品和人的遗骸，及其有考古价值的环境和自然环境；（ii）船只、飞行器、其它运输工具或上述三类的任何部分，所载货物或其它物品，及其有考古价值的环境和自然环境；（iii）具有史前意义的物品。"

同时，为了推动各国结合本国具体国情科学地界定水下文化遗产，《保护水下文化遗产公约》还提供了水下文化遗产概念的建议文本（Model for A National Act on the Protection of Cultural Heritage）❹：

---

❶ 1998 UNESCO Draft, Art. 1(b).

❷ See Lauren W. Blatt, *SOS (Save Our Ship)! Can the UNESCO 1999 Draft Convention on the Treatment of Underwater Cultural Heritage Do Any Better?* 14 Emory International Law Review 1581, 1594 (2000).

❸ See Sarah Dromgoole, *2001 UNESCO Convention on the Protection of the Underwater Cultural Heritage*, 18(1) The International Journal of Marine and Coastal Law 59, 59-108 (2003).

❹ UNESCO, "Model for A National Act on the Protection of Cultural Heritage", available at http://www.unesco.org/new/fileadmin/MULTIMEDIA/HQ/CLT/pdf/UNESCO_MODEL_UNDERWATER_ACT_2013.pdf, visited on 22 February 2021. See UNESCO, "Country Reports", available at http://www.unesco.org/new/en/culture/themes/underwater-culturalheritage/publications-resources/country-reports/, visited on 22 February 2021.

Definitions

1. "Cultural heritage" means

a. all traces of human existence having a cultural, historical or archaeological character, which are older than [___ years❶] such as, together with their archaeological and natural context:

(i) sites;

(ii) structures, and buildings;

(iii) vessels, aircraft, other vehicles or any part thereof, their cargo or other contents; and

(iv) artefacts, human remains, and objects of prehistoric character.

b. objects and sites, together with their context, having a paleontological or scientific significance, which are older than [___years].

c. It includes "underwater cultural heritage", which is cultural heritage, which is or was partially or totally, periodically or continuously, located under water.

e. "Cultural heritage of an archaeological character" means undiscovered and discovered cultural heritage which is located in the soil or under water.

由此可见，《保护水下文化遗产公约》对人类生存的遗迹是否属于水下文化遗产采用了主客观相结合的标准，客观标准是"至少100年来，周期性地或连续地，部分或全部位于水下"，主观标准是"具有文化、历史或考古价值"。鉴于几乎任何人类生存的遗迹都具有某种程度的文化、历史或考古价值，客观标准就成为主要的判断标准。位于水下至少100年的客观标准，为辨识水下文化遗产并及时采取保护措施提供了依据。值得注意的是，这里的"位于水下至少100年"的起算时间并非2001年，而是随着时间推移而不断变化。❷ 公约保护水下文化遗产的范围也在不断扩大。例如，2018年，公约的适用范围已经涵盖第一次世界大战期间沉没

---

❶ 《保护水下文化遗产公约》建议水下文化遗产保护法文本可以规定100年，也可以规定50年。但是，中国规定的1911年超过100年，水下文物的范围明显小于水下文化遗产的范围。

❷ See Sarah Dromgoole, *2001 UNESCO Convention on the Protection of the Underwater Cultural Heritage*, 18(1) The International Journal of Marine and Coastal Law 59, 63-64 (2003).

于水下的船只；到 2045 年，公约就将适用于第二次世界大战期间沉没的船只。同时，该公约删除了《1998 年公约草案》允许国家单方面决定保护位于水下不足 100 年遗迹的规定。

《保护水下文化遗产公约》还明确，海底铺设的管道和电缆无论是否正在使用，都不应被视为水下文化遗产。除海底铺设的管道和电缆以外的其他装置，如果仍在使用，也不应被视为水下文化遗产。

（六）国家立法实践中的水下文化遗产概念

在国际社会制定国际公约的同时，各个国家也在不断建立、发展和完善国内水下文化遗产保护法律制度。[1] 特别是 2001 年联合国教科文组织《保护水下文化遗产公约》的通过，不仅促使关于水下文化遗产保护的国家立法数量激增，而且也提高了各国水下文化遗产立法的趋同性。[2] 由于各国历史文化和经济发展阶段不同，各国水下文化遗产立法在总体上体现出较大的差异性，立法进程不一，法律制度各不相同。其中，西班牙和越南对水下文化遗产的定义就颇具代表性。

1. 西班牙的定义

西班牙在《保护水下文化遗产公约》制定过程中发挥了举足轻重的作用。2009 年西班牙发布的保护水下文化遗产国家计划"绿皮书"内容详尽，制度健全，使西班牙成为水下文化遗产保护的领先者。此后，西班牙与拉美和加勒比国家启动了合作计划，并于 2014 年与墨西哥签署了关于合作保护水下文化遗产的谅解备忘录。[3] 西班牙 2014 年通过的《通用航行法》（Law on General Navigation, 2014）是继 1985 年《西班牙历史遗产法》（Spanish Historical Heritage Act）之后最重要的水下文化遗产立法，对水下文化遗产相关的一些问题进行详细规定，尤其是明确规定打捞法不适用于水下文化遗产，进一步健全了西班牙水下文化遗产保护法律制度。

---

[1] See David Parham & Michael Williams, *An Outline of the Nature of the Threat to Underwater Cultural Heritage in International Waters*, in Protection of Underwater Cultural Heritage in International Waters Adjacent to the UK, Proceedings of the JNAPC 21st Anniversary Seminar, Portsmouth, The Nautical Archaeology Society, 2011, pp. 5–14.

[2] See Eden Sarid, *International Underwater Cultural Heritage Governance: Past Doubts and Current Challenges*, 35(2) Berkeley Journal of International Law 219, 240 (2017).

[3] See Eden Sarid, *International Underwater Cultural Heritage Governance: Past Doubts and Current Challenges*, 35(2) Berkeley Journal of International Law 219, 239 (2017).

西班牙水下文化遗产保护法律呈现出显著的独特性和差异性。一般认为，西班牙水下文化遗产是指那些符合法律规定的考古历史遗产的特征，并在西班牙内陆和包括西班牙地下水以及西班牙行使主权或管辖权的海域中发现的遗产。该定义还包括其他具有相同特征的遗产，西班牙可以根据本国法律或国际法对其主张权利。❶

但必须要强调的是，西班牙法律并未明确界定水下文化遗产的概念。❷ 1985 年西班牙《历史遗产法》第 1 条只界定了"西班牙历史遗产"（Spanish Historical Heritage）的概念，它是指"具有艺术、历史、古生物学、考古学、民族、科学或技术价值的不动产和动产。西班牙历史遗产还包括著作和文献遗产、考古遗址以及具有艺术、历史或人类学价值的自然遗址、花园和公园"❸。1985 年西班牙《历史遗产法》第 40 条第 1 款把"考古遗产"（archaeological heritage）定义为"具有历史性质的动产和不动产，应按照考古方法进行研究，无论是否移出原址，也无论原址位于地下、领水或大陆架之上。与人类历史、起源以及前身有关的地质和古生物学要素也同样构成该遗产的一部分"，并将"考古遗产"纳入西班牙历史遗产，明确规定考古遗产是历史遗产的一部分。❹ 简而言之，根据 1985 年西班牙《历史遗产法》，判断特定财产是"考古遗产"的唯一前提条件是，可以通过考古方法对其进行研究。立法者旨在将"考古遗产"宣布为公共财产（1985 年西班牙《历史遗产法》第 44 条），从而加强对考古遗产的保护，事实证明这是合理可行的。

西班牙认为《保护水下文化遗产公约》中的水下文化遗产概念仅仅规定了最低保护范畴，而非最高保护范畴，各国可以通过缔结双边或多

---

❶ See Government of Spain, *Green Paper-National Plan for the Protection of Underwater Cultural Heritage* (Official English Translation, 2009), p.14, available at http://en.calameo.com/read/000075335015cc9543e0f, visited on 22 February 2021.

❷ See Government of Spain, *Green Paper-National Plan for the Protection of Underwater Cultural Heritage* (Official English Translation, 2009), p.48, available at http://en.calameo.com/read/000075335015cc9543e0f, visited on 22 February 2021.

❸ Government of Spain, *Green Paper-National Plan for the Protection of Underwater Cultural Heritage* (Official English Translation, 2009), pp.48-49, available at http://en.calameo.com/read/000075335015cc9543e0f, visited on 22 February 2021.

❹ See Government of Spain, *Green Paper-National Plan for the Protection of Underwater Cultural Heritage* (Official English Translation, 2009), p.49, available at http://en.calameo.com/read/000075335015cc9543e0f, visited on 22 February 2021.

边协定提高水下文化遗产保护程度,这也是公约第6条所鼓励的。❶ 因此,西班牙提出参照《保护水下文化遗产公约》制定本国法律,精确界定水下文化遗产的概念,并特别提出8项指导原则:(1)无论最后如何定义,水下文化遗产都应构成西班牙考古遗产的组成部分,而考古遗产又构成西班牙历史遗产的组成部分;尽管水下文化遗产具有特殊性,但水下文化遗产法规必须包含在历史遗产法规之内。(2)水下文化遗产的广泛定义(所有人类生存的遗迹)必须与西班牙现行法律条款兼容,即必须包含"具有历史性质的动产和不动产,应按照考古方法进行研究"。(3)水下文化遗产的概念必须同时包括已经从海底移走的物品以及仍然遗存于水下的物品。(4)"位于水下至少100年"的条件并非绝对不可更改,西班牙可以把1933年以前遗存于水下的物体纳入水下文化遗产的范畴。(5)西班牙法律应参照《保护水下文化遗产公约》,尽可能列举典型的水下文化遗产种类,增强概念的确定性。(6)西班牙应保持立法现状,确保西班牙法律适用于内水、领海和大陆架范围内的所有遗产。(7)西班牙应保护"海底铺设的管道和电缆以外的,且仍在使用的装置",如西班牙沿海的那些尽管已经在水下100多年但仍在使用的捕鱼装置。(8)西班牙应声明,根据国际法规则,西班牙对沉没的国家船只和飞行器无限期地拥有所有权利,除非通过公法规定的明示行为予以转让或放弃。❷

2. 越南的定义

越南与水下文化遗产相关的法规主要有两个:2001年《越南文化遗产法》❸ 和2005年《关于水下文化遗产管理和保护的第86/2005/ND-CP号条例》❹(以下简称《越南水下文化遗产保护条例》)。《越南水下文化遗产保护

---

❶ See Government of Spain, *Green Paper-National Plan for the Protection of Underwater Cultural Heritage* (Official English Translation, 2009), p.49, available at http://en.calameo.com/read/000075335015cc9543e0f, visited on 22 February 2021.

❷ See Government of Spain, *Green Paper-National Plan for the Protection of Underwater Cultural Heritage* (Official English Translation, 2009), pp.50-51, available at http://en.calameo.com/read/000075335015cc9543e0f, visited on 22 February 2021.

❸ Vietnam Law on Cultural Heritage of 2001, available at http://www.unesco.org/culture/natlaws/media/pdf/vietnam/vn_law_cltal_heritage_engtof.pdf, visited on 22 February 2021.

❹ Vietnam Decree No. 86/2005/ND-CP on Management and Protection of Underwater Cultural Heritage, available at http://www.fao.org/faolex/results/details/en/c/LEX-FAOC060607/, visited on 22 February 2021.

条例》第 3 条明确规定了水下文化遗产的定义:"1. 水下文化遗产指遗存于水下,具有一定历史、文化、科学价值的物质文化遗产,包括:遗迹、古董、国家宝藏;文物、建筑物、建筑遗址;工艺品、人的遗骸、与人类起源有关的古生物及其有考古价值的环境和自然环境。2. 正在使用中的水下管道、排水渠、电缆、设备和设施,不属于水下文化遗产。"越南水下文化遗产的定义与《保护水下文化遗产公约》的定义有类似之处,也存在细微差别。第一,二者都规定水下文化遗产是物质文化遗产,不包括非物质文化遗产。然而《保护水下文化遗产公约》对水下文化遗产设定了清晰的时间限制,必须"至少 100 年来,周期性地或连续地,部分或全部位于水下";但《越南水下文化遗产保护条例》并未对水下文化遗产设定时间限制。越南法规中只有《越南文化遗产法》为古董设定了 100 年及以上的时间限制(《越南文化遗产法》第 4 条第 6 项)。第二,二者都采用列举法阐释、说明水下文化遗产的范围。其中,《越南水下文化遗产保护条例》把人的遗骸以及有考古价值的环境和自然环境列为水下文化遗产,这显然是对《越南文化遗产法》第 4 条的一大突破。二者不同之处在于越南把"与人类起源有关的古生物"也归为水下文化遗产。在《1998 年公约草案》的起草过程中,有国家曾提出把古生物列为水下文化遗产,但并未成功。❶1970 年联合国教科文组织制定的《关于禁止和防止非法进出口文化财产和非法转让其所有权的方法的公约》第 1 条把"具有古生物学意义的物品"(objects of palaeontological interest)列入"文化财产"的范畴。❷ 然而,无论是欧洲委员会 1985 年起草的《欧洲保护水下文化遗产公约(草案)》,还是国际法协会起草的《1994 年公约草案》,都未把古生物列入水下文化遗产的范畴。第三,越南法律与《保护水下文化遗产公约》最大的区别在于,越南主张对水下文化遗产拥有所有权。《越南文化遗产法》第 6 条规定:"所有遗存于越南社会主义共和国领土之下、岛屿、内水、领水、特殊

---

❶ See Anastasia Strati, *Draft Convention on the Protection of Underwater Cultural Heritage: A Commentary Prepared for UNESCO* (UNESCO Doc. CLT-99/WS/8), April 1999, Paris: UNESCO, p.16.

❷ 《关于禁止和防止非法进出口文化财产和非法转让其所有权的方法的公约》(Convention on the Means of Prohibiting and Preventing the Illicit Import, Export and Transfer of Ownership of Cultural Property),载联合国教科文组织网站,https://www.unesco.org/new/fileadmin/MULTIMEDIA/HQ/CLT/movable/1970_ConvCHIN.pdf, 最后访问日期:2023 年 7 月 6 日。中国于 1989 年 11 月 28 日根据第 19 条接受(acceptance)公约,成为其缔约国。越南于 2005 年 9 月 20 日批准(ratification)公约,成为其缔约国。

海洋经济权益区域或洋底的文化遗产，属于人民共有文化遗产。"

3. 小　结

除了西班牙和越南，法国、美国、俄罗斯、意大利等国的水下文化遗产概念与 2001 年联合国教科文组织《保护水下文化遗产公约》规定相比也是既有共同之处，又有特殊之处。不可否认的是，在公约通过后，世界各国开始加强水下文化遗产立法，水下文化遗产保护制度呈现出明显的趋同性。因此，中国推动海上丝绸之路沿线国家保护水下文化遗产，必须充分考虑各国不同的历史文化传统和经济发展阶段及其水下文化遗产立法的差异性，求同存异，提出具有可操作性的方案，开展务实合作。

二、21 世纪海上丝绸之路水下文化遗产的现状

"丝绸之路经济带"和"21 世纪海上丝绸之路"（以下简称"一带一路"）是中国国家主席习近平先后在 2013 年 9 月和 10 月出访中亚和东南亚国家期间提出的重大倡议，随即得到国际社会的高度关注。2015 年 3 月，中国发布《推动共建丝绸之路经济带和 21 世纪海上丝绸之路的愿景与行动》，提出"一带一路"的共建原则、框架思路、合作重点和合作机制，以政策沟通、设施联通、贸易畅通、资金融通、民心相通为核心，"打造政治互信、经济融合、文化包容的利益共同体、命运共同体和责任共同体"❶。民心相通是"一带一路"建设的社会根基，而海上丝绸之路历史文化遗产是把沿线各国人民联系起来的历史纽带。沿线国家共同保护文化遗产，传承和弘扬丝绸之路的友好合作精神，可以为"一带一路"建设奠定坚实的民意基础。因此，"一带一路"建设离不开历史文化遗产，而 21 世纪海上丝绸之路建设尤其离不开水下文化遗产。

（一）海上丝绸之路概述

海上丝绸之路萌芽于商周，发展于春秋战国，形成于秦汉，兴于唐宋，转变于明清，是已知最为古老的海上航线。中国海上丝绸之路分为东海航线和南海航线两条线路，其中主要以南海为中心。南海航线，又称南

---

❶ 《推动共建丝绸之路经济带和 21 世纪海上丝绸之路的愿景与行动》，载商务部网站，http://hr.mofcom.gov.cn/article/ztdy/201503/20150300925993.shtml，最后访问日期：2021 年 12 月 31 日。

海丝绸之路，起点主要是广州和泉州。明朝时郑和下西洋更标志着海上丝绸之路发展到了极盛时期。南海丝绸之路从中国经中南半岛和南海诸国，穿过印度洋，进入红海，抵达东非和欧洲，途经100多个国家和地区，成为中国与外国贸易往来和文化交流的海上大通道，并推动了沿线各国的共同发展。东海航线，也叫"东方海上丝绸之路"。春秋战国时期，齐国在胶东半岛开辟了"循海岸水行"直通辽东半岛、朝鲜半岛、日本列岛直至东南亚的黄金通道。唐代，山东半岛和江浙沿海的中韩日海上贸易逐渐兴起。宋代，宁波成为中韩日海上贸易的主要港口。海上丝绸之路的参与者包括古代中国人、波斯-阿拉伯人、印度人、马来人以及大航海时代以后的西方殖民贸易者。"海上丝绸之路既包括国家管控的官方贸易，也涵盖民间自发的贸易形态。官方贸易以郑和下西洋（1405年—1433年）为巅峰，民间贸易则以明代'隆庆开海'（1567年）为标志，曾一度达到极度繁盛的状态。"❶ 由此可见，海上丝绸之路是世界各国人民在漫长历史长河中共同开拓的海上贸易通道，是沿线各国长期历史交流与合作的见证。

海上丝绸之路从本质上讲是古代风帆贸易路线。"海上丝绸之路是古代人们借助季风与洋流，利用传统航海技术开展东西方交流的海上通道，也是东、西方不同文明板块之间经济、文化、科技、宗教和思想相互传输的纽带。"❷ 海上丝绸之路的航海工具是木制帆船，其中，主要是中国帆船、阿拉伯帆船和西班牙大帆船这三类海船。例如，"泉州湾宋代沉船"、"南海一号"和"华光礁一号"属于宋代中国帆船；在印度尼西亚海域发现的印旦沉船、井里汶沉船、勿里洞沉船则系阿拉伯帆船；在菲律宾海域发现的"圣迭戈号"沉船属于西班牙大帆船。此外，在殖民贸易时代晚期，还出现了快速帆船，如"Cutty Sark 号"茶叶贸易船。❸

古代帆船航行主要借助季风和洋流。人们利用季风的规律，冬季从中国东南沿海出发去东南亚，夏季再从东南亚国家乘风回中国，冬去夏归，开展中国与东南亚国家之间的海洋贸易。如果从中国去往印度洋，就需要在马六甲海峡等候风向转换，再加一个年度周期才能完成在印度洋海域的航行，所以，如果从中国到波斯湾，至少需要两年。"洋流也是影响海上

---

❶ 姜波：《海上丝绸之路：环境、人文传统与贸易网络》，载《南方文物》2017年第2期，第142页。
❷ 姜波：《海上丝绸之路：环境、人文传统与贸易网络》，载《南方文物》2017年第2期，第142页。
❸ 参见姜波：《海上丝绸之路：环境、人文传统与贸易网络》，载《南方文物》2017年第2期，第145页。

航行的重要因素。例如太平洋西岸的黑潮,是流速、流量都十分强劲的洋流,对古代福建、台湾海域的航行有重要影响。横跨太平洋的'大帆船贸易'(1565年—1815年),正是因为西班牙人发现了北太平洋洋流规律(即北赤道暖流—黑潮—北太平洋暖流—加利福尼亚寒流的洋流圈),才得以实现菲律宾马尼拉—墨西哥阿卡普尔科港之间的航行。"❶

木制帆船在海上丝绸之路航行本身就容易受到自然因素的不利影响,况且季风和洋流的季节性和周期性导致航行周期较长,因此,古代海上丝绸之路航行期间的事故不可避免,帆船触礁沉没事故时有发生,经过数百年,沉船遗址遍布丝绸之路沿线海域的每一个角落。这些沉船及其所载货物、航线、码头、水下设施就像刻满历史记忆的宝藏,埋藏在大海的某个角落,等待人们去发现,去探索,去揭开尘封的历史真相。

(二)21世纪海上丝绸之路水下文化遗产的种类

海上丝绸之路沿线各国人民进行风帆贸易,开展经济和文化交流,永载史册,同时也在港口海岸、大海洋底留下人类生存的遗迹,它们或为沉船残骸,或为遗骨抛货,或为水下遗珍,或为航行设施,它们满载历史文化密码,蕴含古代生活信息,在水下沉睡百年,成为海上丝绸之路独有的水下文化遗产。简而言之,海上丝绸之路的文化遗产可以包括沿线岸上和水下的文化遗产,例如古代港口遗址、导航设施、海洋贸易设施、祭祀遗址、船厂与沉船遗址、生产设施等。❷

沿线的港口遗址是一种典型的海上丝绸之路文化遗产。中国境内有广州港、泉州港、福州港、漳州港、宁波港、南京港、扬州港、合浦港、登州港等港口遗址。海外港口遗址包括位于越南的占城、印度尼西亚的巨港(旧港)、马来西亚的满剌加(马六甲)、斯里兰卡的加勒港、印度的古里(卡利卡特)、波斯湾口的忽鲁谟斯(霍尔木兹)等。西方殖民贸易时期形成的里斯本、开普敦、霍尔木兹、果阿、马六甲、巴达维亚、马尼拉、澳门、长崎等港口也有海上丝绸之路文化遗存。❸这些港口如今仍是重要的国际性港口。

---

❶ 姜波:《海上丝绸之路:环境、人文传统与贸易网络》,载《南方文物》2017年第2期,第143页。
❷ 参见姜波:《海上丝绸之路与风帆贸易》,载国家图书馆、中国圆明园学会编:《世界遗产视野下的一带一路》,商务印书馆2017年版,第80页。
❸ 参见姜波:《海上丝绸之路:环境、人文传统与贸易网络》,载《南方文物》2017年第2期,第142—143页。

遗存于沿线海域的沉船遗址则是海上丝绸之路水下文化遗产之中最具代表性的水下遗存。海上丝绸之路是海上贸易通道，沉船上载有各国特产。"以中国为核心的东亚板块，参与海上丝绸之路的贸易品主要有丝绸、瓷器、茶叶、铁器、铜钱等；东南亚板块则有名贵木材、香料等；印度－斯里兰卡板块则有宝石、棉布等；波斯－阿拉伯板块则有香料、宝石、玻璃器、伊斯兰陶器等；地中海板块有金银器、玻璃等；东非板块则有象牙、犀牛角等（殖民贸易时代甚至'黑奴'也成为贸易品）。大航海时代以后，美洲的白银、欧洲的羊毛制品等也成为重要的贸易货物。"❶因此，沉船及其所载货物是最重要的水下文化遗产，具有不可估量的历史文化价值和考古价值。

我国不仅保护沉船及其所载货物等传统类型的水下文化遗产，而且将保护范围扩展到古港口、造船厂、沉没古城、沿海海防、沿海盐业遗址、海战遗址以及综合整体保护的海上丝绸之路等多种类型，其中，"海上丝绸之路"和"明清海防遗址"是中国特有的两种水下文化遗产。前者是对"海上丝绸之路"的古港口、航路、货船、船体进行综合整体保护；后者则是整体保护明清政府在沿海地区和领海内修筑的抵御外敌侵犯的防御工程和配套设施。❷

（三）21世纪海上丝绸之路水下文化遗产的价值

水下文化遗产有什么价值？水下文化遗产具有所有文化遗产共有的艺术文化价值、考古历史价值以及巨大的经济价值。❸无论是沉船及其所载古代瓷器、艺术品，还是水下古代城市和遗址，抑或破碎的瓷片和破损的船体，无不体现古人精湛的工艺和璀璨的文明。海上丝绸之路水下文化遗产具有比一般水下文化遗产更加独特的历史价值。

1. 沉船是古代海上丝绸之路海上贸易的直接证据

"由于自然资源与人文传统的不同，基于各自的地理单元，旧大陆形成了不同体系的文明板块，各板块的资源、产品、科技、宗教与思想存在自身的独特性，使交易与交流成为可能。"❹海上丝绸之路是古代海上贸易与交流的大动脉。自汉朝开始，中国与马来半岛就通过航海进行接触，自

---

❶ 姜波：《海上丝绸之路：环境、人文传统与贸易网络》，载《南方文物》2017年第2期，第144页。
❷ 参见刘丽娜：《中国水下文化遗产的法律保护》，知识产权出版社2015年版，第16页。
❸ 参见刘丽娜：《中国水下文化遗产的法律保护》，知识产权出版社2015年版，第69—70页。
❹ 姜波：《海上丝绸之路：环境、人文传统与贸易网络》，载《南方文物》2017年第2期，第143—144页。

唐代之后中外交流更加密切；中西贸易也是主要利用海上通道作为来往路径。海上通道在隋唐时期运送的主要大宗货物是丝绸，因此这条连接东西方的海道被称为"海上丝绸之路"；海上通道在宋元时期运送的主要货物是从中国出口的瓷器，因此它又被称作"海上陶瓷之路"。此外，因为大量香料从西方运输到东方，所以它也被称作"海上香料之路"。

海上丝绸之路是中西方贸易和文化交流的历史见证。国内外学者通过大量考古证明，海上丝绸之路使古代世界产生了一个国际贸易网络。以中国龙泉窑荷叶盖罐为例，可以看出中国陶瓷生产和贸易的国际路线。考古人员在龙泉窑大窑枫洞窑址发现了荷叶盖罐的残件，确证此类荷叶盖罐主要在浙江龙泉窑烧造；在宁波港"下番滩"码头和泉州港宋代沉船上均发现了荷叶盖罐，结合文献记载，证明宁波港、泉州港是此类瓷器集散和装运出海的港口；韩国新安沉船上发现荷叶盖罐，证明此类陶瓷产品装运出海；大量海上丝绸之路沿线港口遗址考古材料显示，荷叶盖罐遗存于东南亚、日本、波斯湾、东非、土耳其等地，证明荷叶盖罐的确销售到这些国家和地区。由此可以证明中国外销瓷从生产、港口装运、海上运输、海外销售的完整贸易网络，证实"海上陶瓷之路"的繁盛程度。同样，考古人员也用大量考古证据证明宝石经海上通道从海外输入中国。中国明代古墓葬中发现大量源自印度、斯里兰卡等地的宝石，包括红宝石、蓝宝石、祖母绿等；而郑和航海文献详细记述了郑和船队在海外采购宝石的史实。同时，明墓还出土了郑和下西洋带回的"西洋金锭"。航海文献作为直接证据、"西洋金锭"作为间接证据，可以证明宝石应该是从印度、斯里兰卡等产地或满剌加、忽鲁谟斯等交易市场购入。❶由此可见，海上丝绸之路是中西方贸易和文化交流的双向海上通道。

2. 沉船是古代造船工艺和航海技术国际交流的直接证据

中国水下考古工作队已先后对泉州湾宋代沉船、辽宁绥中三道岗元代沉船、福建平潭"碗礁一号"清代古沉船遗址和海南西沙"华光礁一号"、福建平潭大练岛元代沉船遗址、广东汕头南澳岛"南澳一号"沉船、山东青岛鸭岛沉船等进行抢救性发掘保护。此外，中国还对"南海一号"宋代沉船采取整体打捞措施，进行异地保护。

经过对比研究，考古人员发现海上丝绸之路的运输工具——帆船也存在着中西方造船工艺的交流。海上丝绸之路典型的船型是中国帆船、阿

---

❶ 参见姜波：《海上丝绸之路：环境、人文传统与贸易网络》，载《南方文物》2017年第2期，第144页。

拉伯帆船和西班牙大帆船。各类型的海船都有其独特的造船工艺，但有意思的是，大量考古证据显示海上丝绸之路促进了中西方在造船工艺方面的交流。例如，在中国宁波发现的"小白礁一号"是一艘清代道光年间的沉船，造船工艺方面既采用了中国传统的水密隔舱和舱料捻缝工艺，也采用了密集肋骨、防渗层等外来造船工艺。同时，学者研究发现许多西班牙大帆船也是由来自中国福建的工匠在马尼拉修造的。此外，中西方在导航技术方面也存在交流。一般认为，在马六甲海峡以东的南海海域，主要采用中国古代的罗盘导航技术，形成"针路"航线；而在马六甲海峡以西的印度洋海域，主要采用阿拉伯的天文导航技术，即文献中的"牵星过洋"。然而，"郑和航海图"一方面准确绘出南海海域的"针路"，证明郑和航海采用了中国古代的罗盘导航技术；另一方面又在波斯湾附近画出了北极星，这又是阿拉伯"牵星过洋"的印迹。另外，17世纪早期的"东西洋航海图"也同时体现出西方正投影海图与中国传统山水地图的绘图方法。"郑和航海图"和"东西洋航海图"等航海图表明，中西方在海上丝绸之路导航海图方面进行了绘图技术的交流。❶

3. 港口遗址和水下建筑遗址是国际贸易和文化交流的证据

海上丝绸之路沿线的港口遗址和水下建筑遗址同样也是古代国际贸易和文化交流历史的重要证据。"海上丝绸之路反映了不同族群、语言与宗教之间的交流，突出地体现了文明交流与对话的遗产价值。泉州港的开元寺（佛教）、真武庙（道教）、天后宫（妈祖）、清净寺、摩尼寺以及印度教、景教遗迹，生动展示了国际海港宗教文化的多样性。斯里兰卡加勒港出土的'郑和布施锡兰山碑'，是郑和在永乐七年（1409年）树立的一块石碑，碑文用汉文、波斯文、泰米尔文三种文字书写，分别记述了中国皇帝向佛教、伊斯兰教和印度教主神供奉的辞文，堪称反映海上丝绸之路上不同族群、语言和宗教相互交流的代表之作。"❷

西沙群岛珊瑚岛海域有大批的石雕和石质建筑构件；西沙群岛北礁也发现大量同样的石质建筑构件。这些石质文物种类众多，有石雕人像、龙柱、狮顶方柱、石板、八棱石柱等，推测为清代福建惠安工匠生产，应是当时移居东南亚的华侨运往海外修建寺庙宗祠或其他大型建筑物所用的材

---

❶ 参见姜波：《海上丝绸之路：环境、人文传统与贸易网络》，载《南方文物》2017年第2期，第145页。
❷ 姜波：《海上丝绸之路：环境、人文传统与贸易网络》，载《南方文物》2017年第2期，第145页。

料，为研究我国海外贸易史、海外交通史、华侨移民史和古代海上丝绸之路提供了重要实物资料。❶

4. 水下文化遗产是21世纪海上丝绸之路建设的重要文化根基

水下文化遗产保护工作涵盖水下文化遗产勘查、出水文化遗产保护与保存、水下文化遗产监控、水下考古以及国际交流合作。

我国坚持"保护为主、抢救第一、合理利用、加强管理"的文物工作方针，遵循"坚持公益属性、坚持服务大局、坚持改革创新、坚持依法管理"的基本原则，重点开展水下考古调查，基本掌握水下文物整体分布和保存状况，划定水下文物保护区，实施水下文物保护重点工程，加快建设国家文物局水下文化遗产保护中心南海基地，研究建立涵括水下文化遗产的海洋历史文化遗址公园。❷ 具体而言，中国水下文化遗产保护工作包括：水下考古调查、保护、发掘、监控与管理；完善文物保护法律法规，强化文物督察，加强地方文物执法工作，加大普法宣传力度；加强水下文化遗产国际合作保护与交流，做好世界文化遗产申报和保护管理工作，加快世界文化遗产监测预警体系建设。

水下文化遗产保护离不开水下考古调查。欧美国家的水下考古是指沉船考古学；❸ 在中国和日本等东方国家，水下考古意义广泛，"除了古代的沉船、沉没的货物、贸易、航线之外，沉没的城市、建筑及港湾设施，甚至被人们作为圣地的水域中的祭品都是水下考古学调查研究的对象"❹。中国水下考古学起步较晚，水下考古人员和组织机构建设发展迅速。水下考古最早起源于欧洲。一般认为，1960年美国考古学家乔治·巴斯（George F. Bass）应邀在土耳其格里多亚角（Cape Gelidonya）海域亲自下水对公元7世纪拜占庭时期的沉船遗址进行水下调查和发掘，标志着科学水下考古学的诞生。❺ 我国的水下考古工作起始于20世纪80年代。1985年，英国人迈克尔·哈彻（Michael Hatcher）等人在南海偷偷地从"南京号"沉船上打捞出大批清朝康

---

❶ 参见张治国、刘婕、田兴玲等：《海洋出水石质文物表面凝结物的清洗技术研究》，载《石材》2013年第12期，第38—39页。

❷ 参见《国务院关于进一步加强文物工作的指导意见》，载中央人民政府网站，http://www.gov.cn/zhengce/content/2016-03/08/content_5050721.htm，最后访问日期：2022年12月17日。

❸ 参见傅崐成、宋玉祥：《水下文化遗产的国际法保护：2001年联合国教科文组织〈保护水下文化遗产公约〉解析》，法律出版社2006年版，第13页。

❹ ［日］小江庆雄：《水下考古学入门》，王军译，文物出版社1996年版，第3页。

❺ 参见丁见祥：《大海寻踪：深海考古的发生与发展》，载《中国文化遗产》2019年第5期，第5页。

熙时期的珍贵瓷器，1986年在佳士得拍卖行拍卖后获得暴利，但却对水下文化遗产造成难以估量的破坏，引起国际考古学、博物馆学界以及中国政府文物主管部门的关注。1987年，国家水下考古工作协调小组正式成立，国家文物局委托中国历史博物馆设立水下考古专业机构——水下考古学研究中心，开始培训水下考古专业人员，进行水下考古调查和研究工作。自此，中国水下考古事业填补了学科空白，从开创阶段进入持续发展阶段。❶

目前，中国正在从单一的水下考古逐步向全方位的水下文化遗产保护过渡，水下文化遗产保护事业正向制度化、规范化和科学化方向转变。❷2009年，文化部、国家文物局依托中国文化遗产研究院设立了"国家水下文化遗产保护中心"，作为"国家水下文化遗产保护工作协调小组"的日常办事机构，负责全面组织、协调、规划、实施国家水下文化遗产调查、发掘、研究、保护、利用以及人才培养等工作。之后，在宁波、青岛、武汉、福建分别设立了4个国家水下文化遗产保护基地。2020年11月30日，在原国家文物局水下文化遗产保护中心基础上组建成立国家文物局考古研究中心，承担分析监测技术、空间及微观测量技术、新材料技术和数字化技术等技术考古科研，考古标准技术规范研究，组织水下考古、边疆考古、科技考古、中外合作考古等工作。❸

近年来，中国重视加强与海上丝绸之路沿线国家的国际合作，共同保护水下文化遗产，促进文化交流和民心相通。2010年年底，中国与肯尼亚联合实施的拉穆群岛地区考古项目正式启动。"国家文物局水下文化遗产保护中心和海南省文物局联合组成了西沙群岛2015年水下考古工作队，按照既定工作计划和方案组织实施并完成珊瑚岛一号沉船遗址水下考古发掘、甘泉岛遗址陆上考古调查、金银岛一号沉船遗址水下考古调查、永乐环礁礁盘外海域物理探测调查等工作。"❹2018年4月，我国首次启动深海考古调查西沙群岛北礁海域项目等。

---

❶ 参见石俊会：《广东水下考古的发展》，载《四川文物》2006年第1期，第27页。
❷ 参见单霁翔：《从水下考古到水下文化遗产保护——在水下文化遗产保护展示与利用国际学术研讨会上》，载中国文化遗产研究院编：《2010年水下文化遗产保护展示与利用国际学术研讨会论文集》，文物出版社2011年版，第7—11页。
❸ 参见《国家文物局考古研究中心成立》，载国家文物局考古研究中心网站，http://www.uch-china.com/content.thtml?cid=178，最后访问日期：2023年7月6日。
❹ 邓启江、符洪洪、曾瑾等：《2015西沙群岛水下考古发掘与调查获重要成果》，载《中国文物报》2015年12月4日，第8版。

三、21世纪海上丝绸之路水下文化遗产保护的不足之处

水下文化遗产是海上丝绸之路的历史证据，是把沿线各国人民联系起来的历史纽带，是"一带一路"建设的物质文化基础。21世纪海上丝绸之路建设离不开海上丝绸之路水下文化遗产，水下文化遗产保护对21世纪海上丝绸之路建设具有极其重要的意义。

中国政府高度重视水下文化遗产保护。早在1982年中国就制定了《中华人民共和国文物保护法》（以下简称《文物保护法》），该法是中国文物保护以及相关违法行为行政处罚和刑事处罚的法律基础。1989年10月，中国还颁布了《中华人民共和国水下文物保护管理条例》（以下简称《水下文物保护管理条例》），专门加强水下文物的保护管理工作。2012年6月，中央编办正式批复同意中国文化遗产研究院加挂"国家文物局水下文化遗产保护中心"牌子，专门负责组织实施全国水下文化遗产调查、发掘、研究和保护等工作。[1] 2016年3月，中国发布《国务院关于进一步加强文物工作的指导意见》，提出加快建设国家文物局水下文化遗产保护中心南海基地等。西方学者认为中国水下文物保护机制在世界上处于领先水平。[2] 总之，中国在水下文物保护管理方面已经制定了一套科学合理且相对完善的法律法规体系。然而，与"丝绸之路经济带"陆上文化遗产保护相比，[3] 海上丝绸之路水下文化遗产保护在实际操作层面还存在颇多问题。

（一）沿线水下文化遗产保护的范围有限

海上丝绸之路是世界各国共同开拓的海上贸易通道，是沿线各国长期交流合作的见证。因此，保护海上丝绸之路水下文化遗产绝不是仅保护位于我国管辖海域的水下文化遗产，而是要保护海上丝绸之路沿线海域的所

---

[1] 参见《水下文化遗产保护与研究》，载中国文化遗产研究院网站，http://www.cach.org.cn/Portals/0/hri/Research.html，最后访问日期：2023年3月9日。

[2] See Porter Hoagland, *China*, in Sarah Dromgoole (ed.), *Legal Protection of the Underwater Cultural Heritage: National and International Perspective*, Kluwer Law International, 1999, p.35.

[3] 2014年6月，中国、哈萨克斯坦、吉尔吉斯斯坦共同提出的"丝绸之路：长安天山走廊路网"成功入选联合国教科文组织"世界遗产名录"，为"丝绸之路经济带"建设带来良好的发展契机。UNESCO: The World Heritage List, "Silk Roads: The Routes Network of Chang'an-Tianshan Corridor", available at http://whc.unesco.org/en/list/1442, visited on 22 February 2021.

有水下文化遗产。以中国古代沉船为例,无论位于中国管辖海域,还是位于他国管辖海域,都属于海上丝绸之路水下文化遗产的一部分,都应得到充分的保护。

然而,事实却并非如此。作为保护海上丝绸之路水下文化遗产的重要举措,2016年3月,中国国家文物局正式确定由泉州牵头,全力推进"海上丝绸之路·中国史迹"在2018年申报世界文化遗产。2016年9月,国家文物局明确将泉州、广州、宁波、南京、漳州、莆田、丽水、江门8个城市的31个遗产点列入首批海上丝绸之路申遗点,阳江市"南海一号沉船❶及沉船点"作为关联点。从目前公布的海上丝绸之路的遗产点来看,中国似乎只保护位于中国内水和领海的水下文化遗产,而未妥善保护境外的水下文化遗产。但是,离开境外水下文化遗产,中国境外的海上丝绸之路就缺乏坚实的物质文化基础,"一带一路"建设无法形成完整的文化网络,更无法实现民心相通、文化包容的最终目标。

(二)沿线水下文化遗产保护的种类单一

海上丝绸之路水下文化遗产还存在种类相对单一的问题。"历史文化遗产根据存在样态可分为物质文化遗产和非物质文化遗产两部分,前者以有形的实物形态存在,后者则主要表现为无形的知识与技能。"❷物质文化遗产和非物质文化遗产都是海上丝绸之路的宝贵财富。目前,物质文化遗产的收集整理和保护工作进展顺利,成果较为丰硕,但海上丝绸之路非物质文化遗产主要涉及造船、航海、陶瓷等方面的知识和技能,相关研究则刚刚起步,需要进一步发展。

单从国家文物局2016年公布的"海上丝绸之路·中国史迹"遗产点及其位置可以看出,31个遗产点存在类别比较单一、证明效力有限的问题。其中,可能只有江口码头和真武庙遗产点、广州的南海神庙和码头遗址遗产点及南京的龙江宝船厂遗产点能够直接证明海上丝绸之路的存在。其余绝大多数是寺庙、塔桥、窑址和古墓葬等,这些遗址点间接记录和反

---

❶ "南海一号"是一艘宋代沉船,1987年被发现,2007年进行了抢救性发掘活动。See Li Qingxin, *Hainan I and the Maritime Silk Road* (translated by Yu Chengyong), China Intercontinental Press, 2010.

❷ 周方:《丝绸之路经济带建设中历史文化遗产的法治保障研究》,载《西北大学学报(哲学社会科学版)》2015年第2期,第108页。

映了海上丝绸之路存在的历史,具有重要的参考价值。但是,遗产点与海上丝绸之路整体的关联性仍需要大量直接证据及其形成的证据链来证明。海上丝绸之路的船只、起止码头、停靠码头、航海图以及货物交换❶的记录都可彰显海上丝绸之路的荣光。其中,沉船的国籍、所载货物、起止码头、启航时间、航行路线等具有最直接的证据作用;大量不同历史时期的沉船可以形成完整的证据链。因此,中国需要发掘丰富多样的水下文化遗产,尤其需要寻找并保护沉船等直接证据。

(三)沿线水下文化遗产保护的国际合作机制不足

海洋环境异常恶劣,水下考古对财力、人员与技术的要求颇高,世界各国水下考古发展很不平衡,发达国家与发展中国家之间的差距巨大。发展中国家水下考古基础薄弱,考古专业人才和水下技术严重缺乏,水下文化遗产往往成为经济发展和国防建设的牺牲品。❷ 海上丝绸之路水下文化遗产是将沿线国家紧密联系在一起的历史纽带,理应得到各国的尊重和保护,然而事实却并非如此。中国水下文化遗产遍布古丝绸之路沿线国家管辖海域,散落于大西洋、印度洋、太平洋和北冰洋的海底深处,它们要么深藏海底,不为人所知,要么因自然侵袭、人为破坏、盗宝猎奇而面临迫在眉睫的灭失风险。"一带一路"沿线国家众多,资源禀赋各异,发展水平不一,发展中国家居多。❸ 在如此广泛的区域搜寻1000多年前的历史印迹,其困难程度可以想象。即使已经被发现的水下文化遗产,其保护现状也十分堪忧。客观方面,沿线国家缺乏足够的资金和专业人才,保护措施无法到位;主观方面,一些国家只顾经济利益,不愿保护水下文化遗产,放任商业开发,导致水下文化遗产遭到疯狂破坏。

中国对遗存于境外的水下文化遗产保护缺乏足够的管辖权,保护措施和力度远远不够。当前,我国的水下文化遗产保护格局是"以沿海为

---

❶ 丝绸之路不仅运输丝绸,而且也运输瓷器、糖、五金等出口货物,以及香料、药材、宝石等进口货物。
❷ 参见傅崐成、宋玉祥:《水下文化遗产的国际法保护:2001年联合国教科文组织〈保护水下文化遗产公约〉解析》,法律出版社2006年版,第14页。
❸ 参见杨泽伟:《论21世纪海上丝绸之路建设与国际海洋法律秩序的变革》,载《东方法学》2016年第5期,第45—54页。

核心、以近海为重点、启动内水、推进远海"❶。近年来愈演愈烈的水下文物盗掘活动迫使中国不得不对一些破损严重的古代沉船进行抢救性发掘，但对于那些遗存于中国管辖范围之外的水下文化遗产，其保护工作更为艰巨，根本原因是《文物保护法》和《水下文物保护管理条例》没有赋予国家文物部门管理领海以外水下文化遗产的权利，我国现有国内法没有保护遗存于远海以及境外海域的中国水下文化遗产的能力。❷

"历史文化遗产虽经历了历史漫长的传承过程，但其中绝大部分仍然构成丝绸之路沿线各族社会公众生产生活组成部分的'活态'文明。"❸挖掘这种活态文明本身就离不开当地社会力量的积极参与，况且部分"路段"位于公海或他国管辖海域，因此，发掘海上丝绸之路海外遗产点离不开国际合作。"21世纪海上丝绸之路不是单凭一个国家就可以完成的，需要沿线各国的支持和合作。"❹为了保护海上丝绸之路水下文化遗产，推进"一带一路"建设，中国应利用水下文化遗产保护的国际法律制度，开展国际合作。

四、21世纪海上丝绸之路水下文化遗产保护的总体设想

中国应当进一步完善国内立法，加强国际合作，积极参与构建区域性和全球性水下文化遗产保护机制，保护海上丝绸之路水下文化遗产，推动21世纪海上丝绸之路建设。具体而言，中国可以考虑三种模式：国内法保护模式、区域合作保护模式和公约保护模式。

（一）国内法保护模式

所谓国内法保护模式，就是中国修订并完善水下文化遗产保护法律法规与政策，加强保护和管理组织机构建设，构建具有中国特色的水下文化遗产保护制度和国际合作保护机制，依据中国法律保护中国水下文化遗

---

❶ 刘丽娜：《中国水下文化遗产的法律保护》，知识产权出版社2015年版，第36页。
❷ 参见刘丽娜：《中国水下文化遗产的法律保护》，知识产权出版社2015年版，第36页。
❸ 周方：《丝绸之路经济带建设中历史文化遗产的法治保障研究》，载《西北大学学报（哲学社会科学版）》2015年第2期，第114页。
❹ 林蓁：《南海水下文化遗产保护合作机制的可行性研究——基于建设21世纪海上丝绸之路视角》，载《海南大学学报（人文社会科学版）》2016年第2期，第19页。

产，增强水下文化遗产保护力度；同时，中国应当根据《保护水下文化遗产公约》基本原则，高举保护水下文化遗产的国际合作大旗，在争议海域打桩设点、建立水下文化遗产保护区，开展水下文化遗产保护工作，推进21世纪海上丝绸之路建设。

中国采用国内法保护模式，通过完善国内水下文化遗产保护法规，保护中国管辖海域范围内的水下文化遗产，已经具备一定的法律制度和组织机构基础。《文物保护法》、《水下文物保护管理条例》以及《国务院关于进一步加强文物工作的指导意见》等法规和政策为水下文物保护提供了法律基础。国家文物局水下文化遗产保护中心和2020年11月新成立的国家文物局考古研究中心及其南海基地、北海基地和地方基地为水下文物保护管理提供了集中统一的领导组织机构，中国水下文化遗产保护新格局初具雏形。概言之，现有的中国水下文化遗产保护法律制度和组织机构足以保证对中国管辖水域内的水下文物予以充分保护和适当管理。

此外，对位于中国管辖海域之外的水下文化遗产，中国可以依照中国法规向相关国家提出主张；对于争议海域的水下文化遗产，中国应根据《保护水下文化遗产公约》基本原则，高举保护水下文化遗产的国际合作大旗，以古代沉船为基点，建立水下文化遗产点，并适时设立水下文化遗产保护区，开展水下文化遗产保护工作，推进21世纪海上丝绸之路建设。其间，中国应邀请所有与该沉船"确有联系的"国家参与，共同保护水下文化遗产。无论相关国家是否参与，中国都应依据相关国际法采取有力措施，暂停或终止水下文化遗产保护区内的油气资源开发等活动。

总之，中国在水下文物保护管理方面已经制定了一套科学合理的法律法规体系，建立了相对完善的组织机构，中国水下文物保护法律体系和管理制度在世界上处于领先水平。[1] 这为水下文化遗产保护工作的开展奠定了坚实的法律基础，提供了较为全面的制度保障。在依法加强水下文物保护和管理的基础上，中国可以进一步修订完善水下文化遗产保护法律法规，构建具有中国特色的水下文化遗产保护制度和国际合作保护机制，依据中国法律保护中国水下文化遗产，对位于中国管辖海域外的水下文化遗产依照中国法规向相关国家提出主张。

---

[1] See Porter Hoagland, *China*, in Sarah Dromgoole (ed.), *Legal Protection of the Underwater Cultural Heritage: National and International Perspective*, Kluwer Law International, 1999, p.35.

（二）区域合作保护模式

所谓区域合作保护模式，是针对争议海域内的水下文化遗产，中国可以通过构建区域性合作保护机制，与周边国家开展国际合作，共同保护水下文化遗产，推进 21 世纪海上丝绸之路建设。周边国家对与中国有关的水下文化遗产保护问题相当敏感，甚至存在抵触情绪和肆意破坏行为。因此，中国与周边国家开展对话，构建区域合作机制，联合开展水下文化遗产保护工作，对打破 21 世纪海上丝绸之路建设的瓶颈具有重大意义。

中国应以《保护水下文化遗产公约》为基础缔结双边或多边协定，开展国际合作。目前，周边国家除柬埔寨外都尚未批准《保护水下文化遗产公约》，但各国皆积极修改法规，采取有效保护措施，加大对水下文化遗产的保护力度，积极考虑批准《保护水下文化遗产公约》。随着 72 个国家成为缔约国，保护水下文化遗产逐渐发展成习惯国际法，必将推动周边国家批准《保护水下文化遗产公约》。中国应坚持将《保护水下文化遗产公约》基本原则和保护措施作为相关协议的指导原则和核心内容，特别是"原址保护原则"和"国际合作原则"。原址保护并不改变遗存现状，不会对沿海国管辖权产生实质性影响，有利于推进国际合作。水下文化遗产保护属于低敏感度问题，可为周边国家重启谈判、达成共同开发协定、最终解决领土主权和海洋划界问题提供一个切入点。

当下比较可行的方案是在双边合作协定或综合性区域合作协定中加入有关合作保护水下文化遗产的条款。"南海行为准则"是各方正在着力达成的多边区域合作协定，中国应主张增加水下文化遗产保护的条款，坚持以《保护水下文化遗产公约》为基础开展国际合作，保护争议海域内的水下文化遗产。

（三）公约保护模式

所谓公约保护模式，就是中国批准《保护水下文化遗产公约》，根据《保护水下文化遗产公约》完善国内水下文化遗产保护法律法规，积极与《保护水下文化遗产公约》缔约国开展合作保护工作，并推动公约保护制度不断发展完善，为国内外水下文化遗产提供充分的国际法律保障。通过《保护水下文化遗产公约》规定的法律制度和多边合作机制保护海上丝绸之路沿线的水下文化遗产，以古代沉船为基点，打造海上丝绸之路"跨海大桥"，夯实 21 世纪海上丝绸之路建设的物质文化基础。

目前，我国已经批准的文化遗产保护公约无法解决境外水下文化遗产保护问题。联合国教科文组织于 1954 年通过的《在武装冲突情况下保护文化财产的海牙公约》（中国 2000 年加入）及 1999 年通过的《1954 年关于在武装冲突情况下保护文化财产的海牙公约第二议定书》（2004 年生效，但中国尚未加入）并不适用于针对水下文化遗产的非法打捞或商业打捞行为。1970 年联合国教科文组织通过的《关于禁止和防止非法进出口文化财产和非法转让其所有权的方法的公约》（1972 年生效，中国 1989 年加入）对保护我国境外水下文化遗产的作用也十分有限，因为进口国可能会通过合法方式掩盖其文物的非法来源，更重要的是，水下文化遗产在被正式发掘之前大多并未被列入相关机构的财产清册。1995 年通过的《国际统一私法协会关于被盗或者非法出口文物的公约》❶在客观上鼓励对被盗文物进行欺骗性隐藏，水下文化遗产的真正所有人难以确定，严重影响该公约适用于水下文化遗产。1982 年《联合国海洋法公约》第 149 条和第 303 条❷适用地理范围有限，保护对象囿于考古和历史文物，对国际合作保护的规定过于笼统宽泛，中国不能依据该公约解决在这些海域盗掘、走私和破坏水下文化遗产的活动。综上，我国已经加入的相关国际公约尚不能有效地为保护境外中国水下文化遗产提供充分的国际法律依据。

《保护水下文化遗产公约》为缔约国提供了水下文化遗产国际合作保护的法律框架，中国可以考虑批准该公约，开展国际合作保护活动，为保护境外中国水下文化遗产提供国际法保障。中国批准《保护水下文化遗

---

❶《国际统一私法协会关于被盗或者非法出口文物的公约》于 1995 年 6 月 24 日签订，1998 年 7 月 1 日生效。中华人民共和国政府于 1997 年 5 月 7 日交存加入书，同时声明如下：1. 中国加入本公约不意味着承认发生在本公约以前的任何从中国盗走和非法出口文物的行为是合法的。中国保留收回本公约生效前被盗和非法出口的文物的权利。2. 根据公约第三条第五款的规定，中国关于返还被盗文物的申请受 75 年的时效限制，并保留将来根据法律规定延长时效限制的权利。3. 根据公约第八条向中国提出的对文物返还或者归还的请求，可以直接向中国法院提出或者通过中国文物行政主管机关转交中国法院。公约于 1998 年 7 月 1 日对中国生效。

❷ 1982 年《联合国海洋法公约》第 149 条规定："在'区域'内发现的一切考古和历史文物，应为全人类的利益予以保存或处置，但应特别顾及来源国，或文化上的发源国，或历史和考古上的来源国的优先权利。"第 303 条规定："1. 各国有义务保护在海洋发现的考古和历史性文物，并应为此目的进行合作。2. 为了控制这种文物的贩运，沿海国可在适用第三十三条时推定，未经沿海国许可将这些文物移出该条所指海域的海床，将造成在其领土或领海内对该条所指法律和规章的违反。3. 本条的任何规定不影响可辨认的物主的权利、打捞法或其他海事法规则，也不影响关于文化交流的法律和惯例。4. 本条不妨害关于保护考古和历史性文物的其他国际协定和国际法规则。"

产公约》，采用公约保护模式保护中国水下文化遗产具有至少3个方面的优势。

第一，中国将有权对中国管辖水域内的所有水下文化遗产行使管辖权。对于遗存于中国毗连区、专属经济区和大陆架的文物，中国法规只规定对那些起源于中国和起源国不明的遗产享有管辖权，而未规定对这些区域内起源于他国的文物享有管辖权。批准《保护水下文化遗产公约》后，中国有权对这类文化遗产行使管辖权。

第二，中国水下文化遗产将有权得到所有缔约国的保护。缔约国有义务建立必要的报告制度和通报制度；加强领土和国民管理，禁止使用其领土进行违反《保护水下文化遗产公约》的开发活动；阻止非法发掘的遗产入境、交易和转移占有，剥夺非法收益，并采取严厉制裁措施。这保证中国水下文化遗产受到所有缔约国法律的保护。

第三，中国将有权依《保护水下文化遗产公约》参与"区域"和他国管辖海域内水下文化遗产的保护工作。海上丝绸之路（西线）已批准公约的国家包括柬埔寨、伊朗、沙特阿拉伯、黎巴嫩、利比亚、突尼斯、意大利、克罗地亚、法国、西班牙和葡萄牙等，涉及南海、印度洋、波斯湾、红海和地中海等海域。批准《保护水下文化遗产公约》后，只要水下文化遗产与中国有文化、历史或考古方面的联系，无论位于他国毗连区、专属经济区、大陆架还是位于"区域"内，中国都有权参与相关保护工作。

第二章　国内法保护模式的优势、不足以及对策

一、何谓国内法保护模式

所谓国内法保护模式，就是中国修订并完善水下文化遗产保护法律法规，构建具有中国特色的水下文化遗产保护制度和国际合作保护机制，由中国各级水下文化遗产主管部门依据中国法律保护中国水下文化遗产，对位于中国管辖海域外的水下文化遗产根据中国参加的国际公约向相关国家提出主张。

中国水下文化遗产现状是采取国内法保护模式保护21世纪海上丝绸之路水下文化遗产的客观物质文化基础。首先，中国是一个海洋大国，海域辽阔，水下文化遗产丰富。中国拥有约1.8万千米的大陆海岸线，海域总面积约473万平方千米。[1]中国历史悠久，曾有世界上最庞大的海商船队，特别是唐宋以来，中国航海技术先进，海运贸易繁荣，在海上丝绸之路沿线遗留了丰富的水下文化遗产。[2]

其次，中国水下文化遗产种类繁多，数量巨大。我国水下文化遗产主要有4类：沉船、水下文物点、聚落遗址和水下古代设施。海洋中的水下文化遗产以沉船和水下文物点为主。例如辽宁绥中三道岗元代沉船、福建"碗礁一号"清代沉船、海南西沙"华光礁一号"宋代沉船、"南海一号"宋代沉船以及西沙群岛珊瑚岛海域水下文物点。中国古代的军舰或其他国家的船舶也曾沉没于他国海域，[3]例如，元朝时期沉没于日本海域的中国舰

---

[1] 参见中央人民政府网站，http://www.gov.cn/guoqing/index.htm，最后访问日期：2023年3月30日。
[2] 参见王昊：《水下文化遗产原址保护研究概述》，载《文物保护与考古科学》2019年第5期，第112页。
[3] 参见傅崐成、宋玉祥：《水下文化遗产的国际法保护：2001年联合国教科文组织〈保护水下文化遗产公约〉解析》，法律出版社2006年版，第220页。

队以及明朝郑和下西洋过程中沉没的船只。内陆水域的水下文化遗产则以陷落水下的聚落遗址为主,例如云南澄江抚仙湖古建筑遗址、安徽太平湖广阳城遗址。水下古代设施的种类繁多,包括古代水利设施、古墓葬、采石场、古窑址等,例如重庆长江三峡库区的白鹤梁题刻。❶

最后,从我国水下文化遗产的分布情况来看,大部分遗存于海洋环境之中。海水环境比较复杂,潮汐、海流、海水理化成分、海洋生物、海床冲淤变化等都会严重腐蚀和破坏文物。因此,开展水下文化遗产原址保护必须深入研究海水环境的化学、物理和生物作用对水下文化遗产的影响,全面分析水下文化遗产遗存地的理化环境、水动力环境、地质地貌环境和生物生态系统,制订完善的原址保护方案。❷

总之,中国水下文化遗产数量多、分布广、种类丰富、保存难度大,必须依靠完善的国内法律为保护水下文化遗产提供有力的制度保障、高效的组织机构、充足的资金和先进的技术。

二、通过国内法保护模式保护水下文化遗产的优势

(一)中国不断加强水下文化遗产保护立法,法律体系比较健全

中国政府高度重视水下文化遗产保护,不断完善水下文化遗产保护方面的法律法规。早在1982年中国就制定了《文物保护法》,该法是中国文物保护以及相关违法行为行政处罚和刑事处罚的法律基础。1989年通过的《水下文物保护管理条例》专门对水下文物的概念、范围、保护制度、管理机构、勘探与发掘以及法律责任等主要问题作了具体规定,加强水下文物的保护管理工作。2016年3月,中国发布《国务院关于进一步加强文物工作的指导意见》,提出开展水下考古调查,划定水下文物保护区,实施一批水下文物保护重点工程,加快建设国家文物局水下文化遗产保护中心南海基地,研究建立涵括水下文化遗产的海洋历史文化遗址公园。西方学者认为中国水下文物保护机制在世界上处于领先

---

❶ 参见王昊:《水下文化遗产原址保护研究概述》,载《文物保护与考古科学》2019年第5期,第112—113页。

❷ 参见王昊:《水下文化遗产原址保护研究概述》,载《文物保护与考古科学》2019年第5期,第113—114页。

水平。❶ 随着水下文物保护工作的深入，中国政府开始修订相关法律法规，以应对新出现的文物保护问题。2018 年 7 月，国家文物局召开《水下文物保护管理条例》修订草案专家论证会。2019 年 3 月，司法部就《水下文物保护管理条例（修订草案送审稿）》公开征求意见。❷ 2022 年 1 月，国务院公布了修订后的《水下文物保护管理条例》，自 2022 年 4 月 1 日起施行。

与此同时，相关省份也纷纷出台地方性法规、政府规章以执行、落实《文物保护法》和《水下文物保护管理条例》。在地方性法规制定方面，福建、广东、广西、海南等沿海地区水下文化遗产丰富，为应对水下文化遗产保护的严峻形势，已经通过诸多地方性法规，走在地方立法的前列。其中包括《福建省文物保护管理条例》《广东省实施〈中华人民共和国文物保护法〉办法》《广西壮族自治区文物保护条例》《海南省人民政府关于进一步加强文物工作的实施意见》等。

以福建省 2020 年修正的《福建省文物保护管理条例》为例，其第三章专门规定水下文物的保护问题，对福建省水下文物的主管机关及其调查义务、报告制度、保护区制度等进行了详细规定，使福建省水下文物保护工作有法可依。《福建省文物保护管理条例》中的水下文物保护区制度是一大亮点，例如，该条例第 23 条规定："在水下文物保护单位内，不得进行任何工程建设以及爆破、钻探、挖掘、捕捞、养殖、潜水等活动。在水下文物保护区内，禁止进行危及水下文物安全的工程建设以及爆破、钻探、挖掘、潜水等活动。因工程建设施工、渔业生产需要进行爆破、钻探、挖掘、潜水等作业的，应当在作业十日前，向所在地县级人民政府文物行政主管部门书面备案。备案材料包括作业目的、时间、范围、方案等内容。所在地县级人民政府文物行政主管部门收到备案材料后，对作业方案等内容有异议的，应当在七日内提出修改作业方案的要求。"对于违法在水下文物保护单位内进行危及水下文物安全活动的，由县级以上地方人民政府文物行政主管部门责令其立即停止作业，并处 5 万元以上 20 万元以下罚款；造成严重后果的，处 20 万元以上 50 万元以下罚款，并由原发

---

❶ See Porter Hoagland, *China*, in Sarah Dromgoole (ed.), *Legal Protection of the Underwater Cultural Heritage: National and International Perspective*, Kluwer Law International, 1999, p.35.

❷ 参见《司法部关于〈水下文物保护管理条例（修订草案送审稿）〉公开征求意见的通知》，载中央人民政府网站，http://www.gov.cn/xinwen/2019-03/19/content_5375083.htm，最后访问日期：2023 年 3 月 30 日。

证机关吊销资质证书。对于逾期不备案或者不按照要求修改作业方案的，由所在地县级人民政府文物行政主管部门责令限期改正。未经备案擅自作业或者不按照备案方案作业的，由所在地县级人民政府文物行政主管部门责令立即停止作业，封存违法作业工具，并处以 5 万元以上 20 万元以下的罚款；造成严重后果的，处以 20 万元以上 50 万元以下的罚款，并由原发证机关吊销资质证书。

再如，《广东省实施〈中华人民共和国文物保护法〉办法》细化了《文物保护法》的部分条款。该办法第 26 条规定："对具有重要历史、艺术、科学价值的水下文物遗存，由省人民政府确定为水下文物保护区，并予以公布。在水下文物保护区内不得从事危及文物安全的捕捞、爆破等活动。"对于在水下文物保护区内从事危及文物安全的捕捞、爆破等活动的，有关行政主管部门根据第 38 条有权依法给予行政处罚；构成犯罪的，依法追究刑事责任。该办法第 27 条还规定："任何单位和个人发现水下文物或者疑似水下文物时，应当维持现场完整，并立即报告所在地文物行政主管部门，文物行政主管部门接到报告后，应当在七日内提出处理意见。"

通过上述立法工作，中国在水下文物保护管理方面已经制定了一套比较科学合理且相对完善的法律法规体系，也建立了一套符合中国国情的水下文物保护原则和保护制度。

（二）中国持续完善水下文化遗产保护体制，组织机构相对完善

中国不断加强水下文物保护队伍建设，完善水下文物保护与管理组织机构。1990 年 8 月，文物保护科学技术研究所与文化部古文献研究室合并为中国文物研究所。2007 年 8 月，中国文物研究所更名为中国文化遗产研究院。中国文化遗产研究院是中华人民共和国国家文物局直属的文化遗产保护科学技术研究机构，主要开展国家文化遗产资源的调查和研究工作，其中包括国家水下文化遗产保护相关工作。2009 年 9 月，文化部、国家文物局依托中国文化遗产研究院设立"国家水下文化遗产保护中心"，作为"国家水下文化遗产保护工作协调小组"的日常办事机构，是文化部和国家文物局为推动水下文化遗产保护工作快速发展而采取的一项重要措施。2012 年 6 月，中央编办根据国家文物局的意见，正式批复同意中国文化遗产研究院加挂"国家文物局水下文化遗产保护中心"牌子。2014 年 6 月 4

日，中央编办正式批复国家文物局水下文化遗产保护中心独立建制，该中心专门负责组织实施全国水下文化遗产调查、发掘、研究和保护等工作。❶ 该国家级水下文化遗产保护专业机构的成立标志着中国水下文化遗产保护事业迈上新的台阶。在国家文物局的指导下，水下文化遗产保护中心组织编写了《国家水下文化遗产保护"十二五"规划》，推动中国逐步形成"由国家主导，以沿海海域为主，适当兼顾内陆水域的水下文化遗产保护格局"❷。2020年11月30日，在原国家文物局水下文化遗产保护中心的基础上组建国家文物局考古研究中心。

同时，中国还注重跨部门联合开展水下文物保护和管理工作。2010年11月22日，国家海洋局与国家文物局签署"关于合作开展水下文化遗产保护工作的框架协议"，在水下文化遗产保护策略与规划、水下考古、水下文化遗产管理、水下文化遗产保护、水下文化遗产执法、国际合作与权益维护、海洋文化建设、协商和日常联系机制8个方面加强合作保护，是国家层面跨部门水下文化遗产合作保护的典范。❸ 在水下文物保护执法方面，国家海洋局和国家文物局于2011年8月联合发布《关于加强我国管辖海域内文化遗产联合执法工作的通知》，决定建立联合执法工作机制。❹

此外，地方性法规也不断细化水下文物主管部门与公安边防海警的协调执法。例如，2020年修正的《福建省文物保护管理条例》明确了福建省各级人民政府文物行政主管部门的职责与权限，也规定了它们与公安机关的协调机制。该条例第25条规定："公安机关负责对本省行政区域毗邻海域开展巡查，防范和查处涉及海域内的水下文物的违法犯罪行为。公安机关发现涉及海域内的水下文物违法犯罪行为的，除依法采取必要措施外，应当及时通报所在地县级人民政府文物行政主管部门，所在地县级人民政府文物行政主管部门应当采取措施实施保护，并报告上一级人民政府文物行政主管部门。"

为实现国家构建海洋强国、文化遗产强国的目标，国家文物局还不断

---

❶ 参见《水下文化遗产保护与研究》，载中国文化遗产研究院网站，http://www.cach.org.cn/Portals/0/hri/Research.html，最后访问日期：2023年3月9日。

❷ 参见《从水下考古到水下文化遗产保护》，载中国考古网站，http://www.kaogu.cn/cn/kaoguyuandi/kaogusuibi/2013/1025/35120.html，最后访问日期：2023年3月27日。

❸ 参见《海洋局与文物局签署水下文化遗产保护框架协议》，载中央人民政府网站，http://www.gov.cn/gzdt/2010-11/23/content_1751567.htm，最后访问日期：2023年7月10日。

❹ 参见《两部门要求加强我国管辖海域内文化遗产执法工作》，载中央人民政府网站，https://www.gov.cn/gzdt/2011-09/20/content_1951685.htm，最后访问日期：2023年7月10日。

加强基础设施建设，推进南海基地、北海基地、西沙工作站以及其他地方基地的建设工作。2018年11月6日，北海基地正式启用，"作为集水下考古调查、勘探、发掘、保护、展示、研究、学术交流、人才培养于一体，统筹黄渤海海域，面向全国乃至世界的国家级水下文化遗产保护基地，将引领与推动黄渤海海域的水下文化遗产保护。同时，探索完善我国水下文化遗产保护工作管理模式，促进水下文化遗产保护事业的发展"，负责中日甲午海战沉舰——"致远舰"和"经远舰"出水文物的保护修复与考古研究等一系列工作，"北海基地的启用填补了我国北方水下文化遗产保护事业国家级公共技术支撑平台的空白"。❶ 2018年11月27日，南海基地项目正式开工，建成后，南海基地和北海基地将使中国水下文化遗产形成"一南一北、两翼齐飞"的布局。此外，自2010年起，国家文物局水下文化遗产保护中心相继在宁波、青岛、武汉、福建成立了水下文化遗产保护地方基地，从而构建全国水下文化遗产保护网络。

随着中国水下文物组织机构的完善，水下考古、水下文物保护巡查执法、水下文物专业人员培训以及水下文化遗产保护国际合作交流工作日新月异，成效显著。在水下考古方面，国家文物局水下文化遗产保护中心在广东、福建、浙江、辽宁、湖北等沿海及内陆省份开展专业的水下文化遗产调查或考古发掘项目，其中"南海一号"宋代沉船、"南澳一号"明代沉船、"小白礁一号"清代沉船等沉船发掘与保护项目堪称水下文化遗产保护领域的典范之作，在国际水下文化遗产保护领域产生良好反响。❷ 在人才培养方面，水下考古人才培养水平不断提高。1987年，国家水下考古工作协调小组及水下考古学研究室成立，与澳大利亚合作培养出我国首批水下考古队员。2002年，国内首个水下考古科研培训基地在广东省阳江市建立。从2009年开始，国家文物局水下文化遗产保护中心多次举办水下考古培训班、水下考古工作会等，理论与实践相结合，培养出许多水下考古与出水文物保护修复专业人员，为推动我国水下文化遗产保护事业的发展奠定了坚实的基础。国家文物局水下文化遗产保护中心还积极开展与其他国家和地区的国际水下文化遗产保护合作与交流，其中包括法国、克罗

---

❶ 参见《国家文物局水下文化遗产保护中心北海基地启用》，载中央人民政府网站，http://www.gov.cn/xinwen/2018-11/07/content_5338005.htm，最后访问日期：2023年7月10日。

❷ 参见《水下文化遗产保护与研究》，载中国文化遗产研究院网站，http://www.cach.org.cn/Portals/0/hri/Research.html，最后访问日期：2023年3月27日。

地亚、意大利、美国、菲律宾、韩国等。

（三）中国注重抢救性发掘和主动性调查相结合，保护实践丰富

近年来，国家文物局重点开展海上丝绸之路考古和甲午沉舰遗址调查，将抢救性发掘和主动性调查相结合，稳步推进水下文化遗产发掘及保护工作，积累了丰富的水下文化遗产保护实践。

海上丝绸之路水下文化遗产考古主要集中于南海海域。该海域内的水下文化遗产十分丰富，"南澳一号"和"南海一号"是南海海域水下文化遗产保护的重点。2007年在广东南澳海域发现"南澳一号"，2009—2012年，对"南澳一号"进行了3次大规模抢救性发掘，按照水下考古作业流程开展考古清理、测绘、摄影和文物提取工作，并将水下文物交广东省博物馆保护和研究，对沉船船体进行原址保存。

1987年，在广东川岛海域发现"南海一号"沉船，2002—2004年，"南海一号"沉船水下考古队进行4次水下探摸和局部试掘，全面了解沉船和文物情况。2007年12月，"南海一号"沉船整体打捞出水，整体搬迁至广东海上丝绸之路博物馆，开展考古发掘、科学研究、科学保护、展览、教育宣传工作。广东省文物考古研究所先后在2009年和2011年对"南海一号"进行了两次试发掘工作，为全面发掘积累了经验。2014年3月开始，由国家文物局水下文化遗产保护中心、广东省文物考古研究所联合实施的"南海一号"系统性考古发掘工作正式启动。❶除了"南澳一号"和"南海一号"，"华光礁一号"于1996年在西沙群岛华光礁海域被发现，1998—1999年进行调查与试掘，2007—2008年开展了2次抢救性发掘。

由我国自行设计的首艘水下考古工作船"中国考古01号"于2014年1月在重庆下水，2015年4—5月首次在南海进行水下文化遗产调查。2018年3—4月，国家文物局水下文化遗产保护中心与海南省博物馆联合开展年度西沙群岛水下考古调查。随后，6位水下考古人员借助载人深潜器"深海勇士号"顺利完成我国首次深海考古调查。2019年3月22日上午，《走向深蓝——南海海域深海考古》专题展开展仪式暨国家文物局水下文化遗产保护中心、中国科学院深海科学与工程研究所、中国（海南）南海博物馆三方合

---

❶ 参见《"南海I号"沉船考古发掘与保护》，载国家文物局考古研究中心网站，http://www.uch-china.com/content.thtml?cid=310，最后访问日期：2023年7月10日。

作共建动态水下考古展厅签约仪式在中国（海南）南海博物馆顺利举行。❶

甲午沉舰遗址调查近年来也取得重大进展。早在2017年，由国家文物局水下文化遗产保护中心牵头，山东省水下考古研究中心联合中国甲午战争博物院、威海市博物馆等地方文博机构共同启动"威海湾一号"甲午沉舰遗址水下考古调查项目。2018年，在刘公岛东村外发现一处沉舰遗址，2019年以抽沙揭露方式对沉舰展开专项调查之后，基本确定"威海湾一号"沉舰为清北洋海军旗舰——定远舰。2020年8月10日，"2020·山东威海定远舰遗址第二期水下考古调查工作"在刘公岛定远舰遗址考古工作平台"丰旺10"平驳船上举行开工仪式。❷

此外，中国已经在内水和近海开展了许多卓有成效的水下文化遗产保护工作，积累了丰富的经验。其中，"中山舰"和"白鹤梁"的意义尤其重大。中山舰于1938年被日军炸沉在长江金口，1997年被整体打捞之后进行异地保护，1999年武汉中山舰博物馆开馆。2009年开馆的重庆白鹤梁水下博物馆是世界上第一座遗址类水下博物馆，运用现代科技将这座"古代水文站"、名人题刻云集的"水下碑林"完美地展示在世人面前，标志着中国日益重视并践行原址保护。

（四）中国持续增加水下考古投入，国际合作成果显著

20世纪80年代，中国的水下考古还是一片空白，国家文物局先后在1987年、1988年和1989年派人到荷兰、日本、美国学习潜水和水下考古，为我国培养了首批水下考古专业人才。1989—1990年，中国历史博物馆与澳大利亚阿德莱德大学东南亚陶瓷研究中心合作举办了第一期全国水下考古专业人员培训班，培训内容包括潜水技术、水下考古学理论与水下考古调查、发掘技术及方法等。此期培训班培养的11名水下考古队员，成为我国水下考古工作的领军人物。经过30多年的发展，中国水下考古工作已经取得长足进步。❸

---

❶《南海海域深海考古专题展在琼开展》，中国科学院深海科学与工程研究所网站，http://www.idsse.cas.cn/zd_sydtlb/201903/t20190327_5262448.html，最后访问日期：2023年7月10日。

❷ 参见《定远舰遗址二期水下考古调查启动》，载人民网，http://qh.people.com.cn/n2/2020/0813/c182755-34224168.html，最后访问日期：2023年7月10日。

❸ 参见《谈中国水下考古国际合作历程》，载中国新闻网，http://www.chinanews.com/cul/2011/08-31/3296688.shtml，最后访问日期：2023年7月10日。

近年来，中国在发展水下考古事业的同时，还注重中外合作开展水下考古调查与发掘，既有国外学者来华进行的合作，也有中国水下考古学家赴国外开展的水下考古调查。依托中国先进的技术和充足的资金，中国与"一带一路"沿线国家开展了一系列重大联合水下考古项目，推动国际合作与交流。

1. 中国与肯尼亚联合水下考古工作

2005年12月22日，中国与肯尼亚在蒙巴萨签署《中华人民共和国国家文物局和肯尼亚共和国国家遗产部关于在拉穆群岛开展合作考古的协议》，这是中国与非洲国家首次签署合作考古协议。经过近5年的调查、论证和准备，2010年2月23日，双方签订《中国和肯尼亚合作实施拉穆群岛地区考古项目实施合同》，标志着拉穆群岛考古项目进入正式实施阶段。此次为期3年的中外合作考古项目，由中国商务部出资，委托北京大学考古文博学院承担陆上考古及肯尼亚出土中国古代瓷器调研项目，国家博物馆水下考古研究中心承担该项目水下考古任务。中国与肯尼亚联合水下考古项目是第一次由中国政府出资、中国学者主导的海外考古项目。项目内容主要包括"对肯尼亚拉穆群岛及其周边水域的水下文化遗存进行科学考古调查、勘探与发掘，对肯尼亚马林迪市及周边地区陆上古代遗址进行考古发掘，对肯尼亚沿海地区的蒙巴萨地区、基利菲地区、马林迪地区、塔纳河地区和拉穆地区等五个以往已开展过考古发掘和调查的古代遗址中出土的中国古代瓷器进行调查与研究"❶。

2010年11月26日—2011年1月23日，中国国家博物馆与肯尼亚国家博物馆成立水下考古工作队，对肯尼亚拉穆群岛、马林迪海域开展水下考古调查，搜集大量水下文化遗存线索。2012年11月底—2013年1月中旬，水下考古工作队对拉穆岛谢拉（Shela）水下遗址进行重点调查和发掘，完成水下探摸、物探和水下测绘，并发现中国瓷。这是在中国考古队参与的外海考古项目中第一次发现中国瓷，"从另一个角度佐证了当时德化瓷在世界各地贸易中的繁荣程度"❷。更重要的是，在曼布鲁依村遗址，考古队发现了永乐官窑青花瓷和明代早期龙泉窑御用官器瓷片，因为这两

---

❶ 李韵：《中国和肯尼亚合作进行拉穆群岛考古》，载《光明日报》2010年2月24日，第4版。
❷ 《肯尼亚拉穆岛Shela遗址出土清代中晚期德化瓷》，载人民网，http://art.people.com.cn/n/2013/0301/c226026-20640634.html，最后访问日期：2023年7月10日。

种官窑瓷器的年代与郑和航海年代吻合，据专家推测很可能是郑和船队从官窑定制的礼物，❶从而为确定郑和到访非洲增添新的证据，引起国际社会广泛关注。❷

中国政府为中国—肯尼亚联合考古项目提供了充分的组织保障和经费支持。在组织机制方面，中国国家文物局和商务部与肯尼亚签订合作协议，进行长期合作规划，为合作奠定坚实的基础。同时，为确保合作项目实施，商务部委托北京大学考古文博学院和国家博物馆水下考古研究中心分别负责陆上和水下考古工作，并委托中国文化遗产研究院作为监理单位对项目进行现场全程考古监理，负责结项验收。这为以后中外合作开展境外水下文化遗产保护项目积累了丰富的组织机制构建方面的经验。在经费保障方面，根据 2007 年双方政府签订的换文，中国—肯尼亚联合考古项目经费由商务部从援外经费中列支。❸ 其中，商务部提供约 2000 万元用于 2005—2010 年的调查、论证和筹备，❹ 300 万美元用于 2010—2013 年的项目实施，❺ 从而确保联合考古项目顺利实施。

2. 中国—沙特联合考古项目

中国—沙特塞林港遗址（Al Serrian）联合考古项目是国家文物局落实两国政府间协议、推动海上丝绸之路沿线国家考古合作的一项重要举措。2016 年 1 月 19 日，两国签署《中华人民共和国国家文物局与沙特阿拉伯王国旅游与民族遗产总机构关于促进文化遗产领域交流与合作的谅

---

❶ 参见王庆环：《北京大学考古队完成肯尼亚最大规模考古工作》，载《光明日报》2016 年 8 月 18 日，第 1 版。

❷ "资料显示，1415 年，非洲麻林国（即今天肯尼亚的马林迪）曾把一只长颈鹿送给印度国王，由印度国王转送给中国皇帝。随后，明朝郑和船队抵达马林迪、蒙巴萨等东非沿岸城市——这是中国人到达东非的最早记录。而拉穆群岛恰好位于环印度洋航线的交通要道，是郑和船队前往上述东非沿岸城市的必经之路。后来，郑和船队把第一批长颈鹿带回了中国，顿时引起了不小的轰动，当时的中国人把长颈鹿称作麒麟。可是有条船却在拉穆群岛海域迷航沉没了，船上的水手游到 Shanga 海滩上了岸，并和当地人通婚，后迁至西961村，繁衍至今。虽然没有文字记载或直接物证，但 Shanga 人仍坚称自己是中国人的后裔，因为这是世代相传的家训。"参见李韵：《中国和肯尼亚合作进行拉穆群岛考古》，载《光明日报》2010 年 2 月 24 日，第 4 版。

❸ 参见王庆环：《北京大学考古队完成肯尼亚最大规模考古工作》，载《光明日报》2016 年 8 月 18 日，第 1 版。

❹ 参见焦波：《郑和传说引发的中肯联合考古》，载《国学》2012 年第 10 期，第 34—35 页。

❺ See Erin Conway-Smith, *Sea Hunt for Ancient Chinese Ship off African Coast*, Global Post (June 08, 2011), available at https://www.pri.org/stories/2011-06-08/sea-hunt-ancient-chinese-ship-african-coast, visited on 22 February 2021.

解备忘录》，为双方合作保护文化遗产构建了基础框架。2016年12月21日，两国签署《中华人民共和国国家文物局与沙特阿拉伯王国旅游与民族遗产总机构塞林港联合考古发掘合作协议》，计划对塞林港遗址开展为期5年的考古工作，这是中国与沙特以及海湾阿拉伯国家的首份考古合作协议。

2018年3月，"中国—沙特塞林港遗址考古项目"正式启动，中国国家文物局水下文化遗产保护中心和沙特国家考古中心组织"中沙联合考古队"，对沙特阿拉伯王国塞林港遗址开展为期20天的考古调查与发掘。❶该项目取得重要考古成果，塞林港遗址出土了大量不同历史时期的中国瓷器残片，"包括宋元时期的莲瓣纹青白瓷残片、龙泉窑系的青瓷残片，以及明清时期漳州窑系的青花瓷残片等，这是红海地区港口遗址考古中首次发现中国瓷器残片，为海上丝绸之路学术研究提供了十分珍贵的考古实物资料"❷。

三、通过国内法保护模式保护水下文化遗产的不足及其对策

（一）水下文化遗产保护立法仍有待加强

近年来，我国水下文化遗产保护工作的主体、客体、内容和范围都发生了诸多新变化，《文物保护法》《水下文物保护管理条例》等水下文物保护法律法规明显滞后，许多方面已经不适应新形势下水下文化遗产保护事业。❸此外，在地方规范方面，部分水下文化遗产丰富的沿海省份还没有制定专门用于水下文化遗产保护的地方性法规和规章，相关规定仍较模糊，可操作性不强。"在执法方面，国家、地方规定都不够具体，机构改革后也面临职责重新划分，需要时间调整。同时，目前我国对南海水下文遗情况仍不够了解，很难及时定位并迅速做出有效反应，执法难度增加，执法效果也大打折扣。"❹

---

❶ 参见《我国启动"中国—沙特塞林港遗址考古项目"》，载中央人民政府网站，http://www.gov.cn/xinwen/2018-03/23/content_5276932.htm，最后访问日期：2023年3月27日。

❷ 中沙联合考古队：《中沙合作在红海之滨开展港口考古》，载《中国文物报》2018年5月18日，第7版。

❸ 有学者主张《水下文物保护管理条例》与《海上交通安全法》存在管理竞合问题。参见刘丽娜：《中国水下文化遗产的法律保护》，知识产权出版社2015年版，第31页。

❹ 秦泽昊：《南海水下文化遗产保护的进展、挑战与建议》，载《现代商贸工业》2020年第9期，第30页。

究其原因，在于水下文化遗产保护规范性文件的法律效力位阶过低，而法律法规对水下文化遗产保护问题又缺乏明确规定。目前，中国唯一一部专门规范水下文物的规范性文件是1989年10月颁布、2022年1月修订的《水下文物保护管理条例》，而包括《文物保护法》在内的其他法律法规都很少涉及水下文化遗产问题，《水下文物保护管理条例》作为行政法规，无法解决水下文化遗产保护的体制性问题，也无力统筹和协调相关法律法规和组织机构。例如，《水下文物保护管理条例》第11—15条规定了水下文物考古调查、勘探与发掘制度以及部门合作制度，在中国管辖海域内进行水下文物的考古调查、勘探、发掘活动，应当以文物保护和科学研究为目的，并遵守相关法律、法规，接受有关主管部门的管理。

根据2021年修订的《海上交通安全法》，国家海事管理机构统一负责海上交通安全监督管理工作，其他各级海事管理机构按照职责具体负责辖区内的海上交通安全监督管理工作（第4条）；对于不能确定所有人的碍航物，例如，妨碍海上交通安全的沉没物、漂浮物、搁浅物，海事管理机构应当采取打捞清除措施（第51条）；在相关海域内进行航道建设和打捞沉船沉物等施工作业，应当经海事管理机构许可，并核定相应安全作业区（第48条）。但《海上交通安全法》并未充分考虑水下文物保护问题。在国家和地方各级海事管理机构对妨碍海上交通安全的沉没物采取打捞措施前，《海上交通安全法》并不要求其事先进行考古调查、勘探，这容易导致海事管理机构在不知情的情况下损毁遗存于航道的水下文物。同时，《海上交通安全法》并没有专门规定外国沉没物处理办法，对那些沉没于航道的外国军舰等国家船只更无法做到妥善处理。

因此，中国迫切需要全面修订《水下文物保护管理条例》，制定水下文化遗产保护法，进一步发展完善水下文化遗产保护法律体系，从全局统筹水下文化遗产保护法律制度建设，更好地保护海上丝绸之路水下文化遗产。

（二）水下文化遗产概念界定仍有待明确

人类文明丰富多样，而且深植于生产生活，文化遗产从蕴含文化价值的文化物品逐渐发展细化，进而囊括富有文化价值的生产生活习俗与活动。水下文化遗产的概念是随着人类文明日益多样化、文化遗产保护日益精细化而产生并不断发展起来的，其概念内涵、保护对象、保护范围也应不断发展完善。

目前，我国的《水下文物保护管理条例》仍然采用"水下文物"的概念，而国际公约和其他国家的立法实践多采用"水下文化遗产"概念，其内涵更加丰富，不仅包括物质文化遗产、非物质文化遗产及具有考古价值的环境和自然环境，而且物质文化遗产的内涵和外延也远远大于"水下文物"。中国立法中的"水下文物"概念重视对水下文物的保护，却忽略对其所处环境的保护。因此，中国必须完善《水下文物保护管理条例》中水下文物的概念。

中国水下文化遗产立法必须明确科学定义水下文化遗产概念的根本目的。2022 年修订的《水下文物保护管理条例》并未进一步完善水下文物的定义，修订者认为，"由于我国尚未加入《保护水下文化遗产公约》，故本次修订对第二、三条关于水下文物的外延和管辖权均未作出修改"❶。然而，《保护水下文化遗产公约》的基本款定义已经获得 72 个缔约国和其他国家立法的重视，越来越多的国家在《保护水下文化遗产公约》的基础上制定本国水下文化遗产保护法规，各国立法的趋同性增强。❷ 这是不容忽视的现实。尤其是如果中国考虑批准《保护水下文化遗产公约》，就更值得在《水下文物保护管理条例》修订过程中充分体现这一点。

同样，我们还应当明白，即使我们批准《保护水下文化遗产公约》，世界各国水下文化遗产的概念也不会完全统一，各国的保护实践也不会完全相同，水下文化遗产的具体种类也有差异。❸ 我们应当以这个宽泛概念为基础，增加或减少水下文化遗产定义的要素，最大限度地争取并维护中国的权益。因此，修订《水下文物保护管理条例》或者《文物保护法》对水下文物或者水下文化遗产进行科学定义的根本目的不是为批准《保护水下文化遗产公约》做准备，而是为了更好地保护水下文化遗产。

中国可以考虑对以下 4 个具体要素进行科学界定。第一，中国可以

---

❶ 《国家文物局：征求〈中华人民共和国水下文物保护管理条例〉修订草案（征求意见稿）意见》，载搜狐网，https://www.sohu.com/a/223431142_488370，最后访问日期：2023 年 7 月 25 日。

❷ See Eden Sarid, *International Underwater Cultural Heritage Governance: Past Doubts and Current Challenges*, 35(2) Berkeley Journal of International Law 219, 240 (2017).

❸ See Lauren W. Blatt, *SOS (Save Our Ship)! Can the UNESCO 1999 Draft Convention on the Treatment of Underwater Cultural Heritage Do Any Better?* 14 Emory International Law Review 1581, 1614-1615 (2000).

考虑使用"水下文化遗产"概念。《水下文物保护管理条例》第 2 条规定："本条例所称水下文物，是指遗存于下列水域的具有历史、艺术和科学价值的人类文化遗产……"这导致概念之间的逻辑关系混乱。因为水下文物和水下人类文化遗产的概念存在不对等关系：水下文物是文物的一部分，而文物并不包括人类文化遗产中的"人的遗骸"或者"有考古价值的环境和自然环境"。从概念内涵大小来看，水下文物的范围远比水下文化遗产小；水下文化遗产的范围又比水下遗存小。换句话说，部分特殊的水下遗存被称为水下文化遗产，部分水下文化遗产才能被称为水下文物。《水下文物保护管理条例》第 1 条规定："为了加强水下文物保护工作的管理，根据《中华人民共和国文物保护法》的有关规定，制定本条例。"而上位法《文物保护法》第 1—3 条并未使用"人类文化遗产"一词，由此似乎可以认为，《水下文物保护管理条例》第 2 条之规定有违反上位法之嫌。

从立法实践来看，目前，中国没有"文化遗产法"，只有《文物保护法》和《中华人民共和国非物质文化遗产法》(以下简称《非物质文化遗产法》)。《非物质文化遗产法》第 2 条第 2 款规定："属于非物质文化遗产组成部分的实物和场所，凡属文物的，适用《中华人民共和国文物保护法》的有关规定。"既然文化遗产包括物质文化遗产和非物质文化遗产，从这一条我们可以推断出，中国立法似乎把物质文化遗产和文物这两个概念混为一谈。文化遗产包括物质文化遗产和非物质文化遗产，"我国现行立法应将保护对象从'文物'扩大到'文化遗产'，将有关立法整合为一部《物质文化遗产保护法》，并在时机成熟时制定《文化遗产保护法通则》"❶。同时，这也是为了更好地履行国际条约义务，因为《文物保护法》保护的"文物"范围明显不同于中国参加的有关国际公约所保护的"文化财产"和"文化遗产"，例如 1954 年《在武装冲突情况下保护文化财产的海牙公约》、1970 年《关于禁止和防止非法进出口文化财产和非法转让其所有权的方法的公约》和 1972 年《保护世界文化和自然遗产公约》。因此，中国应修订相关国内法律法规，与国际公约保持一致，从而更好地履行条约义务。

第二，科学定义必须明确保护"有考古价值的环境和自然环境"。《水下文物保护管理条例》虽然使用水下文物这一概念，但却将其界定为"遗

---

❶ 张亮、赵亚娟：《"文化财产"与"文化遗产"辨：一种国际法的视角》，载《学术研究》2012 年第 4 期，第 47 页。

存于下列水域的具有历史、艺术和科学价值的人类文化遗产",这是因为中国需要保护"有考古价值的环境和自然环境"。一方面,"原址保护"理论上是水下文化遗产的最佳保护途径,另一方面,《水下文物保护管理条例》也希望通过建立水下文物保护单位和水下文物保护区尽可能实施原址保护,从而实现水下文物保护的最大化。物体沉入海底几十年后与周围环境达到平衡状态,使其分解速度变得极其缓慢,进一步被破坏的可能性极低。❶但任何发掘活动都可能会打破这种平衡状态,从而导致水下文化遗产被毁损。❷更重要的是,物体长期遗存的环境本身就是水下文化遗产的一部分,❸理应得到保护。海底考古活动通常需要进行钻探和挖掘作业,无论多么谨慎,这些作业都势必会对脆弱的海洋环境产生影响。同样,针对水下文化遗产的各种活动也通常会在某种程度上破坏海洋环境。❹

那么,是不是只能保护沉船所处的环境呢?当然不是。欧洲委员会议会大会通过的《关于水下文化遗产的第848号建议》曾明确了水下文化遗产保护的最低法律标准和成员国应当优先采取行动的领域,建议成员国政府重视水下文化遗产保护,并建议欧洲制定一项保护水下文化遗产的公约。其中特别值得一提的是,该建议明确规定,每一个单独的甚至是完全孤立存在的水下文化遗产都应当得到与沉船和遗址同等程度的保护。国际社会建立水下沉船文化遗产保护区的国家实践也相当丰富。例如,澳大利亚1976年《历史沉船法》规定"遗存于澳大利亚水域以及大陆架上"且至少具有75年历史的沉船均为"历史沉船或文物",❺澳大利亚可以沉船为基础宣布建立面积不超过2000平方米的保护区。❻目前,澳大利亚已经建立了28个水下文化遗产保护区,走在世界沉船保护区建设的前列。❼

---

❶ See Anastasia Strati, *Draft Convention on the Protection of Underwater Cultural Heritage: A Commentary Prepared for UNESCO* (UNESCO Doc. CLT-99/WS/8), April 1999, Paris: UNESCO, p. 15.

❷ See Patrick J. O'Keefe, *Shipwrecked Heritage: A Commentary on the UNESCO Convention on Underwater Cultural Heritage* (Leicester: Institute of Art and Law, 2002), p. 49.

❸ See Anastasia Strati, *Draft Convention on the Protection of Underwater Cultural Heritage: A Commentary Prepared for UNESCO* (UNESCO Doc. CLT-99/WS/8), April 1999, Paris: UNESCO, p. 15.

❹ See Mariano J. Aznar, *The Legal Protection of Underwater Cultural Heritage: Concerns and Proposals*, in Carlos Esposito et al (eds.), *Ocean Law and Policy: 20 Years under UNCLOS*, Brill/Nijhoff, 2017, p.139.

❺ See Section 4A(1), Australia Historic Shipwrecks Act 1976.

❻ See Section 7(1), Australia Historic Shipwrecks Act 1976.

❼ See "Australian Historic Shipwreck Protected Zones", available at http://www.environment.gov.au/system/files/pages/404d5ef4-24c6-4da8-8ef3-44504153b73c/files/protected-zones.pdf, visited on 22 February 2021.

这对中国水下文化遗产保护极其有利，因为中国在南海有许多沉船，在时机成熟时中国可以建设水下文化遗产保护区；而中国散落在南海的水下文化遗产又何止千千万万，在科学研究和规划的基础上，中国可以建立更多的水下文化遗产保护点，作为维护中国海洋权益的重要载体。总之，科学定义不仅要规定水下遗存及其有考古价值的环境和自然环境，还要明确任何单个甚至是孤立存在的水下文化遗产都应受到同等程度的保护。

第三，中国应科学界定水下文化遗产认定的客观标准，最好与《保护水下文化遗产公约》保持一致，沿用"位于水下至少100年"的客观标准。水下文化遗产应满足一定的客观标准，要么水下文化遗产位于水下超过一定的年限，要么人类遗存本身超过一定的年限，或者二者兼而有之。从《水下文物保护管理条例》规定来看，中国将1911年设定为水下文物认定的客观标准，除非与重大历史事件有关。首先，从理论上讲，国际学界公认的100年是比较合适的。物体沉入海底几十年后与周围环境达到平衡状态，使其分解速度变得极其缓慢，进一步被破坏的可能性极低，因此，"海洋风险"不存在，自然也没有立即打捞（抢救性发掘）的必要性。❶ 其次，从国际立法和各国主张来看，《保护水下文化遗产公约》的草案文本显示，各国都力求扩大水下文化遗产保护范围，西班牙法律主张保护1933年以前的水下遗存，美国甚至还提议"位于水下超过50年"就应被认定为水下文化遗产。❷ 最后，采用100年客观标准保护的水下文化遗产范围更大，中国不必自我设限。《保护水下文化遗产公约》规定的100年标准自该文化遗产沉没于水下之日起算，而非《保护水下文化遗产公约》通过或者生效之日起算。❸ 由此可以看出，《保护水下文化遗产公约》的保护范围要比中国《水下文物保护管理条例》大。更重要的是，随着时间的推移，位于水下至少100年标准所涵盖的水下文化遗产范围不断扩大，而中国《水下文物保护管理条例》保护的水下文物范围仍然局限于1911年以前。此外，中国不仅规定1911年以前，还要求重要性（"重大"）

---

❶ See Anastasia Strati, *Draft Convention on the Protection of Underwater Cultural Heritage: A Commentary Prepared for UNESCO* (UNESCO Doc. CLT-99/WS/8), April 1999, Paris: UNESCO, p. 15.

❷ See Anastasia Strati, *Draft Convention on the Protection of Underwater Cultural Heritage: A Commentary Prepared for UNESCO* (UNESCO Doc. CLT-99/WS/8), April 1999, Paris: UNESCO, p. 16.

❸ 参见傅崐成、宋玉祥：《水下文化遗产的国际法保护：2001年联合国教科文组织〈保护水下文化遗产公约〉解析》，法律出版社2006年版，第198—199页。

这一主观标准，明显属于自我设限。以1915年沉没的船只为例：该沉船明显属于《保护水下文化遗产公约》涵盖的水下文化遗产范围，但却不一定属于中国《水下文物保护管理条例》所保护的水下文物。

第四，中国水下文化遗产概念取消"重要性"主观要件。关于国际社会是否应当只保护那些"重要的"文化遗产的争论由来已久。国际法协会《1994年公约草案》曾饱受批判，其中一个重要的原因是《1994年公约草案》中水下文化遗产的概念过于宽泛，不利于把有限的资金集中在那些值得被保护的"重要的文化遗产"上——只有那些具有重大历史文化价值的沉船才值得被保护。❶ 后来，英国对《保护水下文化遗产公约》投了反对票，其认为《保护水下文化遗产公约》不应当保护所有水下文化遗产，而只应当把所有精力和资源用于保护那些最重要、最独特的历史文化遗产。❷ 然而，这种观点遭到与会代表和考古学家的强烈反对，他们主张对所有水下文化遗产进行全覆盖性的保护。因为"文化遗产"的价值在实践层面很难被明确界定，所以国际公约一般也未规定文化遗产必须具有多大价值或多长年限。这里有个例外：各国法律大多会对古董设定一定的年代要求。❸ 对海上丝绸之路而言，如果坚持"重要性"主观标准，就会产生一个现实问题：如果沉船仅仅载有同质性的生活用品（清朝时期的瓷器、锅碗瓢勺），或者仅仅载有普通的原材料，那么，我们是否应当保护这些"本身不具有重要的历史文化价值"，但"对中国海上丝绸之路而言却是重要证据"的物品？

总之，"水下文化遗产"的概念意义更为广泛，这对于海上丝绸之路水下文化遗产而言尤其如此。所有海上丝绸之路水下文化遗产作为海上丝绸之路的历史印迹当然具有一定的文化、历史或考古价值，而且沉睡在海底的时间远远超过100年，全部海上丝绸之路文化遗产当然都属于水下文化遗产的范畴。此外，保护水下文化遗产采用主客观标准，不需要国内认

---

❶ See David J. Bederman, *The UNESCO Draft Convention on Underwater Cultural Heritage: A Critique and Counter-Proposal*, 30(2) Journal of Maritime Law and Commerce 331, 332 (1999).

❷ See U.K. Foreign and Commonwealth Office, "Explanation of Vote to UNESCO on the 2001 UNESCO Convention on the Protection of the Underwater Cultural Heritage" (2001). Cited by Sarah Dromgoole, *2001 UNESCO Convention on the Protection of the Underwater Cultural Heritage*, 18(1) The International Journal of Marine and Coastal Law 59, 74 (2003).

❸ See Sharon A. Williams, *The International and National Protection of Movable Cultural Property: A Comparative Study*, Oceana Publications Inc., 1978, pp.187–188.

证程序，这还有利于减少国内审核的主观性，避免漫长的审批流程，从而有助于对水下文化遗产采取及时有效的保护措施。

（三）水下文化遗产所有权和管辖权仍有待明确

1. 中国对水下文物所有权和管辖权的主张

我国《水下文物保护管理条例》第2条规定："本条例所称水下文物，是指遗存于下列水域的具有历史、艺术和科学价值的人类文化遗产：（一）遗存于中国内水、领海内的一切起源于中国的、起源国不明的和起源于外国的文物；（二）遗存于中国领海以外依照中国法律由中国管辖的其他海域内的起源于中国的和起源国不明的文物；（三）遗存于外国领海以外的其他管辖海域以及公海区域内的起源于中国的文物。前款规定内容不包括1911年以后的与重大历史事件、革命运动以及著名人物无关的水下遗存。"第3条规定了水下文物的所有权和管辖权："本条例第二条第一款第一项、第二项所规定的水下文物属于国家所有，国家对其行使管辖权；本条例第二条第一款第三项所规定的水下文物，遗存于外国领海以外的其他管辖海域以及公海区域内的起源国不明的文物，国家享有辨认器物物主的权利。"

由此可见，中国法律根据水下文物所处位置及其起源国这两个标准来确定中国的所有权和管辖权。首先，中国基于对内水、领海的主权对此处的所有水下文物主张所有权和管辖权，同时，中国对此水域内的国家船只或飞行器享有排他性管辖权。

其次，对于遗存于毗连区、专属经济区和大陆架的水下文化遗产，中国法律根据其所处位置和起源国规定中国享有不同的权利：对于遗存于中国毗连区、专属经济区和大陆架的水下文物，如果源自中国或起源国不明，中国享有所有权和管辖权，任何单位和个人应向文物主管部门及时报告或上缴相关水下文物，由后者进行妥善处理；对于遗存于外国毗连区、专属经济区和大陆架且起源于中国的水下文物，中国"享有辨认器物物主的权利"，相应地，中国要求任何单位和个人向文物主管部门及时报告或上缴相关水下文物，由后者进行辨认、鉴定。

最后，对于遗存于公海区域内的文物，如果起源于中国，中国有权要求任何单位或者个人及时报告或上缴，由国家文物局进行辨认、鉴定，采取相应的保护措施；如果起源于他国，中国并未主张辨认权或其他管辖权。"中国法令要求依照文物起源国来区分其法律地位的立场，自然完全符合国际法的规范"❶，与《联合国海洋法公约》的相关规定是一致的。

中国有权主张遗存于中国管辖海域内的所有水下文化遗产归国家所有。这种主张在国际实践中也并不少见，例如，西班牙和越南都主张所有管辖水域的文化遗产。❷ 但《水下文物保护管理条例》对领海以外海域中水下文物的主张似乎缺乏坚实的法律依据。《文物保护法》第 5 条第 1 款规定："中华人民共和国境内地下、内水和领海中遗存的一切文物，属于国家所有。"该法并未对毗连区、专属经济区和大陆架、"区域"内的文物所有权作出规定，其他法律也未规定遗存于专属经济区和大陆架的文物的所有权归国家所有。《中华人民共和国领海及毗连区法》第 13 条规定："中华人民共和国有权在毗连区内，为防止和惩处在其陆地领土、内水或者领海内违反有关安全、海关、财政、卫生或者入境出境管理的法律、法规的行为行使管制权。"但是，该法并不涉及水下文物问题。

《中华人民共和国专属经济区和大陆架法》第 3 条第 1 款规定，中国在专属经济区为勘查、开发、养护和管理海床上覆水域、海床及其底土的自然资源，以及进行其他经济性开发和勘查，行使主权权利。第 4 条规定，中国为勘查大陆架和开发大陆架的自然资源，对大陆架行使主权权利。中国对大陆架的人工岛屿、设施和结构的建造、使用和海洋科学研究、海洋环境的保护和保全，行使管辖权。而且，专属经济区和大陆架上的自然资源，无论是生物资源还是非生物资源，都是经济性资源，不包括水下文物。由此可见，《水下文物保护管理条例》中的相关所有权主张似乎没有上位法依据。

此外，中国对水下文物的所有权和管辖权主张还存在以下几个问题。第一，对于那些位于中国毗连区、专属经济区和大陆架但起源于他国的水下文化遗产，中国法律并未主张管辖权。❸ 第二，对于"遗存于外国领海

---

❶ 傅崐成：《联合国教科文组织 2001 年〈保护水下文化遗产公约〉评析》，载《厦门大学法律评论》2003 年第 5 辑，第 224 页。

❷ See Government of Spain, *Green Paper-National Plan for the Protection of Underwater Cultural Heritage* (Official English Translation, 2009), p.50, available at http://en.calameo.com/read/000075335015cc9543e0f, visited on 22 February 2021.

❸ 参见《水下文物保护管理条例》第 3 条。

以外的其他管辖海域以及公海区域内的起源于中国的文物",《水下文物保护管理条例》规定中国"享有辨认器物物主的权利"。❶这样的"权利要求不仅和公约的规定差异较大,和别国的法律多有冲突,导致该条在实施层面存在很大困难"❷。一方面,对于遗存于外国毗连区、专属经济区和大陆架的水下文化遗产,《保护水下文化遗产公约》规定其起源国享有表达参与意愿、通过国际合作与沿海国共同保护水下文化遗产等广泛的权利,明显不同于单方面辨认器物物主的权利。另一方面,对于"区域"内的水下文化遗产,《保护水下文化遗产公约》实际上把国际协作的重任委托给教科文组织总干事,由其负责通知"确有联系"的国家通过国际合作进行保护。但是,《保护水下文化遗产公约》并未赋予任何国家辨认器物物主的权利,也未赋予起源国在国际合作中的特殊地位。就此而言,中国《水下文物保护管理条例》似乎又有擅自扩大管辖权的嫌疑。而《联合国海洋法公约》第149条提到的优先权利仅适用于"区域",并不适用于专属经济区和大陆架,因此无法支持中国对他国专属经济区和大陆架内的水下文化遗产享有辨认器物物主权利的主张。第三,中国法律法规和实践并未对国家船只或飞行器的管辖豁免问题区别对待。

2. 中国水下文物所有权主张面临的挑战及其对策

中国主张水下文物所有权面临法理挑战。实际上,中国法律术语"起源国"与《保护水下文化遗产公约》术语"确有联系的国家"❸,无论是从理论上讲,还是从实践上来看,都是两个极富争议的概念。❹中国法律法规和司法实践尚未对"起源于中国"这个标准进行阐释。除了"以中国为船旗国"这一解释,是否还可以作出其他解释,例如,"船只从中国港口出发""所载货物来源于中国""船只由中国建造"等等。特别是对于那些远渡重洋到中国采购货物的他国船只,所载货物当然可以说是"起源于中国";但是,这些货物的所有权已经转移给买方,如果中国坚持以起源国

---

❶ 参见《水下文物保护管理条例》第2条第1款第3项、第3条。
❷ 林蓁:《南海水下文化遗产保护合作机制的可行性研究——基于建设21世纪海上丝绸之路视角》,载《海南大学学报(人文社会科学版)》2016年第2期,第22页。
❸ 《保护水下文化遗产公约》并未对"确有联系"一词作出任何界定。See Tullio Scovazzi, *The 2001 Convention on the Protection of the Underwater Cultural Heritage*, XI The Italian Yearbook of International Law 9, 17 (fn.29) (2001).
❹ See Tullio Scovazzi, *The 2001 Convention on the Protection of the Underwater Cultural Heritage*, XI The Italian Yearbook of International Law 9, 17 (fn.29) (2001).

身份对其主张管辖权，似乎有违基本商业习惯。

对遗存于中国管辖海域之外的水下文化遗产而言，大多数沉船上的中国瓷器是由外国商人购买的，船只和货物都并非中国所有，因此，中国无法合理地主张其所有权。据历史文献记载，除少量军舰以及郑和船队由政府派遣之外，其他沉船似乎都不属于中国国家船只。这与荷兰东印度公司（VOC）沉船不同，因为荷兰东印度公司在 1800 年被国有化，荷兰政府一直主张东印度公司沉船属于国家财产。❶

《保护水下文化遗产公约》开篇就宣称水下文化遗产是"人类文化遗产"，要求所有国家为了全人类利益进行保护（公约前言、第 2 条、第 12 条），而且，对内水和领海中的水下文化遗产，《保护水下文化遗产公约》也未规定沿海国享有所有权。从反面来看，如果沿海国可以拥有水下文化遗产的所有权，就可能会为了经济利益而大肆发掘。这明显与原址保护和禁止商业开发等基本原则相违背，也会导致水下文化遗产被肆意破坏。因此，从保护人类文化遗产、推进海上丝绸之路建设的宏大历史视角出发，中国应参照《保护水下文化遗产公约》把水下文化遗产当作人类共同继承遗产，与国际社会共同努力合作保护包括中国水下文化遗产在内的所有水下文化遗产；中国可以基于领土主权对遗存于内水和领海的水下文化遗产主张所有权和管辖权，但同时应当遵守国家管辖豁免这一习惯国际法规则，适当顾及沉没军舰和国家船只的船旗国的所有权和管辖权。

3. 中国水下文物管辖权主张面临的挑战及其对策

我国《文物保护法》和《水下文物保护管理条例》采用"起源国"和"遗存水域"双重标准确定水下文化遗产的所有权和管辖权以及保护制度。我国水下文化遗产立法的基本理念是基于水下文化遗产所有权确立相应的法律保护制度，但是，水下文化遗产的特性决定其立法理念不能完全基于所有权归属。❷ 其一，水下文化遗产种类繁多，不能一概而论。以沉船为例，沉没军舰和国家船只的所有权问题颇具争议，英美等西方国家主张它们是国家财产，非经国家明示抛弃即永远为国家财产，依法享有管辖豁免。其二，水下文化遗产遗存水域范围辽阔，不能主次不分，一概而论。

---

❶ See Michael Flecker, *Legislation on Underwater Cultural Heritage in Southeast Asia: Evolution and Outcomes*, ISEAS Publishing, 2017, p.3.

❷ 参见刘丽娜：《中国水下文化遗产的法律保护》，知识产权出版社 2015 年版，第 28—30 页。

对于我国管辖的领海以外海域内的水下文化遗产，《水下文物保护管理条例》仅仅主张对起源于中国和起源国不明的水下文化遗产行使管辖权，而未主张对起源于外国的水下文化遗产行使管辖权。中国应当摒弃这种自我设限的行为，主张对遗存于我国所有管辖海域内的所有水下文化遗产行使管辖权。《水下文物保护管理条例》规定中国对"遗存于外国领海以外的其他管辖海域以及公海区域内的起源于中国的文物"享有辨认器物物主的权利，实现这种权利严重依赖他国的认可与配合，其可行性值得怀疑。

中国法律完全可以在行使主权的范围内作出有利于保护水下文化遗产的规定。然而，即使中国对遗存于内水和领海内的起源于他国的文物拥有所有权和管辖权，中国仍然可依《保护水下文化遗产公约》与起源国共同商讨最佳保护途径。毕竟，起源国可以提供更有利于保护水下文化遗产的历史文献和技术资料，而且通过开展国际合作共同保护水下文化遗产，双方可以增进文化交流。对于遗存于中国毗连区、专属经济区和大陆架的起源于中国的和起源国不明的水下文物，无论中国是否主张拥有所有权，都需要依公约进行原址保护。

（四）水下文物保护区和分级保护制度有待发展

哪些水下文物应该受到法律保护？水下文物的分级保护制度是什么？《水下文物保护管理条例》第6条第1款规定："根据水下文物的价值，县级以上人民政府依照《中华人民共和国文物保护法》有关规定，核定公布文物保护单位，对未核定为文物保护单位的不可移动文物予以登记公布。"第7条规定："省、自治区、直辖市人民政府可以将水下文物分布较为集中、需要整体保护的水域划定公布为水下文物保护区……在水下文物保护区内，禁止进行危及水下文物安全的捕捞、爆破等活动。"《水下文物保护管理条例》关于设立水下文物保护单位和水下文物保护区的规定具有充分的法律依据。《文物保护法》第3条规定："古文化遗址、古墓葬、古建筑、石窟寺、石刻、壁画、近代现代重要史迹和代表性建筑等不可移动文物，根据它们的历史、艺术、科学价值，可以分别确定为全国重点文物保护单位，省级文物保护单位，市、县级文物保护单位。历史上各时代重要实物、艺术品、文献、手稿、图书资料、代表性实物等可移动文物，分为珍贵文物和一般文物；珍贵文物分为一级文物、二级文物、三级文物。"《文物保护法》还规定了各级文物保护单位的核定主体和程序以及保护管理制度。具体而言，包括：在文物保护单位的保护范围内不得进行其他建设工程或者爆破、钻探、挖掘等作业；因特殊情况需要在文物保护单位的保护范围内进行其他建设工程或者爆破、钻探、挖掘等作业的，必须保证文物保护单位的安全，并经相关部门批准（第 17 条）；擅自在文物保护单位的保护范围内进行建设工程或者爆破、钻探、挖掘等作业，尚不构成犯罪的，由县级以上人民政府文物主管部门责令改正，造成严重后果的，处 5 万元以上 50 万元以下的罚款；情节严重的，由原发证机关吊销资质证书（第 66 条）。

因此，依法确定为文物保护单位并开展保护工作是保护水下文化遗产的重要方式，相关法律法规也比较健全。例如，海南省目前共有 3 处与水下文化遗产相关的"全国重点文物保护单位"，即北礁沉船遗址、甘泉岛唐宋遗址、华光礁沉船遗址；4 处"省级文物保护单位"，包括南沙洲沉船遗址、珊瑚岛沉船遗址、浪花礁沉船遗址、玉琢礁沉船遗址。除"华光礁一号"和珊瑚岛部分文物发掘出来后进行异地保护之外，其余大部分水下文物、遗址仍进行原址保护。根据地理和文物埋藏情况，海南省文物局提出将西沙群岛北礁、华光礁、玉琢礁、永乐环礁划定为 4 个省级文物保护区。通过设立水下文物保护单位和水下文物保护区，海南省可以根据《文物保护法》相关规定开展本行政区域内的水下文物保护工作。随着水下考古工作的推进，应依法核定更多的水下文物保护单位，加强水下文物保护工作。

建立水下文物保护区是保护水下文化遗产的另一种重要方式。对于水下文物保护区问题，2022 年修订的《水下文物保护管理条例》第 6 条规定了各级文物保护单位的核定公布办法；第 7 条明确了水下文物保护区的划定公布程序和保护要求，并允许进行调整，便于地方操作执行。第 8 条规定："严禁破坏、盗捞、哄抢、私分、藏匿、倒卖、走私水下文物等行为。在中国管辖水域内开展科学考察、资源勘探开发、旅游、潜水、捕捞、养殖、采砂、排污、倾废等活动的，应当遵守有关法律、法规的规定，并不得危及水下文物的安全。"这些规定结合水下文物的特性，明确水下文物保护的禁止条款和文物保护单位保护范围内的限制措施，明确规定禁止商业性打捞，无疑是重大进步。

地方性法规也开始尝试落实水下文物保护区制度。《福建省文物保护管理条例》第 21 条、《广东省实施〈中华人民共和国文物保护法〉办法》

第 29 条都明文规定水下文物保护区的核定公布及区内禁止行为。福建省和广东省还积极开展水下文物保护区实践。福建省漳州市东山县冬古湾设立"水下文物保护区"。❶ 2015 年，广东省公布第一批水下文物保护区"南海一号水下文物保护区"❷ 和"南澳一号水下文物保护区"，切实做好文物的保护、利用和管理工作。❸ "水下文物保护区"制度为区内水下文物提供保护，并为针对破坏水下文物的活动提供执法依据。

但是，目前水下文物保护区制度处于探索阶段，仍有许多待完善之处。一方面，现有保护区的物理范围很难精确界定。因为大多数渔民在熟悉的传统捕鱼海域作业未必使用全球定位系统（GPS），用坐标直接圈定保护区范围既不科学也缺乏可操作性，所以，目前"南海一号"和"南澳一号"海域都将海上岛礁作为参照物，将闭合连线形成的一片海域确定为水下文物保护区，并参照陆地文物保护方法设定红线范围和控制范围。另一方面，水下文物监管与执法也存在现实困难。目前，水下文物执法主要参照《文物保护法》，但是日常监督管理尚无成熟的方案，还是借鉴陆地文物保护的经验，由当地行政主管部门承担监督和管理职能。由于海上巡查的成本太高，监管成效明显不如陆地，从这个角度来看，水下文物保护区现阶段只能发挥一定的威慑作用。

需要注意的是，《水下文物保护管理条例》规定的水下文物保护单位和水下文物保护区主要针对不可移动文物，对于可移动水下文物却没有作出明确规定，缺乏分级保护。首先，水下文物是"具有历史、艺术和科学价值的人类文化遗产"，水下文物的概念界定不明，内涵和外延模糊。其次，缺乏水下文物等级评定和分级保护制度。水下文物包括沉船及其所载货物、水下设施等，范围广泛，其价值各不相同，需要根据其具体价值进行科学的等级评定，采取相应的保护措施，针对不同等级水下文物的各种违法行为，要依其危害程度追究违法者相应的行政、民事和刑事责任。

---

❶ 参见刘丽娜：《中国水下文化遗产的法律保护》，知识产权出版社 2015 年版，第 28 页。

❷ 在"南海一号"沉船被整体打捞之后，设立"南海一号水下文物保护区"，其原因是区内还有"莱茵堡号"尚未找到。此外，"南海一号"整体打捞后留在海底的下沉井，是已知体量和重量的现代构件，被定位为水下考古的实验场所。

❸ 参见《广东省人民政府关于批准并公布第八批广东省文物保护单位名单和第一批广东省水下文物保护区名单的通知》，http://www.gd.gov.cn/gkmlpt/content/0/144/post_144512.html#7，最后访问日期：2022 年 12 月 28 日。

同样以海南省为例，海南省现有124处水下文化遗存，数量居全国之首，其中，西沙海域有106处，南沙海域6处，海南沿海12处❶，其历史、艺术和科学价值各异。如果不进行等级评定、分级保护，而是"一刀切"，势必影响水下文物保护的效果。然而，对于水下文化遗产中的实物，特别是沉船及其所载货物的任何组成部分或残件等可移动文化遗产，如何定级并确定为珍贵文物和一般文物，确定为珍贵文物的部分又如何定为一级文物、二级文物、三级文物，存在现实困难和具体标准。因此，中国迫切需要制定水下文物等级评定和分级保护制度。

（五）水下文物保护管理机制仍有待健全

南海海域面积辽阔，在西沙群岛领海以外水域开展水下文物保护管理工作面临着现实困难，还未形成制度化和常态化的水下文物保护管理机制。❷首先，无论是远程监控的海上无人值守平台，还是海面联合巡查，都尚未形成制度化和常态化的管理机制。海南省文物局提出将西沙群岛北礁、华光礁、玉琢礁、永乐环礁，划定为4个省级文物保护区，但是保护区的管理制度却并不明确。文物保护区的执法主体、执法客体、执法程序、违法行为、奖惩制度以及法律依据等都有待明确。例如，渔民在保护区内航行、作业、捡拾瓷片等行为如何界定？法律依据又是什么？再如，2016年海南省在水下文物队伍建设、机构建设和人才培养方面取得长足发展，但是，由海南省、国家和国际认证的水下考古工作人员一共只有15人，水下文化遗产执法督查船只仅有3艘，这些有限的船舶和人员需要同时兼顾远海和近海的海洋执法和考古任务，显得捉襟见肘，心有余而力不足。

其次，中国还应完善水下文化遗产监测管理制度、发现报告制度和发掘打捞制度，改进奖惩制度；中国应加强文物主管部门与海警之间的协调与合作机制，加大监管力度，提升执法能力；中国应考虑逐步构建我国的水下考古准则，提高水下文化遗产保护工作的科学规范性。❸中国还应注

---

❶《海南发现水下文化遗存124处 数量居全国之首》，载中国网，http://henan.china.com.cn/travel/2023-05/22/content_42377186.htm，最后访问日期：2023年7月10日。

❷ 参见赵叶苹：《南海诸岛蕴藏着极为丰富的我国古代文化遗产》，载人民网，http://politics.people.com.cn/n/2014/0102/c70731-24003609.html，最后访问日期：2023年3月30日。

❸ 参见刘丽娜：《中国水下文化遗产的法律保护》，知识产权出版社2015年版，第99—101页。

重促进水下文化遗产的社会宣传和公众教育，提高公众对水下文化遗产价值与意义的认识，增强全民的保护意识。❶ 水下文化遗产的特性决定相关制度完善不能一蹴而就，而是需要统筹规划，持之以恒，不断丰富完善。以奖惩制度为例，实践中奖励资金来源有限，对发现者的资金奖励本身就不多，而且经过层层上报最终到达国家文物局并获得奖励的可能性更是微乎其微，这使报告奖励制度名存实亡，实际执行困难重重。对于隐匿不报缺乏制裁机制，对于破坏水下文物，私自勘探、发掘、打捞水下文物，或者隐匿、私分、贩运、非法出售、非法出口水下文物的行为，处罚力度较轻，处罚难度较大。又如监测管理制度，目前中国水下文物监测管理技术手段仍然比较落后，还需依靠执法部门巡逻或群众线报来查处盗捞活动，通过岸基、船载雷达监测水面船只来防止非法盗捞，而且相关监测管理技术仍只限作用于附近海域，无法监测远离陆地的海域。因此，中国可以借鉴意大利等国的实践，完善报告制度和监测体系，把水下文物点位置信息录入专门的地理信息系统，采用先进的水上监测技术实施立体管控，以便及时有效地预防、发现、查处破坏水下文物的各类活动。❷

最后，现有原址保护制度有待完善，原址保护应作为保护水下文化遗产的首选方案。现阶段国内外针对不同类型的水下文化遗产采取不同的原址保护技术：对于沉船和水下文物，主要采用原址回填以便长期保存，例如"詹姆斯·马修斯号"（James Matthews）沉船；或者架设保护笼以便在保护文物安全的同时进行研究和展示，例如西班牙"马萨龙Ⅱ号"、我国"南澳一号"沉船；对于水下聚落遗址，主要通过实施系统的清理和保护工程，从而进行调查研究、保存保护和展示利用，例如意大利巴亚古城。❸ 中国《文物保护法》第20条规定："建设工程选址，应当尽可能避开不可移动文物；因特殊情况不能避开的，对文物保护单位应当尽可能实施原址保护。实施原址保护的，建设单位应当事先确定保护措施，根据文物保护单位的级别报相应的文物行政部门批准；未经批准的，不得开工建设。无法实施原址保护，必须迁移异地保护或者拆除的，应当报省、自治区、直辖市人民政府批准；迁移或者拆除省级文物保护单位的，批准前须征得

---

❶ 参见赵亚娟：《联合国教科文组织〈保护水下文化遗产公约〉研究》，厦门大学出版社2007年版，第185页。
❷ 参见王昊：《水下文化遗产原址保护研究概述》，载《文物保护与考古科学》2019年第5期。
❸ 参见王昊：《水下文化遗产原址保护研究概述》，载《文物保护与考古科学》2019年第5期。

国务院文物行政部门同意。全国重点文物保护单位不得拆除；需要迁移的，须由省、自治区、直辖市人民政府报国务院批准。依照前款规定拆除的国有不可移动文物中具有收藏价值的壁画、雕塑、建筑构件等，由文物行政部门指定的文物收藏单位收藏。本条规定的原址保护、迁移、拆除所需费用，由建设单位列入建设工程预算。"由此可见原址保护原则在《文物保护法》中的重要地位。无论是对于一般文物保护单位，还是水下文物保护单位，《文物保护法》的原址保护原则和法律制度都同样适用。《水下文物保护管理条例》根据《文物保护法》规定了确定水下文物保护单位和水下文物保护区的程序。不过，《文物保护法》对原址保护的相关规定也有不足之处。第一，从原址保护原则在整部法律中的地位来看，它并非该法的基本原则，并非针对一切文物保护工作。第二，它主要适用于建设工程选址过程，而非贯穿于一般文物保护工作，例如水下文物的考古调查、发掘、保护、科学研究等工作。第三，它只适用于不可移动文物的特殊类型——文物保护单位，而非所有可移动文物和不可移动文物，例如沉船及其所载货物等。鉴于水下文物大多为沉船等可移动文物，该条对水下文物的保护作用有限，可能会影响水下文物保护单位和水下文物保护区的合法性，有损《水下文物保护管理条例》的实施效果。因此，在修订《文物保护法》时应考虑把原址保护作为一项文物保护的基本原则确立下来。

（六）境外水下文化遗产保护机制仍有待建立

通过国内立法保护水下文化遗产存在一个无法避免的问题，即国内立法仅具有域内效力而无域外效力，在他国主权范围内并不能当然地被承认和执行，国内立法无法对遗存于本国管辖范围之外海域的水下文化遗产提供法律保护。各国国内立法差异较大，单独依据本国法律开展保护和执法活动，必然会引发国际冲突。[1]中国采用国内法保护模式保护海上丝绸之路水下文化遗产也面临同样的法律困境。目前，我国已经批准的文化遗产保护公约无法解决境外水下文化遗产保护问题，境外水下文化遗产保护在很大程度上仍取决于双边政治关系以及双边合作协定。

---

[1] 参见傅崐成、宋玉祥：《水下文化遗产的国际法保护：2001 年联合国教科文组织〈保护水下文化遗产公约〉解析》，法律出版社 2006 年版，第 18 页。

1. 目前我国已经批准的文化遗产保护公约无法解决境外水下文化遗产保护问题

1954年《在武装冲突情况下保护文化财产的海牙公约》专门针对武装冲突期间的文化财产保护，公约适用期间和保护对象有限。《1954年关于在武装冲突情况下保护文化财产的海牙公约第二议定书》虽然增加了和平时期文物保护条款，但主要涉及各国在和平期间采取防范措施从而防止文化财产在战争中损毁。显然，该公约及其议定书并不适用于针对水下文化遗产的非法打捞或商业打捞行为。

《关于禁止和防止非法进出口文化财产和非法转让其所有权的方法的公约》第6条规定："本公约缔约国承担：1.发放适当证件，出口国将在该证件中说明有关文化财产的出口已经过批准。根据规定出口的各种文化财产，均须附有此种证件；2.除非附有上述出口证件，禁止文化财产从本国领土出口；3.通过适当方法宣传这种禁止，特别要在可能出口或进口文化财产的人们中间进行宣传。"该公约第7条还规定：缔约国采取必要措施防止本国领土内的博物馆及类似机构获取非法出口的文化财产；禁止进口从另一缔约国的博物馆或公共纪念馆或类似机构中窃取的文化财产，如果该项财产业已用文件形式列入该机构的财产清册。但是，因为进口国可能会通过合法方式掩盖其文物的非法来源，更重要的是，水下文化遗产在被正式发掘之前大多并未被列入相关机构的财产清册，所以该公约对保护我国境外水下文化遗产的价值也十分有限。

1995年通过的《国际统一私法协会关于被盗或者非法出口文物的公约》第3条明确规定，被盗文物的占有人应归还该被盗文物，以期从根本上阻止文化财产的非法交易。中国政府于1997年加入该公约时，声明保留对历史上被非法掠夺的文物进行追索的权利。但公约对所有人提起有效权利请求设定了时间限制，例如第5条第5款规定："归还请求应在请求国知道文物所在地和占有人身份时起的三年之内提出。任何情况下，应自出口之日或者自根据本条第2款所述许可证规定该物品应被归还之日起五十年以内提出。"该规定在客观上鼓励对被盗文物进行欺骗性隐藏：对于盗捞的中国水下文化遗产先隐藏一段时间，之后再寻求交易，既推涨文物交易价格，又防止被其所有人追讨。事实上，水下文化遗产真正所有人的确定过程极其复杂，充满争议，严重影响该公约适用于水下文化遗产。

1982年《联合国海洋法公约》被誉为海洋宪章，但同样不能为境外水下文化遗产保护提供有力保障。公约第 149 条和第 303 条适用地理范围有限，保护对象囿于考古和历史文物，有关国际合作保护的规定过于笼统宽泛。例如，20 世纪 90 年代，在打捞"泰兴号"的过程中，中国向国际组织提出抗议，要求打捞者顾及水下文物起源国的优先权利，并与中国协商妥善处理沉船的措施，但是最终未能阻止其遭受毁灭性破坏。❶ 此外，《联合国海洋法公约》中的毗连区制度、专属经济区制度和公海制度并未赋予缔约国管辖水下文化遗产的权利，无法对这些区域内发掘水下文化遗产的船只进行有效管辖，因此，缔约国不能依据公约解决在这些海域盗掘、走私和破坏水下文化遗产的问题。

总之，我国已经加入的相关国际公约尚不能有效地为保护境外中国水下文化遗产提供国际法律依据。因《保护水下文化遗产公约》为缔约国提供了水下文化遗产国际合作保护的法律框架，中国可以考虑批准该公约，开展国际合作保护活动，为保护境外中国水下文化遗产提供国际法保障。在此之前，中国应加强与相关国家开展双边合作与交流，通过构建双边和区域合作机制保护境外水下文化遗产。

2. 境外水下文化遗产保护严重依赖双边合作交流

目前，中国境外的水下文化遗产保护缺乏法律制度保障，严重依赖中国与相关国家开展双边合作与交流。《水下文物保护管理条例》规定经国家文物局批准并经国务院特别许可，外国国家、国际组织、外国法人或者自然人可以采取与中国合作的方式在中国管辖水域进行水下文物的考古勘探或者发掘活动。中外合作考古勘探与发掘水下文化遗产，势必会促进双方专业人员与保护技术等各方面的深入交流。从国际实践来看，中外国际合作的主要方式是国家主管机构授权社会科研机构展开合作研究；社会科研机构在国家、社会或个人的资助下对水下文化遗产进行发掘、保护和研究，是开发水下文化遗产的真正主体和具体实施者。❷

政府间双边合作协议对中外考古专业人员交流以及联合考古项目发挥着决定性作用。1996 年中国派员赴日本爱知县常滑市参加了配合日本中部空港建设的水下考古调查工作，这是中国考古工作者首次参与境外水下考古

---

❶ 参见刘丽娜：《中国水下文化遗产的法律保护》，知识产权出版社 2015 年版，第 37 页。
❷ 参见傅崐成、宋玉祥：《水下文化遗产的国际法保护：2001 年联合国教科文组织〈保护水下文化遗产公约〉解析》，法律出版社 2006 年版，第 190 页。

工作。中国—肯尼亚联合考古项目是中国政府和肯尼亚政府双边合作的首次尝试。中国国家文物局和商务部通过与肯尼亚签订合作协议，进行长期合作规划，为合作奠定基础。双方政府于 2007 年签订换文，商务部从援外经费中列支经费，从而确保合作考古项目顺利实施。商务部委托北京大学考古文博学院和国家博物馆水下考古研究中心负责陆上和水下考古工作，联合对肯尼亚拉穆群岛及其周边水域水下文化遗产进行勘探、发掘，调查在肯尼亚出土的中国瓷器，并取得重要成果。这为中外合作开展境外水下文化遗产保护项目积累了丰富的组织机制构建经验。同样，中国—沙特塞林港遗址联合考古项目也是两国政府间协议的结果。2016 年 1 月 19 日，两国签署《中华人民共和国国家文物局与沙特阿拉伯王国旅游与民族遗产总机构关于促进文化遗产领域交流与合作的谅解备忘录》，为双方合作保护文化遗产构建了基础框架。2016 年 12 月 21 日，两国签署《中华人民共和国国家文物局与沙特阿拉伯王国旅游与民族遗产总机构塞林港联合考古发掘合作协议》，共同开展塞林港遗址考古工作。

总之，为了保护海上丝绸之路水下文化遗产，中国应加强对相关国际公约的研究，吸收国际社会公认的水下文化遗产保护原则和法律制度，同时加强与相关国家的双多边合作与交流，在时机成熟时缔结水下文化遗产合作保护协定。

（七）国家船只的所有权和管辖豁免规则仍有待构建

作为水下文化遗产的国家船只的所有权问题自《保护水下文化遗产公约》开始谈判至今争议不断。拉美和加勒比国家一致坚持沉船所处位置足以使沿海国获得对它的所有权，主张"水下文化遗产首先属于它所处的国家并进而属于全人类"[1]。而美国、英国、西班牙、日本、法国、德国和俄罗斯等海洋强国则坚决反对这种主张，认为只要船旗国没有明确放弃所有权，就一直拥有国家船只的所有权。[2] 在《保护水下文化遗产公约》谈判期间，英国和俄罗斯曾提议增加一款，即"除非国家船只和飞行器已经被船旗国依法明确抛弃，否则在没有船旗国共同参与的情况下，不得发掘该国家船

---

[1] "Santo Domingo Declaration", quoted in Sarah Dromgoole (ed.), *The Protection of the Underwater Cultural Heritage: National Perspectives in Light of the UNESCO Convention 2001*, Brill, 2006, p.294.

[2] See *Notices*, 69 (24) Federal Register 5647-8 (2004).

只和飞行器",以期加强船旗国的咨询权,但该提议并未被大会接受。❶

《保护水下文化遗产公约》第1条第8项规定:"'国家的船只和飞行器'系指属于某国或由其使用,且在沉没时仅限于政府使用而非商用的,并经确定属实又符合水下文化遗产的定义的军舰和其他船只或飞行器。"由此可以看出,首先,本条涉及的"国家船只和飞行器"不包括商船,也不包括商业用途的政府船只❷。海上丝绸之路的船只大多是进行贸易往来的商船,所以沿海国没有通知船旗国的义务,仅需根据情况通知与该文化遗产确有联系的国家。其次,"国家船只和飞行器"必须符合位于水下超过100年的客观条件,这就排除了第二次世界大战期间法西斯侵略者的沉船和飞行器。最后,即使是沉没水下100年以上的国家船只和飞行器,《保护水下文化遗产公约》也并未规定其享有管辖豁免,沿海国也仅具有通知义务。英国坚称《保护水下文化遗产公约》的此项规定有违国家船只和飞行器享有管辖豁免这一习惯国际法基本原则,明确表示无法接受。❸ 美国也对此规定提出反对意见。❹ 虽然这些军舰和国家船只具有重大的实物价值,凝聚着各国在特定时期的顶尖科学技术秘密,❺ 但很明显,对于百年以上的沉船"如果仍然以安全利益和军事利益为由主张国家豁免,则有悖于常理"❻。各国对于国家船只的所有权主张在很大程度上是基于相关政治和主权考量。至于具体的保护和开发措施,则需要沿海国和船旗国等相关国家进一步协商,签订双边合作协议。

《保护水下文化遗产公约》规定在领海以外的相关海域,未经船旗国的同意和协调国的协作,任何缔约国不得对国家船只或飞行器采取任何行

---

❶ See UNESCO Doc.31 C/COM.IV/DR.5, of 26 October 2001.
❷ 政府船只捎带货物是当时一些国家的通行做法,对此类船舶是否可以被认定为政府船只尚有争议。
❸ "UK Explanation of Vote", circulated by the Foreign and Commonwealth Office to interested parties on 31 October 2001. Cited by Sarah Dromgoole, *2001 UNESCO Convention on the Protection of the Underwater Cultural Heritage*, 18(1) The International Journal of Marine and Coastal Law 59, 74 (2003).
❹ 此外,美国还对涉及管辖权、报告制度以及《保护水下文化遗产公约》与《联合国海洋法公约》相互关系的条文提出反对意见。See Tullio Scovazzi, *Convention on the Protection of Underwater Cultural Heritage*, 32 Environmental Policy and Law 152, 156 (2002).
❺ 参见傅崐成、宋玉祥:《水下文化遗产的国际法保护:2001年联合国教科文组织〈保护水下文化遗产公约〉解析》,法律出版社2006年版,第201页。
❻ 赵亚娟:《沉没的军舰和其他国家船舶的法律地位——以水下文化遗产保护为视角》,载《时代法学》2005年第5期,第118页。

动。❶ 这种要求的实质是船旗国享有参与相关水下文化遗产保护国际合作的权利，而非管辖豁免权、专属管辖权或所有权，这种权利的实现依然有赖于双方协商。然而，英国、美国、俄罗斯、德国、法国等海洋大国一直主张，无论国家船只和飞行器沉没海底多久，只要国家并未明示抛弃，就一直属于公共财产，享有国家管辖豁免，这种观点得到国际法学会的明确支持。❷

因此，中国法律法规和实践需要对军舰和国家船只的管辖豁免问题区别对待，适当顾及船旗国的权利要求。虽然遗存于领海的军舰和国家船只的船旗国没有介入其保护与开发的当然权利，但是，中国法律对军舰和国家船只一概而论，不仅不利于水下文化遗产保护，而且可能引起不必要的国际争端。中国需要设定一个底线：中国可以承认船旗国对其军舰和国家船只的所有权和排他性管辖权，但是历次侵华战争中沉没在中国管辖海域之内的军舰和国家船只除外。从沉没于水下100年以上这个客观标准来看，在中日甲午战争、第一次世界大战中沉没的外国军舰现在已经属于水下文化遗产。随着时间的推移，在第二次世界大战期间从事侵略活动的军舰和国家船只也有可能被认定为水下文化遗产。所有这些从事非正义活动的军舰和国家船只不能享有任何管辖豁免。这个底线具有迫切的现实意义，同时还有重要的理论意义。中国可以细化《保护水下文化遗产公约》关于军舰和国家船只认定标准及其管辖豁免方面的规定；同时，中国还可以推动《联合国海洋法公约》进一步明确军舰和国家船只的认定标准，即从事非正义活动的军舰和国家船只不享有管辖豁免，战争期间不享有，战争结束后也不能享有。

四、结　语

中国水下文化遗产数量多、分布广、种类丰富、保存难度大的客观现

---

❶ 参见《保护水下文化遗产公约》第10条第7款和第12条第7款。
❷ See Institut De Droit International, *The Legal Regime of Wrecks of Warships and Other State-Owned Ships in International Law (29 August 2015)*, available at https://www.idi-iil.org/app/uploads/2017/06/2015_Tallinn_09_en-1.pdf, visited on 22 February 2021. Also see Sarah Dromgoole, *Reflections on the Position of the Major Maritime Powers with respect to the UNESCO Convention on the Protection of the Underwater Cultural Heritage 2001*, 38 Marine Policy 116, 119 (2013).

实决定中国必须依靠完善的国内法律制度，才能为保护水下文化遗产提供有力的制度保障、高效的组织机构、充足的资金和先进的技术。

中国已经具备通过国内法保护模式保护水下文化遗产的有利条件。中国在水下文物保护管理方面已经制定了一套科学合理且相对完善的法律法规体系，也建立了一套符合中国国情的水下文物保护原则和保护制度；中国不断加强水下文化遗产保护体制建设，组织机构相对完善；中国进行大量水下遗址调查，将抢救性发掘和主动性调查相结合，推进水下文化遗产发掘及保护工作，积累了丰富的水下文化遗产保护实践经验。同时，中国依托先进的技术和充足的资金，开展中外联合水下考古调查与发掘项目，推进国际合作与交流。

通过国内法保护模式保护水下文化遗产，中国应进一步修订并完善水下文化遗产保护法律法规，科学界定水下文化遗产的概念、所有权和管辖权等，完善分级保护制度，构建具有中国特色的水下文化遗产保护制度和国际合作保护机制，由中国各级水下文化遗产主管部门依据中国法律保护中国水下文化遗产。为了保护位于中国管辖海域外的海上丝绸之路水下文化遗产，中国应加强对相关国际公约的研究，吸收国际社会公认的水下文化遗产保护原则和法律制度，同时加强与相关国家的双多边合作与交流，在时机成熟时缔结水下文化遗产合作保护协定。中国应完善国家财产豁免法律，对于作为水下文化遗产的国家船只，中国应遵循国家财产所有权和管辖豁免方面的一般原则，同时结合中国国情排除那些从事非正义活动的军舰和国家船只。

完善水下文化遗产立法有利于提升中国的国际话语权。20世纪70年代以来，各国通过了诸多与水下文化遗产相关的国内法规，例如，英国1973年《沉船保护法》、西班牙1985年《历史遗产法》、美国1987年《被弃沉船法》、法国1989年《有关海洋文化财产和修订〈1941年9月27日考古发掘规范〉的第89-874号法》等，它们一方面在防止非法打捞重要沉船等水下文化遗产方面发挥了重要作用，另一方面，这些国内立法和保护实践又是国际合作的基础，成为各国在国际公约谈判中的主张依据。❶

---

❶ 参见傅崐成、宋玉祥：《水下文化遗产的国际法保护：2001年联合国教科文组织〈保护水下文化遗产公约〉解析》，法律出版社2006年版，第18页。

第三章　公约保护模式的制度优势、潜在问题以及中国对策

一、何谓公约保护模式

所谓公约保护模式，就是中国批准《保护水下文化遗产公约》，根据《保护水下文化遗产公约》完善国内水下文化遗产保护法律法规，积极与《保护水下文化遗产公约》缔约国开展合作保护工作，并推动公约保护制度不断发展完善，为国内外水下文化遗产提供充分的国际法律保障。通过《保护水下文化遗产公约》规定的法律制度和多边合作机制保护海上丝绸之路沿线的水下文化遗产，以古代沉船为基点，打造海上丝绸之路"跨海大桥"，夯实21世纪海上丝绸之路建设的物质文化基础。

与水下文化遗产保护相关的国际公约主要有3个，分别是《保护世界文化和自然遗产公约》《联合国海洋法公约》《保护水下文化遗产公约》。有学者主张中国通过海丝申遗然后再利用《保护世界文化和自然遗产公约》法律制度保护中国水下文化遗产。这种路径的优势是周边国家都是《保护世界文化和自然遗产公约》缔约国，都有许多世界文化遗产，也都熟悉各自应当履行的保护文化遗产的公约义务；另外，世界遗产委员会也承担提供援助的义务，有利于弥补国家保护措施的不足之处，更好地保护文化遗产。❶但是，这种路径的缺点也显而易见，其前提是海上丝绸之路成功入选联合国教科文组织"世界遗产名录"，而且最佳方式是中国与相关国家联合提出海丝申遗，但目前来看这种可能性微乎其微，因此，本文对此路径不做深入探讨，而是主要结合《保护水下文化遗产公约》和《联

---

❶ 参见秦泽昊：《南海水下文化遗产保护的进展、挑战与建议》，载《现代商贸工业》2020年第9期，第30页。

合国海洋法公约》进行分析。

《联合国海洋法公约》第 149 条和第 303 条仅对"在海洋发现的考古和历史文物"作出了原则性规定，但并未对沿海国与文物来源国的管理与义务、国际合作机制，以及专属经济区和大陆架的水下文化遗产保护问题作出任何规定。事实上，这两条原则性规定本身也存在重大缺陷。第 149 条规定："在'区域'内发现的一切考古和历史文物，应为全人类的利益予以保存或处置，但应特别顾及来源国，或文化上的发源国，或历史和考古上的来源国的优先权利。"但同一考古和历史文物可能有多个来源国、文化上的发源国或历史和考古上的来源国，这些国家都可能主张优先权利，从而引发争议。第 303 条第 2 款允许沿海国推定未经其许可而将考古和历史文物移出毗连区海床的行为违反沿海国法律，这在实际上不仅扩大了《联合国海洋法公约》中毗连区制度的内涵，而且也极容易导致文物被就地毁坏，例如被许可在此区域进行石油勘探的公司可能会无视水下文物的存在，宁愿选择直接就地破坏水下文物，也不愿将其移出海床；❶第 3 款承认在海洋发现的考古和历史文物的"可辨认的物主的权利、打捞法或其他海事法规则"，这在实际上又鼓励对水下文物的掠夺行为。❷因此，许多缔约国对这两条提出保留。荷兰、马来西亚、葡萄牙、佛得角、孟加拉国在加入《联合国海洋法公约》时针对这两条发表声明，表示尊重可辨认的物主的权利，但同时主张在其管辖海域内发现的考古和历史文物，未经事先通知并经其同意，任何人不得发掘。❸例如，佛得角宣布，在不影响《联合国海洋法公约》第 303 条的前提下，在佛得角行使主权或管辖权的海域内发现的任何考古和历史文物，未经其事先通知和同意不得发掘。

目前，《保护水下文化遗产公约》是唯一一部以保护水下文化遗产为宗旨的国际公约，构建了相对完善的水下文化遗产保护国际法律制度。

---

❶ See Tullio Scovazzi, *A Contradictory and Counterproductive Regime*, in Roberta Garabello and Tullio Scovazzi (eds.), *The Protection of the Underwater Cultural Heritage: Before and After the 2001 UNESCO Convention*, Martinus Nijhoff Publishers, 2003, p.6.

❷ See Tullio Scovazzi, *A Contradictory and Counterproductive Regime*, in Roberta Garabello and Tullio Scovazzi (eds.), *The Protection of the Underwater Cultural Heritage: Before and After the 2001 UNESCO Convention*, Martinus Nijhoff Publishers, 2003, p.8.

❸ See Roberta Garabello and Tullio Scovazzi (eds.), *The Protection of the Underwater Cultural Heritage: Before and After the 2001 UNESCO Convention*, Martinus Nijhoff Publishers, 2003, p.210.

二、公约保护模式的制度优势

《保护水下文化遗产公约》确立了一套具有科学性、广泛性和体系性的水下文化遗产保护国际法律制度，这是公约保护模式优势的根源所在。

（一）水下文化遗产的概念

《保护水下文化遗产公约》中的"水下文化遗产"系指"至少100年来，周期性地或连续地，部分或全部位于水下的具有文化、历史或考古价值的所有人类生存的遗迹，比如：(i) 遗址、建筑、房屋、工艺品和人的遗骸，及其有考古价值的环境和自然环境；(ii) 船只、飞行器、其它运输工具或上述三类的任何部分，所载货物或其它物品，及其有考古价值的环境和自然环境；(iii) 具有史前意义的物品"。由此可见，《保护水下文化遗产公约》对人类生存的遗迹是否属于水下文化遗产采用了主客观相结合的标准，客观标准是"100年来，周期性地或连续地，部分或全部位于水下"，主观标准是"具有文化、历史或考古价值"。鉴于几乎所有人类生存的遗迹都具有某种程度的文化、历史或考古价值，客观标准就成为主要的判断标准。

相对而言，中国水下文物保护法规采用的标准更加严格，主观性更强。《水下文物保护管理条例》仅适用于1911年以前的水下遗存，时间跨度明显小于《保护水下文化遗产公约》。从主观标准来看，虽然中国法律同样要求这类水下遗存必须"具有历史、艺术和科学价值"，但是，对于"1911年以后的与重大历史事件、革命运动以及著名人物无关的水下遗存"却并不适用。而且，《文物保护法》第2条第2款规定："文物认定的标准和办法由国务院文物行政部门制定，并报国务院批准。"这意味着，是否属于文物本身需要经过文物主管部门按照主客观标准和一定法律程序认定，在此之后才能根据水下文物的年代、历史价值、所处水域及其起源国适用不同的管理制度。这种"先甄别审核、后保护"的文物管理制度，对于水下文化遗产而言缺乏足够的时效性和强度。

总之，《保护水下文化遗产公约》保护的水下文化遗产范围更广，这对于海上丝绸之路水下文化遗产尤其重要。所有海上丝绸之路水下文化遗产作为海上丝绸之路的历史印迹当然具有文化、历史或考古价值，而且沉睡在海底的时间都远远超过100年，因此，按照《保护水下文化遗产公约》的标准,全部海上丝绸之路水下文化遗产都属于公约的保护范畴。此外,《保护水下文化遗产公约》认定是否属于水下文化遗产,采用主客观标准,不需要国内认证程序,这有助于减少国内审核的主观性,避免漫长的审批流程,从而有利于对水下文化遗产采取及时有效的保护措施。

(二)水下文化遗产保护的基本原则和措施

《保护水下文化遗产公约》规定了水下文化遗产保护的4个基本原则。第一,合作原则。❶公约鼓励缔约国开展国际合作,缔结双边、地区或其他多边协定,或对现有协定加以补充,从而保护水下文化遗产(第6条第1款)。公约还规定缔约国应在水下文化遗产的保护和管理方面相互合作,互相帮助,在对这种遗产的调查、挖掘、记录、保存、研究和展出等方面开展协作。而且,在不违反本公约宗旨的前提下,各缔约国要与其他缔约国分享有关水下文化遗产的信息,包括水下文化遗产的发现、所处位置、违反本公约或国际法或违反与这种遗产有关的其他国际法、有关的科学方法和技术以及有关法律挖掘或打捞的文化遗产(第19条第1款、第2款)。第二,为全人类利益保护水下文化遗产原则。缔约国应根据本公约的各项规定为全人类之利益保护水下文化遗产,缔约国应根据本公约和国际法,按具体情况单独或联合采取一切必要的措施来保护水下文化遗产,并应根据各自的能力,运用各自能用的最佳的可行手段(第2条第3款、第4款)。第三,原址保护原则。在允许或进行任何开发水下文化遗产的活动之前,就地保护应作为首选。打捞出来的水下文化遗产必须妥善存放和保管,以便长期保存(第2条第5款、第6款)。"公约鼓励为进行考察或建立档案资料而对位于原址的水下文化遗产的谨慎而又非侵入性的观访,以提高公众对水下文化遗产的了解、鉴赏和保护,而且这类观访不得对水下文化遗产的保护和管理构成妨碍。"❷这种原则得到国内外专家的一致赞赏,❸也得到相关国家法律和实践的支持。第四,禁止商业开发原则(第2条第7款)。中国《水下文物保护管理条例》第14条明确规定,水下文物的考

---

❶ See Lowell B Bautista, *Gaps, Issues and Prospects: International Law and the Protection of Underwater Cultural Heritage*, 14 Dalhousie Journal of Legal Studies 57, 76 (2005).
❷ 郭玉军、徐锦堂:《国际水下文化遗产若干法律问题研究》,载《中国法学》2004年第3期,第166页。
❸ 参见傅崐成:《联合国教科文组织2001年〈保护水下文化遗产公约〉评析》,载《厦门大学法律评论》2003年第5辑,第210—230页。

古调查、勘探与发掘活动应当以文物保护和科学研究为目的。❶

《保护水下文化遗产公约》还规定了水下文化遗产保护的四大具体措施。第一，缔约国应建立必要的报告制度。根据第 9 条和第 11 条，缔约国应要求其国民或船主报告在专属经济区内或大陆架上发现的水下文化遗产和拟进行的开发活动，并应确保"区域"内的有关活动遵守《保护水下文化遗产公约》。第二，缔约国必须将与保护水下文化遗产相关的信息及时通知教科文组织总干事或相关缔约国。例如，公约第 7 条第 3 款规定："缔约国在其群岛水域和领海内行使其主权时……要向是本公约缔约国的船旗国，并根据情况，向与该水下文化遗产确有联系，尤其是文化、历史或考古方面的联系的其他国家通知发现可认出国籍的船只和飞行器的情况。"再如，第 9 条第 3 款规定，缔约国应向总干事通报在其专属经济区内和大陆架上的水下文化遗产相关的所有发现和活动；第 11 条第 2 款规定，缔约国应向联合国教科文组织总干事和国际海底管理局秘书长通知在"区域"内的发现和活动。第三，缔约国应加强领土和国民管理。依照第 15 条和第 16 条之规定，缔约国应采取措施禁止使用其领土进行违反《保护水下文化遗产公约》开发水下文化遗产的活动，禁止本国公民和船只从事任何不符合本公约的水下文化遗产的开发活动。第四，根据第 14 条和第 17 条之规定，缔约国应阻止非法发掘的遗产入境、交易和转移占有，并剥夺非法收益。缔约国还应严厉制裁违反《保护水下文化遗产公约》的行为。制裁力度应足以阻却任何违法行为，完全剥夺任何非法利益。这样，《保护水下文化遗产公约》构建了"一套较为严密的事前防范和事后控制措施"❷，从而可以确保缔约国有效地执行《保护水下文化遗产公约》规定，保护水下文化遗产。

这些保护原则和措施对水下文化遗产保护具有重大意义。这不仅对《保护水下文化遗产公约》规定海域内发现的水下文化遗产保护至关重要，

---

❶ 也有学者认为，这条规定并未明确禁止商业开发。参见傅崐成：《联合国教科文组织 2001 年〈保护水下文化遗产公约〉评析》，载《厦门大学法律评论》2003 年第 5 辑，第 210—230 页。See also Porter Hoagland, *Management the Underwater Cultural Resources of the China Seas: A Comparison of Public Policies in Mainland China and Taiwan*, 12 International Journal of Marine & Coastal Law 282, 282-283 (1997).

❷ 张亮、赵亚娟：《论中国应尽快批准〈保护水下文化遗产公约〉》，载《武汉大学学报（哲学社会科学版）》2011 年第 4 期，第 43 页。

而且，对遗存于争议水域内的水下文化遗产保护而言，其价值尤其重大。对于在争议海域发现的水下文化遗产，《保护水下文化遗产公约》并未规定其管辖权以及相关的国际合作机制。从理论上讲，对于在争议海域发现的水下文化遗产，所有缔约国仍然可以依据国内法行使管辖权以及开展国际合作。只是当一国开发或授权开发位于该海域的水下文化遗产时，必然会引起新的争端。但是，《保护水下文化遗产公约》并非毫无进展，它规定"根据本公约采取的任何行动或开展的任何活动均不构成对国家主权或国家管辖权提出要求、支持或反对的理由"（第2条第11款）。这种不持立场的态度可以减少各国批准公约的阻力，提高公约的普遍性。毕竟，《保护水下文化遗产公约》的根本宗旨是保护作为"人类文化遗产的组成部分"的水下文化遗产，而不是解决海洋争端。

对于争议海域内的水下文化遗产，还是应当遵循国际合作原则。首先，这是由水下文化遗产的性质决定的。❶ 水下文化遗产"是人类文化遗产的组成部分，也是各国人民和各民族的历史及其在共同遗产方面的关系史上极为重要的一个内容"，"认识到保护和保存水下文化遗产的重要性，所有国家都应负起这一责任"。（《保护水下文化遗产公约》前言）无论水下文化遗产源自何国、位于何处，都应当为了人类利益而予以妥善保护。任何原因导致的破坏都是所有缔约国乃至全人类的损失。开展国际合作的目的不是瓜分水下文化遗产，而是共同保护水下文化遗产，可以共建水下文化遗产博物馆或共同开展抢救性发掘和研究工作。

其次，这是由特定的历史条件决定的。目前，《联合国海洋法公约》虽已生效近30年，但国际海洋法律制度仍不完善，与一般国际法仍存在矛盾之处，从而产生大量海洋权益争端。其中，争议最多的是专属经济区和大陆架重叠及划界问题。对此，《联合国海洋法公约》第74条第3款和第83条第3款都规定，各国在达成最终划界协议之前具有尽一切努力作出临时安排的法律义务。这种临时安排的内容多样，包括共同开发资源，也包括共同保护海洋环境和水下文化遗产等。就此而言，所有《联合国海洋法公约》的缔约国都有义务保护水下文化遗产，并就争议水域内的文化

---

❶ 国内学者对水下文化遗产的法律性质存在争议。有学者认为，水下文化遗产的法律性质不是"人类共同继承的遗产"，而是沉没物，原则上归其沉没时的物主所有。参见郭玉军、徐锦堂：《国际水下文化遗产若干法律问题研究》，载《中国法学》2004年第3期，第157—169页。

遗产保护达成临时安排。此外，针对领土主权和海洋权益争端各方的相互猜忌和担忧，《联合国海洋法公约》与《保护水下文化遗产公约》都规定临时安排具有"无不利"的法律性质，从而打消各方对合作保护水下文化遗产可能会产生不利于自己权利主张的顾虑。

最后，国际合作原则是《联合国海洋法公约》和《保护水下文化遗产公约》共同的基本原则。《联合国海洋法公约》第303条第1款规定："各国有义务保护在海洋发现的考古和历史性文物，并应为此目的进行合作。"同样，《保护水下文化遗产公约》也把国际合作确立为保护水下文化遗产的基本原则，规定"缔约国应开展合作，保护水下文化遗产"（第2条第2款），鼓励缔约国开展广泛的国际合作（第6条、第19条等）。❶ 所以，各缔约国都有义务就争议海域内的水下文化遗产保护进行合作。❷

（三）不同水域的水下文化遗产保护制度

1. 内水、群岛水域和领海内的水下文化遗产保护制度

内水、群岛水域和领海属于沿海国享有领土主权的区域，《保护水下文化遗产公约》缔约国拥有管理和批准开发其内水、群岛水域和领海中的水下文化遗产的活动的专属权利（第7条第1款）。同时，缔约国应当承担两项义务：其一，缔约国应保证在此区域内的水下文化遗产开发活动遵守《有关开发水下文化遗产之活动的规章》中的各项规定（第7条第2款）；其二，如果缔约国在其群岛水域和领海内行使其主权时发现国家船只或飞行器，应通知同为本公约缔约国的船旗国，并根据情况通知与该水下文化遗产确有联系的国家（第7条第3款）。这两项义务是对沿海国专属管理权利的补充说明，而非限制沿海国的专属管理权利，管理行为当然要遵守公约规定，而通知义务"当然是由国家船只的特殊性决定的。国际通行的做法是国家船只享有豁免权，其处置往往需要沿海国和船旗国的协商"❸。

---

❶ 有国际法学者认为，《保护水下文化遗产公约》并没有规定缔约国需要在毗连区内承担国际合作义务。See Markus Rau, *The UNESCO Convention on Underwater Cultural Heritage and the International Law of the Sea*, 6(1) Max Planck Yearbook of United Nations Law Online 387, 413 (2002).

❷ See Michail Risvas, *The Duty to Cooperate and the Protection of Underwater Cultural Heritage*, 2 Cambridge Journal of International and Comparative Law 562, 562-590 (2013).

❸ 林蓁：《南海水下文化遗产保护合作机制的可行性研究——基于建设21世纪海上丝绸之路视角》，载《海南大学学报（人文社会科学版）》2016年第2期，第20页。

在这些水域，水下文化遗产的起源国并无介入这些水下文化遗产保护与开发的当然权利。这里需要指出的是，"'国家的船只和飞行器'系指属于某国或由其使用，且在沉没时仅限于政府使用而非商用的，并经确定属实又符合水下文化遗产的定义的军舰和其他船只或飞行器"(《保护水下文化遗产公约》第1条第8项)。由此可以看出，首先，本条涉及的"国家船只和飞行器"不包括商船，也不包括用于商业用途的政府船只。海上丝绸之路的船只大多是进行贸易往来的商船，所以沿海国没有通知船旗国的义务，仅需根据情况通知与该水下文化遗产确有联系的国家。其次，"国家船只和飞行器"必须符合位于水下超过100年的客观条件，这就排除了第二次世界大战期间法西斯侵略者的沉船和飞行器。最后，即使是沉没水下100年以上的国家船只和飞行器，《保护水下文化遗产公约》也并未明确规定其享有管辖豁免，沿海国也仅仅承担通知义务。❶ 至于具体的保护和开发措施，则需要沿海国和船旗国等相关国家进一步协商，签订双边合作协议。例如，1989年，英国和南非达成关于共同打捞"伯肯黑德号"(HMS Birkenhead)沉船❷ 的协定。❸ 1989年，法国和美国达成共同保护美国军舰"阿拉巴马号"(CSS Alabama)的协定，这成为保护水下沉船的典型案例。

2. 毗连区的水下文化遗产保护制度

《联合国海洋法公约》毗连区制度的实质是沿海国在领海之外12海里范围内对海关、财政、移民或卫生四类事项享有特定的管辖权，是赋予沿海国的特定权利。而《联合国海洋法公约》第303条又在一定程度上扩大了这种权利，即"为了控制这种文物的贩运，沿海国可在适用第三十三条时推定，未经沿海国许可将这些文物移出该条所指海域的海床，将造成在

---

❶ During the negotiation of the UNESCO Convention, a proposal submitted by the UK and Russia (and endorsed by the United States) tried to substitute "should inform" to "shall consult" and to add the following sentence: "such State vessels and aircraft shall not be recovered without the collaboration of the flag State, unless the vessel and aircraft have been expressly abandoned in accordance with the laws of that State." The proposal was rejected (see the proposal in UNESCO Doc. 31 C/COM.IV/DR.5, of 26 October 2001).

❷ "伯肯黑德号"是英国皇家海军军舰，于1852年2月26日沉没。

❸ United Kingdom of Great Britain and Northern Ireland and South Africa: Exchange of Letters Constituting an Agreement Concerning the Regulation of the Terms of Settlement of the Salvaging of the Wreck of HMS Birkenhead. Pretoria, 22 September 1989.

其领土或领海内对该条所指法律和规章的违反"。这在客观上也"构成沿海国扩大其在传统的国际法上对毗连区应享权利的基础"❶。从管辖事项的范围来看,《保护水下文化遗产公约》"把大量有关毗连区的立法和执法管辖权赋予沿海国"❷。其中,把毗连区内的水下文物从海床移出（但并未贩运出毗连区）这一行为本身归入"海关"事项,尤其显得勉强,有扩大海关管辖范围的嫌疑;从违法行为的认定标准来看,为了限制针对海洋考古和历史文物的非法贩运,从而更加有效地保护此类文物,《联合国海洋法公约》把沿海国的证明责任从积极的举证责任,变成了有条件的有罪推定,从而放宽了沿海国行使毗连区管辖权的限制。因此,《保护水下文化遗产公约》缔约国在毗连区内对水下文化遗产享有两个层面的权利：第一层面是沿海国享有与在专属经济区和大陆架之内相同的权利,承担相同的义务,包括对水下文化遗产具有广泛的管辖权、通知义务和国际合作义务等。实际上,"如缔约国未主张毗连区,在该海域内则适用《保护水下文化遗产公约》第9条和第10条关于专属经济区和大陆架的制度"❸。第二层面是沿海国在毗连区内享有特定权利,即沿海国可以推定任何未经其许可而把水下文化遗产移出海床的行为都是违法行为,并有权实施必要的管制措施。

3. 专属经济区和大陆架的水下文化遗产保护制度

《保护水下文化遗产公约》缔约国有权禁止或授权开发本国专属经济区内或大陆架上的文化遗产。此外,值得特别注意的是,沿海国作为当然的协调国（除非其明确表示拒绝）,也拥有广泛的权利,包括实施经协商国一致同意的保护措施、实施必要的授权以及对水下文化遗产进行必要的初步研究（第10条第5款）。当然,沿海国作为协调国,"应代表所有缔约国的整体利益,而不应只代表本国的利益",其并不享有公约规定之外的优先权或管辖权（第10条第6款）。

同时,沿海国也承担三大义务。第一,缔约国应依约建立报告制度。第二,缔约国必须及时把与水下文化遗产相关的信息通知教科文组织总干

---

❶ 傅崐成:《联合国教科文组织2001年〈保护水下文化遗产公约〉评析》,载《厦门大学法律评论》2003年第5辑,第216页。

❷ Michail Risvas, *The Duty to Cooperate and the Protection of Underwater Cultural Heritage*, 2 Cambridge Journal of International and Comparative Law 562, 575 (2013).

❸ Markus Rau, *The UNESCO Convention on Underwater Cultural Heritage and the International Law of the Sea*, 6(1) Max Planck Yearbook of United Nations Law Online 387, 413 (2002).

事或相关缔约国。第三，缔约国必须妥善保护位于其专属经济区内或大陆架上的水下文化遗产，不得违反《保护水下文化遗产公约》开发或授权开发水下文化遗产。只有在特定情况下，例如"为保护其主权权利和管辖权不受干涉"（第10条第2款），或者为"防止人类活动或包括抢劫在内的其它原因对水下文化遗产构成的紧急危险"（第10条第4款），沿海国才能对该水下文化遗产采取《保护水下文化遗产公约》许可的必要措施。

值得注意的是，这"为沿海国扩充其'主权性的权利'（sovereign rights），提供了一个基础"❶。《联合国海洋法公约》规定的专属经济区和大陆架制度是"经济资源型"制度：（1）沿海国在专属经济区内有"以勘探和开发、养护和管理海床上覆水域和海床及其底土的自然资源（不论为生物或非生物资源）为目的的主权权利，以及关于在该区内从事经济性开发和勘探，如利用海水、海流和风力生产能等其他活动的主权权利"，并对"人工岛屿、设施和结构的建造和使用"、"海洋科学研究"和"海洋环境的保护和保全"拥有管辖权（第56条第1款）。（2）"沿海国为勘探大陆架和开发其自然资源的目的，对大陆架行使主权权利"（第77条第1款）。国际法学界一般认为，《联合国海洋法公约》关于专属经济区和大陆架水下文化遗产保护存在法律真空地带，❷但无论如何，这种经济资源型制度从未试图将水下文化遗产置于沿海国的主权范围之内。❸《保护水下文化遗产公约》明显扩大了沿海国在专属经济区和大陆架的主权权利。❹

《保护水下文化遗产公约》把国际合作的义务施加到所有缔约国身上，❺为非沿海国参与保护水下文化遗产提供了法律依据。只要缔约国"与有关的水下文化遗产确有联系"，它"可以向在专属经济区内或大陆架上拥有水下文化遗产的缔约国表示愿意在有效保护这些水下文化遗产方面提供咨询"

---

❶ 傅崐成：《联合国教科文组织2001年〈保护水下文化遗产公约〉评析》，载《厦门大学法律评论》2003年第5辑，第219页。

❷ See Tullio Scovazzi, *The Protection of Underwater Cultural Heritage: Article 303 and the UNESCO Convention*, in David Freestone, Richard Barnes, and David Ong (eds.), *The Law of the Sea: Progress and Prospects*, Oxford University Press, 2006, p.123.

❸ See Robin Rolf Churchill & Alan Vaughan Lowe, *The Law of the Sea* (3rd edn.), Manchester University Press, 1999, p.175.

❹ See Patrick J. O'Keefe, *Shipwrecked Heritage: A Commentary on the UNESCO Convention on Underwater Cultural Heritage*, Institute of Art and Law, 2002, p.83.

❺ See Sarah Dromgoole, *2001 UNESCO Convention on the Protection of the Underwater Cultural Heritage*, 18(1) The International Journal of Marine and Coastal Law 59, 76 (2003).

（第 9 条第 5 款）。非沿海国表达意愿具有两个法律后果：其一，沿海国应与其共同商讨如何最有效地保护这些水下文化遗产；其二，在沿海国明确表示不愿担任"协调国"时，该非沿海国有权另行指定"协调国"（第 10 条第 3 款）。在"与水下文化遗产确有联系"的国家中，最重要的当属水下文化遗产的起源国。"《保护水下文化遗产公约》为沿海国和文化遗产来源国在此类文化遗产保护方面的合作提供了基本框架。"❶ 例如，中国作为水下文化遗产最重要的起源国之一，既有权利也有义务广泛地参与保护水下文化遗产的国际合作。❷ 除此之外，《保护水下文化遗产公约》赋予船旗国更大的参与权和决策权。在专属经济区和大陆架范围内，沿海国对其他国家的"国家船只和飞行器"这类历史文化遗产承担更加广泛的义务，不仅包括通知义务，而且还包括获得船旗国同意和协调国协作的义务，否则不得采取任何行动。❸

4."区域"的水下文化遗产保护制度

对于"国家管辖范围以外的海床和洋底及其底土"上的水下文化遗产，适用《保护水下文化遗产公约》"区域"制度。其核心仍是管辖权与国际合作问题。缔约国有责任保护"区域"内的水下文化遗产，有义务建立适用于"区域"的报告制度，并将"区域"内发现的水下文化遗产的相关信息及时通知教科文组织总干事和国际海底管理局秘书长。但是，缔约国并无权开发"区域"内的水下文化遗产，除非是在为了"防止人类活动或包括抢劫在内的其它原因对水下文化遗产造成的直接危害"的特定情况下，沿海国才"可依照本公约采取一切切实可行的措施"，甚至在"必要时，可在与其它缔约国进行协商之前采取措施"（第 12 条第 3 款）。实际上，《保护水下文化遗产公约》"把在'区域'内的水下文化遗产完全置于联合国教科文组织以及国际海床管理局的控制之下"❹。教科文组织总干事负责向所有缔约国通报发现的水下文化遗产信息（第 11 条第 3 款），收存缔约国提交的意向书，并确认"缔约国必须与有关的水下文

---

❶ 林蓁：《南海水下文化遗产保护合作机制的可行性研究——基于建设 21 世纪海上丝绸之路视角》，载《海南大学学报（人文社会科学版）》2016 年第 2 期，第 24 页。

❷ 参见林蓁：《南海水下文化遗产保护合作机制的可行性研究——基于建设 21 世纪海上丝绸之路视角》，载《海南大学学报（人文社会科学版）》2016 年第 2 期，第 19—28 页。

❸ See Mariano J. Aznar, *The Legal Protection of Underwater Cultural Heritage: Concerns and Proposals*, in Carlos Esposito et al (eds.), *Ocean Law and Policy: 20 Years under UNCLOS*, Brill/Nijhoff, 2017, p.128.

❹ 傅崐成：《联合国教科文组织 2001 年〈保护水下文化遗产公约〉评析》，载《厦门大学法律评论》2003 年第 5 辑，第 223 页。

化遗产确有联系,特别应考虑该遗产的文化、历史和考古起源国的优先权利"(第11条第4款)。此后,总干事负责邀请相关缔约国开展协商,并有权指定"协调国"(第12条第2款)。最后,协调国必须及时向联合国教科文组织总干事报告研究结果(第12条第5款)。由此可见,在"区域"内采用通过国际合作联合行使管辖权的制度,由联合国教科文组织负责协调"确有联系"的缔约国共同保护"区域"内的水下文化遗产。

三、公约保护模式对海上丝绸之路水下文化遗产的特殊价值

因为大量的中国水下文化遗产散落于各国管辖海域,面临迫在眉睫的损毁风险,而中国对他国在其管辖海域内开展的水下文化遗产开发活动却无能为力,为此,公约保护模式对保护海上丝绸之路水下文化遗产、推动21世纪海上丝绸之路建设的意义尤其重大。

(一)海上丝绸之路水下文化遗产的保护现状

"丝绸之路经济带"文化遗产保护效果显著。2014年6月,中国、哈萨克斯坦、吉尔吉斯斯坦共同申报的"丝绸之路:长安—天山廊道的路网"成功入选联合国教科文组织"世界遗产名录",❶ 为"丝绸之路经济带"建设带来良好的发展契机。❷ 然而,海上丝绸之路文化遗产保护问题颇多。

1. 起点段资源丰富,但海上、境外仍缺乏充足的水下文化遗产点

首先,海上丝绸之路申遗工作仍局限于国内城市,境外水下文化遗产点仍是空白。作为保护海上丝绸之路水下文化遗产的重要举措,2016年3月,中国国家文物局正式确定由泉州牵头,全力推进"海上丝绸之路·中国史迹"申报世界文化遗产。2016年9月,国家文物局明确将泉州、广州、宁波、南京、漳州、莆田、丽水、江门8个城市的31个遗产点列入首批海上丝绸之路申遗点,阳江市"南海一号沉船及沉船点"作为关联点。但问题是,目前境外水下文化遗产点仍是空白。海上丝绸之路是包括中国在内的世界各国共同开拓的海上贸易通道,是沿线各国长期历史交流

---

❶ UNESCO: The World Heritage List, "Silk Roads: The Routes Network of Chang'an-Tianshan Corridor", available at http://whc.unesco.org/en/list/1442, visited on 22 February 2021.

❷ 参见周方:《丝绸之路经济带建设中历史文化遗产的法治保障研究》,载《西北大学学报(哲学社会科学版)》2015年第2期,第107页。

合作的见证。如果没有境外遗产点，中国"一带一路"建设就无法形成完整的文化网络，更无法实现民心相通、文化包容的最终目标。

其次，海上丝绸之路水下文化遗产需要进一步多样化。"历史文化遗产根据存在样态可分为物质文化遗产和非物质文化遗产两部分，前者以有形的实物形态存在，后者则主要表现为无形的知识与技能。"❶ 海上丝绸之路非物质文化遗产主要涉及造船、航海、陶瓷等方面的知识和技能，目前相关研究刚刚起步。物质文化遗产的收集整理工作也在进行之中。单从遗产点的名称和位置就可以看出，已公布的 31 个遗产点存在类别比较单一、证明效力有限的问题。其中，可能只有江口码头和真武庙遗产点、广州的南海神庙和码头遗址遗产点及南京的龙江宝船厂遗产点能够直接证明海上丝绸之路的存在。其余绝大多数是寺庙、塔桥、窑址和古墓葬等，这些遗址点间接记录和反映了海上丝绸之路存在的历史，具有重要的参考价值。但是，遗产点与海上丝绸之路整体的关联性仍需要大量直接证据及其形成的证据链来证明。海上丝绸之路的船只、起止码头、停靠码头、航海图以及货物交换的记录都可彰显海上丝绸之路的荣光。其中，沉船的国籍、所载货物、起止码头、启航时间、航行路线等具有最直接的证据作用；大量不同历史时期的沉船可以形成完整的证据链。这需要保护更加丰富多样的水下文化遗产。

2. 国内保护措施相对比较完善，而国际合作机制不足

中国水下文化遗产散落在世界各地的大洋海底，在大西洋、太平洋及北冰洋的一些沉船中也发现了中国船货。例如，西非几内亚湾的洛佩斯角（Cap Lopcz）"毛里求斯号"（Mauritius）、爱尔兰多内加尔水域发现的 16 世纪西班牙无敌舰队、"特立尼达·巴伦西亚号"（La Triniad Valencera）、瑞典海湾"哥德堡号"、法国贝勒岛"康迪王子号"（Prince de Conty）等沉船中发现了大量来自中国的货物，这些沉船是欧洲各国东印度公司的商船，是在运送中国物品到欧洲、非洲的途中触礁沉没的。❷

"一带一路"倡议涵盖国家众多，在如此广泛的区域搜寻 1000 多年前的历史印迹，其困难程度可以想象。即使是已经被发现的水下文化遗产，

---

❶ 周方：《丝绸之路经济带建设中历史文化遗产的法治保障研究》，载《西北大学学报（哲学社会科学版）》2015 年第 2 期，第 108 页。

❷ 参见刘丽娜：《中国水下文化遗产的法律保护》，知识产权出版社 2015 年版，第 24 页。

其保护现状也十分堪忧。客观方面，沿线国家缺乏足够的资金和专业人才，保护措施无法到位；主观方面，一些国家只顾经济利益，不愿保护水下文化遗产，放任商业开发，导致水下文化遗产遭到疯狂破坏。❶

中国政府高度重视水下文化遗产保护，早在1982年就制定了《文物保护法》，该法是中国文物保护以及相关违法行为行政处罚和刑事处罚的法律基础。1989年通过的《水下文物保护管理条例》专门加强水下文物的保护管理工作。2016年3月，中国发布《国务院关于进一步加强文物工作的指导意见》，提出开展水下考古调查，划定水下文物保护区，加快建设国家文物局水下文化遗产保护中心南海基地等。总之，中国在水下文物保护管理方面已经制定了一套科学合理且相对完善的法律法规体系。

海上丝绸之路水下文化遗产是将沿线国家紧密联系在一起的历史纽带，理应得到各国的尊重和保护，然而事实却并非如此。目前，南海水下文化遗产的盗掘破坏活动并没有从根本上得到遏制，更有一些国家蓄意破坏中国在相关海域的水下文化遗产。愈演愈烈的水下文物盗掘活动迫使中国不得不对一些破损严重的古代沉船进行抢救性发掘。对于那些遗存于中国管辖范围之外的水下文化遗产，保护工作更为艰巨。"历史文化遗产虽经历了历史漫长的传承过程，但其中绝大部分仍然构成丝绸之路沿线各族社会公众生产生活组成部分的'活态'文明。"❷挖掘这种活态文明本身就离不开当地社会力量的积极参与，况且部分"路段"位于公海或他国管辖海域，因此，发掘海上丝绸之路海外遗产点离不开国际合作。然而，东南亚各国对海上丝绸之路建设的反应不一。例如，越南对中国提出的保护水下文化遗产和海上丝绸之路建设仍疑虑重重，担心中国单方面在争议海域开展水下文化遗产保护活动，强化中国历史性权利主张，侵犯其海洋权益。❸特别是在南沙海域，领土主权和海洋权益之争错综复杂，域外大国介入不断造成地区紧张局势，在这种情况下开展水下文化遗产保护举步维艰。

---

❶ 参见林蓁：《南海水下文化遗产保护合作机制的可行性研究——基于建设21世纪海上丝绸之路视角》，载《海南大学学报（人文社会科学版）》2016年第2期，第19—28页。

❷ 周方：《丝绸之路经济带建设中历史文化遗产的法治保障研究》，载《西北大学学报（哲学社会科学版）》2015年第2期，第114页。

❸ See Nguyen Ngoc Lan & Tran Hoang Yen, *China Wants to Conserve even Vietnam's Heritage?*, Vietnam Net (September 15, 2014), available at http://english.vietnamnet.vn/fms/special-reports/111506/china-wants-to-conserve-even-vietnam-s-heritage-.html, visited on 22 February 2021.

"21世纪海上丝绸之路不是单凭一个国家就可以完成的，需要沿线各国的支持和合作。"❶ 为了保护海上丝绸之路水下文化遗产，推进"一带一路"建设，中国应利用国际法律制度，开展国际合作。目前，《保护水下文化遗产公约》是唯一一部以保护水下文化遗产为宗旨的国际公约。早在《保护水下文化遗产公约》通过之时，国内就有专家呼吁中国批准。❷ 2012年5月，中国国家文物局发表《中国水下文化遗产保护现状报告》，表示中国正在"为加入《保护水下文化遗产公约》做好准备"❸。可以说，海上丝绸之路建设为中国批准《保护水下文化遗产公约》提供了新的契机。

（二）公约保护模式对海上丝绸之路水下文化遗产的重大意义

1. 批准《保护水下文化遗产公约》将为水下文化遗产保护提供充分的国际法律保障

批准《保护水下文化遗产公约》既是21世纪海上丝绸之路建设的需要，也是保护中国乃至世界水下文化遗产的需要。首先，批准《保护水下文化遗产公约》后，中国水下文化遗产将在世界范围内得到所有缔约国的保护。中国散落于世界各地的文化遗产尤其广泛。随着时间的推移，岁月的侵蚀，保护这些水下文化遗产就变得迫在眉睫。中国需要增加用于水下文化遗产保护的人力、资金、技术，加大保护力度；同时还应充分利用现有国际法律制度，开展国际合作，鼓励世界各国保护水下文化遗产，捍卫全人类的共同利益。批准《保护水下文化遗产公约》后，中国的水下文化遗产将会得到所有缔约国的尊重和保护，缔约国还有义务提高公众对水下文化遗产价值与意义的认识（第20条），这无疑会增进各国人民对中国海上丝绸之路水下文化遗产的理解，增进文化交流，实现民心相通。

其次，批准《保护水下文化遗产公约》后，中国可以对位于中国管辖海域内的所有水下文化遗产行使《保护水下文化遗产公约》规定的管辖

---

❶ 林蓁：《南海水下文化遗产保护合作机制的可行性研究——基于建设21世纪海上丝绸之路视角》，载《海南大学学报（人文社会科学版）》2016年第2期，第19页。
❷ 参见郭玉军、徐锦堂：《国际水下文化遗产若干法律问题研究》，载《中国法学》2004年第3期，第157—169页。
❸ 《中国水下文化遗产保护现状报告》第5条。值得注意的是，根据《保护水下文化遗产公约》第26条对"批准、接受、赞同或加入"作出的规定，教科文组织会员国可以"批准、接受或赞同"本公约；"不是教科文组织会员国"的国家和"没有完全独立"的地区可以"加入"本公约。因此，国家文物局在《中国水下文化遗产保护现状报告》中使用"加入"一词并不妥当。

权。《水下文物保护管理条例》规定，在中国毗连区、专属经济区内和大陆架上，中国只能对那些起源于中国和起源国不明的遗产行使管辖权，而未规定对这些区域内起源于他国的文物享有管辖权。中国批准《保护水下文化遗产公约》后可以依公约对这类文化遗产行使管辖权。当然，对于那些属于他国的国家船只和航空器等水下文化遗产，中国需要承担一定的通知义务和合作保护义务。❶ 虽然这种义务并非实体性积极义务，但中国最好与船旗国协商，共同寻求最优保护方法，❷ 之后再采取保护措施，这样更有利于促进文化交流与合作。❸

再次，中国可以广泛地参与水下文化遗产国际合作机制。21世纪海上丝绸之路沿线已经批准公约的国家包括柬埔寨、伊朗、沙特阿拉伯、黎巴嫩、利比亚、突尼斯、意大利、克罗地亚、法国、西班牙和葡萄牙等，涉及南海、印度洋、波斯湾、红海和地中海等海域。批准《保护水下文化遗产公约》之后，中国就可以根据该公约行使在相关海域的公约权利，履行公约义务，参与国际合作机制，保护与中国有联系的水下文化遗产。对遗存于他国毗连区、专属经济区、大陆架和"区域"内的水下文化遗产，只要与中国确有联系，无论是否来源于中国，中国都享有一定权利，包括获取相关信息，参与磋商，采取相关保护措施，任命协调国等。

最后，通过批准《保护水下文化遗产公约》，中国可以推进《联合国海洋法公约》的发展。自缔约开始至今，少数国家坚持认为《保护水下文化遗产公约》扩大了沿海国的管辖权，势必会打破《联合国海洋法公约》确立的沿海国与非沿海国权利义务之微妙平衡。❹ 然而，《保护水下文化遗产公约》的目的是通过国际合作来保护水下文化遗产，这与《联合国海洋法公约》第149条和第303条相一致；而且《保护水下文化遗产公约》第2条第8款和第3条确立的冲突法规则是它必须符合《联合国海洋法公约》。就此意义而言，《保护水下文化遗产公约》是对《联合国海洋法公约》的创

---

❶ See Mariano J. Aznar, *The Legal Protection of Underwater Cultural Heritage: Concerns and Proposals*, in Carlos Esposito et al (eds.), *Ocean Law and Policy: 20 Years under UNCLOS*, Brill/Nijhoff, 2017, p.146.

❷ 参见《保护水下文化遗产公约》第7条第3款。

❸ 参见郭玉军、徐锦堂:《国际水下文化遗产若干法律问题研究》，载《中国法学》2004年第3期，第157—169页。

❹ See Tullio Scovazzi, *The 2001 Convention on the Protection of the Underwater Cultural Heritage*, XI The Italian Yearbook of International Law 9, 16-18 (2001).

造性应用，是对它的发展和完善。《联合国海洋法公约》第149条只对"区域"内的水下文化遗产进行了规定，但对遗存于领海、毗连区、专属经济区和大陆架的水下文化遗产却没有作出任何规定。更重要的是，专属经济区和大陆架制度是资源主导型的，其核心是资源开发与利用；而水下文化遗产作为"人类文化遗产"的一部分，不涉及资源，其核心是水下文化遗产保存与保护。❶ 中国批准《保护水下文化遗产公约》，可以发展《联合国海洋法公约》的专属经济区和大陆架制度与《保护水下文化遗产公约》的水下文化遗产保护制度，推动国际海洋法的完善。

2. 批准《保护水下文化遗产公约》有利于打破海上丝绸之路共同开发的瓶颈

海洋权益争端复杂化是21世纪海上丝绸之路建设的长期阻碍因素。❷ 在领土主权和海洋权益争端最终解决之前，对包括水下文化遗产保护在内的各种争议事项作出临时安排，是周边国家作为《联合国海洋法公约》缔约国的公约义务。❸ 各国通过国际合作采取一切可行的措施保护争议海域的水下文化遗产，是为了各国乃至全人类的利益，也是为了履行《联合国海洋法公约》在内的国际公约义务。批准《保护水下文化遗产公约》后，中国可以依据《保护水下文化遗产公约》的基本原则和具体制度，与周边国家合作保护海上丝绸之路水下文化遗产，打破共同开发的瓶颈。

中国可以推动周边各国批准《保护水下文化遗产公约》，采取立法和行政措施，加大对水下文化遗产的保护力度，以公约为基础展开合作。即使周边国家拒不加入《保护水下文化遗产公约》，中国也可以依托公约与相关国家缔结双边或多边协议，解决争议海域水下文化遗产保护的具体问题。另外，中国还可以主张在双边合作协定或区域合作协定中加入水下文化遗产保护条款，对争议海域内水下文化遗产保护开展国际合作，以低敏感度领域的国际合作推动高敏感度领域的国际合作，从而推动周边国家形成良性互动，最终解决争端。

3. 批准《保护水下文化遗产公约》有利于解决水下文化遗产保护争端

《保护水下文化遗产公约》第25条对和平解决争端作出了原则性规定。

---

❶ See Sarah Dromgoole, *2001 UNESCO Convention on the Protection of the Underwater Cultural Heritage*, 18(1) The International Journal of Marine and Coastal Law 59, 76-80 (2003).

❷ See Zewei Yang, *Building the 21st-Century Maritime Silk Road: Its Impact on the Peaceful Use of the South China Sea*, 2 China and WTO Review 85, 92 (2016).

❸ 参见《联合国海洋法公约》第74条第3款和第83条第3款。

首先,《保护水下文化遗产公约》强调通过政治方式和平解决国际争端的重要性。当缔约国在解释或实施《保护水下文化遗产公约》时出现争端的,应通过双方协商、联合国教科文组织调解等和平方式妥善解决。其次,如调解无效,《保护水下文化遗产公约》提倡通过诉讼和仲裁解决争端,各方可诉诸《联合国海洋法公约》第十五部分的争端解决机制,自愿选择国际海洋法法庭、国际法院以及按照附件七、附件八设立的仲裁法庭和特别仲裁法庭,和平解决相关争端。《保护水下文化遗产公约》的这些规定为解决缔约方之间的争端提供了国际法律依据。中国批准《保护水下文化遗产公约》后,可以依据《保护水下文化遗产公约》争端解决机制处理在海上丝绸之路水下文化遗产保护过程中产生的国际争端,这无疑具有积极意义。

然而,《保护水下文化遗产公约》争端解决机制并不完善,问题颇多。首先,《保护水下文化遗产公约》参照适用争端解决机制是各国利益平衡的结果,但仍存在模糊不清之处。在该公约谈判过程中,各国立场存在很大差异:法国、瑞典、突尼斯和英国主张采用《联合国海洋法公约》第十五部分的争端解决机制;埃及建议采用《联合国宪章》第33条的解决方式;美国不接受强制性的争端解决机制;西班牙支持通过仲裁解决争端;挪威建议以《执行1982年12月10日〈联合国海洋法公约〉有关养护和管理跨界鱼类种群和高度洄游鱼类种群的规定的协定》第八部分为参照设立《保护水下文化遗产公约》自己的争端解决机制;意大利则主张建立一种强有力的争端解决机制。❶ 其次,《保护水下文化遗产公约》规定国际海洋法法庭、国际法院以及按照附件八设立的特别仲裁法庭是解决争端的司法机构,但是,这3个机构都没有水下文化遗产保护专家,并不一定适合处理水下文化遗产争端。国际法院和国际海洋法法庭的法官虽然都是公认的国际法专家,但其知识构成并不涉及水下文化遗产开发与保护,从未审理过水下文化遗产争端。最后,根据附件七设立的仲裁法庭虽然可以通过仲裁员提名和指定环节,请部分水下文化遗产保护专家作为仲裁员,但是《保护水下文化遗产公约》却规定同为《联合国海洋法公约》缔约国的《保护水下文化遗产公约》缔约国只能指定海洋事务专家作为仲裁员,无权指定水下

---

❶ See Roberta Garabello, *The Negotiating History of the Convention on the Protection of the Underwater Cultural Heritage*, in Roberta Garabello and Tullio Scovazzi (eds), *The Protection of the Underwater Cultural Heritage: Before and After the 2001 UNESCO Convention*, Martinus Nijhoff Publishers, 2001, p.172.

文化遗产保护专家作为仲裁员，从而在仲裁程序中处于不利地位。❶因此，中国在加入《保护水下文化遗产公约》时应认真研究对策，完善争端解决程序，同时还应设法培养并提名具有水下文化遗产知识结构的海洋法专家入选仲裁员名单。

四、公约保护模式的潜在问题以及中国对策

各国对其管辖水域内水下文化遗产的主张和立法实践各不相同。"挪威和俄罗斯等国认为《保护水下文化遗产公约》的协调机制明显过度，有损公海自由；而希腊等国则认为协调机制仍显不足，尚未满足其扩展管辖权的愿望。"❷对位于内水、领海和群岛水域内的水下文化遗产，沿海国依《保护水下文化遗产公约》拥有排他性管辖权，唯一例外是对遗存于领海和群岛水域的国家船只和飞行器，沿海国需要视情况承担一定的通知责任，这已经得到广泛的承认。❸然而，对于专属经济区内和大陆架上的水下文化遗产，《联合国海洋法公约》和《保护水下文化遗产公约》只赋予沿海国有限的管辖权，相关保护和管理措施必须通过国际合作机制来实施，对此大多数周边国家的法律规定并不一致。❹中国批准加入《保护水下文化遗产公约》可能会在水下文化遗产管辖权、所有权以及国际协作义务等方面产生矛盾之处。

（一）中国对水下文化遗产的管辖权

中国法律根据水下文物所处位置及其起源国这两个标准来确定中国的所有权和管辖权。对位于中国内水和领海的水下文物，中国法律与《保护水下文化遗产公约》的规定基本一致。不同之处有二：第一，中国基于国家主权原则对内水、领海的全部水下文物主张所有权和管辖权，而《保护水下

---

❶ 参见傅崐成、宋玉祥：《水下文化遗产的国际法保护：2001 年联合国教科文组织〈保护水下文化遗产公约〉解析》，法律出版社 2006 年版，第 212 页。

❷ Michail Risvas, *The Duty to Cooperate and the Protection of Underwater Cultural Heritage*, 2 Cambridge Journal of International and Comparative Law 562, 585 (2013).

❸ See Robyn Frost, *Underwater Cultural Heritage Protection*, 23 Australian Year Book of International Law 25, 28 (2004).

❹ 参见李锦辉：《南海周边主要国家海底文化遗产保护政策分析及启示》，载《太平洋学报》2011 年第 6 期，第 72—84 页。

文化遗产公约》并不涉及水下文化遗产的所有权；第二，中国对此水域内的国家船只或飞行器享有排他性管辖权，而《保护水下文化遗产公约》规定沿海国在一定情况下需要把国家船只的相关信息通知船旗国。值得注意的是，《保护水下文化遗产公约》第 7 条第 3 款并未使用"shall"，而是使用"should"，而且并未提及位于"内水"的国家船只，这样的措辞表明，沿海国有权自主决定是否通知领海内发现的国家船只的船旗国，而且《保护水下文化遗产公约》并未明确承认国家船只在内水有任何管辖豁免。❶ 因此，中国在内水和领海对水下文化遗产享有的管辖权并未受到实质性减损。

对于遗存于毗连区、专属经济区和大陆架的水下文化遗产，中国法律根据其所处位置和起源国规定中国享有不同的权利：对于遗存于中国毗连区、专属经济区和大陆架的水下文物，如果源自中国或起源国不明，中国享有所有权和管辖权。对此，中国要求任何单位和个人向文物主管部门及时报告或上缴相关水下文物，由后者进行妥善处理。对于遗存于外国毗连区、专属经济区和大陆架且起源于中国的水下文物，中国"享有辨认器物物主的权利"。相应地，中国要求任何单位和个人向文物主管部门及时报告或上缴相关水下文物，由后者进行辨认、鉴定。

对于遗存于公海区域内的文物，中国法律适用可以分为两种情况：其一，如果起源于中国，中国有权要求任何单位或者个人及时报告或上缴，由国家文物局进行辨认、鉴定，采取相应的保护措施；其二，如果起源于他国，中国未主张辨认权或其他管辖权。"中国法令要求依照文物起源国来区分其法律地位的立场，自然完全符合国际法的规范"❷，与《联合国海洋法公约》的相关规定是一致的。例如，《联合国海洋法公约》第 149 条规定："在'区域'内发现的一切考古和历史文物，应为全人类的利益予以保存或处置，但应特别顾及来源国，或文化上的发源国，或历史和考古上的来源国的优先权利。"《联合国海洋法公约》第 303 条还规定："各国有义

---

❶ See Sarah Dromgoole, *The Legal Regime of Wrecks of Warships and Other State-Owned Ships in International Law: The 2015 Resolution of the Institut de Droit International*, 25 Italian Yearbook of International Law 181, 193 (2015); see also Robert C. Blumberg, *International Protection of Underwater Cultural Heritage*, in Myron H. Nordquist et al (eds.), *Recent Developments in the Law of the Sea and China*, Martinus Nijhoff Publishers, 2006, p.506 (fn 22).

❷ 傅崐成：《联合国教科文组织 2001 年〈保护水下文化遗产公约〉评析》，载《厦门大学法律评论》2003 年第 5 辑，第 224 页。

务保护在海洋发现的考古和历史性文物，并应为此目的进行合作"，而且这些保护和国际合作"不影响可辨认的物主的权利、打捞法或其他海事法规则"。

中国批准《保护水下文化遗产公约》后，中国的法律规定可能会与《保护水下文化遗产公约》产生一些矛盾。首先，对于那些位于中国毗连区、专属经济区和大陆架但起源于他国的水下文化遗产，中国法律并未主张管辖权。《保护水下文化遗产公约》明确规定沿海国对这些海域内的所有水下文化遗产具有管辖权；即使这些水下文化遗产来源于他国，沿海国仍可作为协调国享有广泛的权利。相比而言，中国《水下文物保护管理条例》却主动放弃对此类水下文化遗产的管辖权，明显是自我设限，需要及时修订。❶

其次，对于"遗存于外国领海以外的其他管辖海域以及公海区域内的起源于中国的文物"，《水下文物保护管理条例》规定中国"享有辨认器物物主的权利"。这样的"权利要求不仅和公约的规定差异较大，和别国的法律多有冲突，导致该条在实施层面存在很大困难"❷。一方面，对于遗存于外国毗连区、专属经济区和大陆架的水下文化遗产，《保护水下文化遗产公约》规定其起源国享有表达参与意愿、通过国际合作与沿海国共同保护水下文化遗产等广泛的权利，明显不同于单方面辨认器物物主的权利。另一方面，对于"区域"内的水下文化遗产，《保护水下文化遗产公约》实际上把国际协作的重任委托给联合国教科文组织总干事，由其负责通知"确有联系"的国家通过国际合作进行保护。但是，《保护水下文化遗产公约》并未赋予任何国家辨认器物物主的权利，也未赋予起源国在国际合作中的特殊地位。就此而言，中国《水下文物保护管理条例》似乎又有擅自扩大管辖权的嫌疑。而《联合国海洋法公约》第149条提到的优先权利仅适用于"区域"，并不适用于专属经济区和大陆架，因此无法支持中国对他国专属经济区内和大陆架上的水下文化遗产享有辨认器物物主的权利主张。

最后，中国法律法规并未对国家船只或飞行器的管辖豁免问题作出特殊规定。《保护水下文化遗产公约》规定在领海以外的相关海域，未经船旗国的同意和协调国的协作，任何缔约国不得对国家船只或飞行器采取任

---

❶ 参见傅崐成：《联合国教科文组织2001年〈保护水下文化遗产公约〉评析》，载《厦门大学法律评论》2003年第5辑，第210—230页。

❷ 林蓁：《南海水下文化遗产保护合作机制的可行性研究——基于建设21世纪海上丝绸之路视角》，载《海南大学学报（人文社会科学版）》2016年第2期，第22页。

何行动。❶ 这种要求的实质是船旗国享有参与相关水下文化遗产保护国际合作的权利，而非管辖豁免权、专属管辖权或所有权，这种权利的实现依然有赖于双方协商。英国、美国、俄罗斯、德国、法国等海洋大国一直主张，无论国家船只和飞行器沉没海底多久，只要国家并未明示抛弃，就一直属于公共财产，享有国家管辖豁免，这种观点已经得到国际法学会的明确支持。❷ 因此，批准《保护水下文化遗产公约》后，中国需要适当顾及船旗国的权利要求。

实际上，如前文所述，中国法律术语"起源国"与《保护水下文化遗产公约》术语"确有联系的国家"是两个极富争议的概念。❸ 中国法律法规和司法实践还尚未对"起源于中国"这个标准进行阐释。除了"以中国为船旗国"这一解释，是否还可以作出其他解释，例如，"船只从中国港口出发""所载货物来源于中国""船只由中国建造"等等。特别是对于那些远渡重洋到中国采购货物的他国船只，所载货物当然可以说是"起源于中国"；但是，这些货物的所有权已经转移给买方，如果中国坚持以起源国身份对其主张管辖权，似乎有违基本商业习惯。当然，《保护水下文化遗产公约》使用的"确有文化、历史或考古方面联系的国家"也存在概念模糊的问题，❹ 这恐怕会在公约适用过程中引起纠纷。

（二）中国对水下文化遗产的所有权

国际社会对《保护水下文化遗产公约》争议最大之处是水下文化遗产的所有权问题。拉美和加勒比国家坚持沉船所处位置足以使沿海国获得对它的所有权，主张"水下文化遗产首先属于它所处的国家并进而属于全人类"❺。而海洋强国大多坚持船旗国非经明示抛弃一直拥有其国家船只的所

---

❶ 参见《保护水下文化遗产公约》第 10 条第 7 款和第 12 条第 7 款。
❷ See Institut De Droit International, *The Legal Regime of Wrecks of Warships and Other State-Owned Ships in International Law*, available at https://www.idi-iil.org/app/uploads/2017/06/2015_Tallinn_09_en-1.pdf, visited on 22 February 2021.
❸ See Tullio Scovazzi, *The 2001 Convention on the Protection of the Underwater Cultural Heritage*, XI The Italian Yearbook of International Law 9, 17 (fn.29) (2001).
❹ 参见郭玉军、徐锦堂：《国际水下文化遗产若干法律问题研究》，载《中国法学》2004 年第 3 期，第 157—169 页。
❺ "Santo Domingo Declaration", quoted in Sarah Dromgoole (ed.), *The Protection of the Underwater Cultural Heritage: National Perspectives in Light of the UNESCO Convention 2001*, Brill, 2006, p.294.

有权。❶《保护水下文化遗产公约（草案）》曾将国家船只排除在公约适用范围之外。❷ 在《保护水下文化遗产公约》谈判期间，英国和俄罗斯曾提议增加一款，即"除非国家船只和飞行器已经被船旗国依法明确抛弃，否则在没有船旗国共同参与的情况下，不得发掘该国家船只和飞行器"，以期加强船旗国的咨询权，但该提议并未被大会接受。❸ 国内也有学者认为沿海国基于领土主权对从其内水或领海打捞出来的水下文物享有所有权。❹ 由此可见，水下文化遗产的所有权问题一直充满争议，特别是国家船只所有权问题。

《保护水下文化遗产公约》开篇就宣称水下文化遗产是"人类文化遗产的组成部分"，要求所有国家为了全人类利益进行保护；对内水和领海中的水下文化遗产，《保护水下文化遗产公约》未规定沿海国享有所有权。另外，如果沿海国可以拥有水下文化遗产的所有权，就可能会为了经济利益而大肆发掘。这明显与原址保护和禁止商业开发等基本原则相违背，也会导致水下文化遗产被肆意破坏。因此，《保护水下文化遗产公约》不涉及水下文化遗产的所有权问题，具体所有权争议需要相关国家从全人类的利益出发，通过双边或多边协定解决。

我国《水下文物保护管理条例》对所有权的相关规定并不必然与《保护水下文化遗产公约》矛盾。既然公约并未规定所有权问题，中国法律当然可以在行使主权的范围内作出有利于保护水下文化遗产的规定，只要与公约保护水下文化遗产的根本宗旨相符即可。即使中国对遗存于内水和领海的起源于他国的水下文物拥有所有权和管辖权，也仍然可依《保护水下文化遗产公约》与起源国共同商讨最佳保护途径，毕竟，起源国可以提供更有利于保护的历史文献和技术资料，而且通过开展国际合作共同保护水下文化遗产，双方可以增进文化交流。对于遗存于中国毗连区、专属经济

---

❶ See *Notices*, 69 (24) Federal Register 5647-8 (2004).

❷ "The Convention shall not apply to the remains and contents of any warship, naval auxiliary, other vessels or aircraft owned or operated by a State and used, at the time of its sinking, only for government non-commercial purposes." CLT-96/CONF 202/5 Rev 2, Paris, July 1999 cited in Craig Forrest, *A New International Regime for the Protection of Underwater Cultural Heritage*, 51(3) The International and Comparative Law Quarterly 511, 525 (2002).

❸ See UNESCO Doc.31 C/COM.IV/DR.5, of 26 October 2001.

❹ 参见傅崐成：《联合国教科文组织 2001 年〈保护水下文化遗产公约〉评析》，载《厦门大学法律评论》2003 年第 5 辑，第 210—230 页。

区和大陆架的起源于中国和起源国不明的水下文物,无论中国是否主张所有权,都需要依公约进行原址保护。

(三)中国的国际协作义务

批准《保护水下文化遗产公约》后,中国需要承担更多的国际协作义务。这些义务包括建立报告制度,向国家船只的船旗国或飞行器的登记国、与水下文化遗产确有联系的缔约国、联合国教科文组织总干事以及国际海底管理局秘书长通知相关信息、开展国际合作等,其目的是相互协调,实施保护措施,共同保护或合作开发水下文化遗产。不容忽视的是,这些国际协作机制容易产生新的纠纷。对那些遗存于专属经济区、大陆架和"区域"内的水下文化遗产尤其如此。能否有效保护这些海域的水下文化遗产,在很大程度上取决于沿海国、国家船只的船旗国和飞行器的登记国以及与该水下文化遗产"确有联系的国家"是否具有合作保护意愿以及能否达成合作协议,但这些国家很难达成一致意见,❶相关协作活动极易陷入困境,导致无法采取及时有效的保护措施。❷此外,《保护水下文化遗产公约》还规定缔约国和协调国在必要时有权在其他缔约国协商之前采取保护措施。❸所以,中国批准《保护水下文化遗产公约》后需要承担的这些国际义务从本质上来看主要是程序性义务和道义责任,而非实体性积极义务。❹

五、结 语

中国建设 21 世纪海上丝绸之路,"必须加强与沿线国家在国际海洋法治领域的交流、协商与合作,参与引领国际海洋法律秩序的变革,弥补国

---

❶ 在缔约谈判过程中各国分歧严重,美国、英国和西班牙等国支持有关国际合作、知情权和咨询权的规定,而 77 国集团坚持沿海国的主权不容侵犯,拒绝对国家船只和飞行器承担额外义务。See Roberta Garabello, *The Negotiating History of the Convention on the Protection of the Underwater Cultural Heritage*, in Roberta Garabello and TullioScovazzi (eds.), *The Protection of the Underwater Cultural Heritage: Before and After the 2001 UNESCO Convention*, Martinus Nijhoff Publishers, 2001, pp.134–135.

❷ See Sarah Dromgoole, *2001 UNESCO Convention on the Protection of the Underwater Cultural Heritage*, 18(1) The International Journal of Marine and Coastal Law 59, 89 (2003).

❸ 参见《保护水下文化遗产公约》第 10 条第 4 款和第 12 条第 3 款。

❹ See Michail Risvas, *The Duty to Cooperate and the Protection of Underwater Cultural Heritage*, 2 Cambridge Journal of International and Comparative Law 562, 575 (2013).

际海洋法律秩序的缺陷,推动国际海洋法律秩序的完善"❶。这不仅可以促进中国和沿线国家的互利共赢,而且还有利于中国实现从国际海洋法律秩序的"追随者"向"捍卫者"和"建设者"转变。❷

《保护水下文化遗产公约》确立了一套具有科学性的水下文化遗产保护国际法律制度体系,这是采取公约保护模式的根本原因。《保护水下文化遗产公约》科学界定了"水下文化遗产"的概念,确立了水下文化遗产保护的四个基本原则:合作原则、为全人类利益保护水下文化遗产原则、原址保护原则和禁止商业开发原则。《保护水下文化遗产公约》还规定了水下文化遗产保护的四大具体措施:缔约国应建立必要的报告制度;缔约国必须将与保护水下文化遗产相关的信息及时通知教科文组织总干事或相关缔约国;缔约国应加强领土和国民管理;根据第14条和第17条之规定,缔约国应阻止非法发掘的遗产入境、交易和转移占有,并剥夺非法收益。更重要的是,《保护水下文化遗产公约》针对遗存于不同水域的水下文化遗产确立了不同的保护与国际合作制度。

"国家是否批准国际公约最终取决于是否符合其国家利益。"❸《保护水下文化遗产公约》的保护范围完全涵盖海上丝绸之路所有类型的水下文化遗产:无论它位于各国内水,还是领海、专属经济区和大陆架;也不论它是港口遗址,还是古代沉船及其所载货物等。《保护水下文化遗产公约》相对完善的保护制度可以确保所有中国水下文化遗产在所有缔约国得到妥善保护,从而为21世纪海上丝绸之路建设打下坚实的物质文化基础。此外,《保护水下文化遗产公约》还为中国参与他国管辖海域以及"区域"内的水下文化遗产保护工作提供了国际法依据。当然,加入《保护水下文化遗产公约》也会对中国主张水下文物所有权和管辖权产生一定的挑战,需要中国进一步完善法律法规以妥善应对。

中国是水下文化遗产大国,其水下文化遗产散落在海上丝绸之路沿

---

❶ 杨泽伟:《论21世纪海上丝绸之路建设与国际海洋法律秩序的变革》,载《东方法学》2016年第5期,第50页。

❷ See Wang Yi, *China, a Staunch Defender and Builder of International Rule of Law*, Chinese Embassy in UK, October 24, 2014, available at http://www.chinese-embassy.org.uk/eng/zgyw/t1204247.htm, visited on 22 February 2021.

❸ Sarah Dromgoole, *Reflections on the Position of the Major Maritime Powers with respect to the UNESCO Convention on the Protection of the Underwater Cultural Heritage 2001*, 38 Marine Policy 116, 122 (2013).

线海域。中国可以依托《保护水下文化遗产公约》，通过广泛的国际合作，保护海上丝绸之路水下文化遗产，保护人类文化遗产。这不仅有利于维护中国的国家利益，而且也有利于维护全人类的利益。中国"一带一路"倡议的宗旨与《保护水下文化遗产公约》的命运共同体理念不谋而合。中国应尽快批准《保护水下文化遗产公约》，根据《保护水下文化遗产公约》参与相关国际合作，增强沿线国家对丝路精神的认同感，从而实现21世纪海上丝绸之路民心相通的目标。同时，中国还应推动东盟国家批准加入《保护水下文化遗产公约》，与周边国家合作保护海上丝绸之路水下文化遗产，打破共同开发的瓶颈。只有更多国家成为缔约国，《保护水下文化遗产公约》的合作和保护机制才能更有效地运行。❶ 中国还可以发挥水下文化遗产大国的优势，提出中国方案，贡献中国智慧，推动国际海洋法律秩序的变革，构建以"五通"为核心的国际合作大格局。

---

❶ 参见赵亚娟：《联合国教科文组织〈保护水下文化遗产公约〉研究》，厦门大学出版社2007年版，第192页。

第四章 区域合作保护模式的现实基础、构建原则和框架

一、何谓区域合作保护模式

所谓区域合作保护模式，就是针对争议海域内的水下文化遗产，中国可以根据《保护水下文化遗产公约》的基本原则与核心制度，协调争议各国水下文化遗产保护法律法规，提高各国水下文化遗产保护法律的趋同性，求同存异，进而通过国际合作构建区域合作保护机制，共同保护水下文化遗产，打破21世纪海上丝绸之路建设的瓶颈。

（一）南海水下文化遗产保护现状

南海作为海上丝绸之路的必经之路，水下文化遗产极其丰富，半闭海领土主权和海洋权益争端错综复杂，各国水下文化遗产主张迥然不同，使南海水下文化遗产遭受严重破坏或面临迫在眉睫的损毁风险，这是采用区域合作保护模式的现实基础。

1. 南海水下文化遗产丰富

南海海域遗存着大量水下文化遗产。南海作为古代海上丝绸之路的咽喉要道，因南沙群岛和西沙群岛礁滩密布、暗沙众多，自古以来就是风险很高的航行线路，海底掩埋着大量沉船遗址。这些沉船大多面临损毁风险，迫切需要及时有效的保护。

近年来，东南亚国家在南海诸岛及周边海域发掘出大量古代沉船。越南相关海域发现的沉船有"建江号""头顿号""金瓯号""占婆号""平顺号"等。马来西亚发现的古代中国和东南亚沉船包括："杜里安号"（Turiang）、"南洋号"、"龙泉号"、"皇家南洋号"、"宣德号"、"兴泰号"、

"迪沙如号"（Desaru）、"黛安娜号"（Diana）。印度尼西亚是目前发掘沉船最多的国家，其中最为著名的沉船有：印旦沉船、井里汶沉船、"勿里洞号"、"南京号"（The Nanking Cargo）、"泰兴号"等。泰国湾沉船主要包括："格达岛号"（Ko Kradad）、色桃邑沉船、郎坚岛沉船、帕提雅沉船、"搁世浅一号"、"搁世浅二号"、"搁世浅三号"、"克朗澳号"（Klang Ao）、苏梅沉船。菲律宾发现的沉船主要有"圣迭戈号"、潘达南岛沉船、"那斯特拉·赛诺拉·维达号"、塔加波罗沉船、希拉奎沉船、圣安东尼奥沉船、皮托加拉沉船、勒拉沉船。❶ 根据对沉船的鉴定及对出水文物的分析，可以推测以上沉船大部分来自中国，即使船主不明，船上也有许多中国元素。❷

2. 水下文化遗产保护机制缺乏

水下文化遗产是将海上丝绸之路沿线国家紧密联系在一起的历史纽带，理应得到各国的尊重和保护，但南海水下文化遗产保护现状堪忧。究其原因在于领土主权和海洋权益争端错综复杂，政治敏感度高，声索国众多。"由于复杂、敏感的局势，任何单方行动都可能加重彼此间的猜忌，可能被认为是国家主张权利的行为。"❸ 这是影响水下文化遗产保护的根本性原因。

南沙海域的特殊性决定中国在南沙海域不仅需要维护中国自身的权益，而且还需要从国际和平与发展的角度维护周边国家的共同利益，为南海地区提供更多的公共服务，推动构建海洋命运共同体，把南海建成和平之海、友谊之海、合作之海。近年来，中国对部分南沙岛礁吹填施工，在一些岛礁上建设了灯塔和其他基础设施，提供航路指引、安全信息通知、应急救助等服务，为各国航行和渔业保驾护航。同时，中国还可以提供海上联合搜救、气象观测和预报、海上测量等公共数据和服务。除此之外，中国需要从人类命运共同体和海洋命运共同体的视角出发，从相关各方的共同利益出发，探索新思路、新路径，加强协调沟通，进一步拓宽合作领域，构建具有前瞻性的"聚焦南海沿岸国的合作机制"。❹

---

❶ 参见范伊然编著：《南海考古资料整理与述评》，科学出版社2013年版，第114—122页。
❷ 参见石春雷：《论南海争议海域水下文化遗产"合作保护"机制的构建》，载《海南大学学报（人文社会科学版）》2017年第4期，第11页。
❸ 秦泽昊：《南海水下文化遗产保护的进展、挑战与建议》，载《现代商贸工业》2020年第9期，第30页。
❹ 参见杜兰、曹群：《关于南海合作机制化建设的探讨》，载《国际问题研究》2018年第2期，第83—95页。

3. 争议海域水下文化遗产面临迫在眉睫的破坏和灭失风险

部分周边国家并不重视水下文化遗产保护：从客观方面来看，沿线国家缺乏足够的资金和专业人才，保护措施无法到位；从主观方面来看，某些国家为了攫取经济利益，放任商业开发，导致水下文化遗产遭到疯狂破坏。这使争议海域的水下文化遗产面临极其严重的破坏和灭失风险。更糟糕的是，国家主权和海洋权益争端极其复杂敏感，任何风吹草动都可能使那些推动国际合作保护的努力付之东流。对于那些遗存于争议海域及中国管辖范围之外的水下文化遗产，中国更是心有余而力不足。

为此，中国需要研究争议海域相关国家的水下文化遗产法规与政策，号召各国摒弃国内法律桎梏，从保护人类共同遗产的角度，推动各国水下文化遗产保护法规的区域一体化，构建争议海域水下文化遗产国际合作保护制度。这不仅有利于缓解水下文化遗产破坏严重的严峻形势，推动各国保护中国水下文化遗产，还有利于夯实21世纪海上丝绸之路建设的物质文化基础，实现"一带一路"建设民心相通的目标。

（二）区域合作保护模式的具体路径

海洋权益争端复杂化是21世纪海上丝绸之路建设的长期阻碍因素。❶ 在领土主权和海洋权益争端最终解决之前，对包括水下文化遗产保护在内的各种争议事项作出临时安排，是《联合国海洋法公约》的应有之义。各国通过国际合作采取一切可行的措施保护争议海域的水下文化遗产，是为了各国乃至全人类的利益，也是为了履行《联合国海洋法公约》在内的国际公约义务。中国可以依据《保护水下文化遗产公约》的基本原则和具体制度，协调各国水下文化遗产立法，促进法律和政策的趋同性，推动周边国家构建区域合作保护机制，共同保护海上丝绸之路水下文化遗产，打破共同开发的瓶颈。

第一，在周边各国批准《保护水下文化遗产公约》的情况下，以公约为基础展开合作。目前，周边国家除了中国、柬埔寨和泰国都未禁止商业开发水下文化遗产。马来西亚、菲律宾、越南和印度尼西亚还仍然允许商

---

❶ See Zewei Yang, *Building the 21st-Century Maritime Silk Road: Its Impact on the Peaceful Use of the South China Sea*, 2 China and WTO Review 85, 92 (2016).

业打捞水下文化遗产。❶ 当然，水下文化遗产保护也取得积极进展，例如，各国通过修改法律法规，采取科学的保护措施，逐渐减少商业打捞，积极考虑批准《保护水下文化遗产公约》。❷ 因此，随着越来越多的国家批准《保护水下文化遗产公约》，水下文化遗产保护逐渐发展成一种习惯国际法，❸ 也逐渐得到周边各国的重视。各国采取立法和行政措施，加大对水下文化遗产的保护力度，这为各国最终批准《保护水下文化遗产公约》奠定了基础。

第二，与相关国家缔结双边或多边协议，解决争议海域水下文化遗产保护的具体问题。❹ 这是《保护水下文化遗产公约》所鼓励的解决方法，❺ 无论是针对某一特定水下文化遗产，还是针对某一区域内的所有水下文化遗产，这种方式都是最理想的，但争议各国会优先考虑政治、经济等问题，而非水下文化遗产保护，因而在短期内难以实现合作。❻

尽管如此，《保护水下文化遗产公约》确立的基本原则和保护措施仍应成为相关合作协议的指导原则和核心内容。首先，协议必须明确任何水下文化遗产合作保护机制都不对沿海国根据《联合国海洋法公约》所享有的权利产生不利影响，不对现有领土主权和海洋权益主张产生任何不利影响。其次，该协议必须坚持对水下文化遗产进行原址保护。这种保护方式并未改变水下文化遗产的遗存现状，不会对沿海国管辖权产生实质性影响，有利于减少国际合作的阻力。再次，该协议必须坚持国际合作原则，保障所有与该水

---

❶ See Michael Flecker, *The Ethics, Politics, and Realities of Maritime Archaeology in Southeast Asia*, 31 The International Journal of Natural Archaeology 12, 17-20 (2002). For more information on Indonesian policy on underwater cultural heritage, see Smithsonian Institution, *Tang Cargo Exhibit: Briefing Paper*, Smithsonian Institution, available at https://www.asia.si.edu/exhibitions/SW-ulturalHeritage/downloads/Ethics_Tang_Briefing.pdf, visited on 22 February 2021. Nia N. H. Ridwan, *Maritime Archaeology in Indonesia: Resources, Threats, and Current Integrated Research*, 36 Journal of Indo-Pacific Archaeology 6, 17 (2015).

❷ 参见林蓁:《南海水下文化遗产保护合作机制的可行性研究——基于建设21世纪海上丝绸之路视角》，载《海南大学学报（人文社会科学版）》2016年第2期，第19—28页。

❸ See Mariano J. Aznar, *Treasure Hunters, Sunken State Vessels and the 2001 UNESCO Convention on the Protection of Underwater Cultural Heritage*, 25 The International Journal of Marine and Coastal Law 209, 211 (2010).

❹ 参见郭玉军、徐锦堂:《国际水下文化遗产若干法律问题研究》，载《中国法学》2004年第3期，第157—169页。

❺ 参见《保护水下文化遗产公约》第6条。

❻ 参见林蓁:《南海水下文化遗产保护合作机制的可行性研究——基于建设21世纪海上丝绸之路视角》，载《海南大学学报（人文社会科学版）》2016年第2期，第19—28页。

下文化遗产有实质联系的国家能够广泛参与，这可以为周边各国重启谈判，解决领土主权和海洋划界问题提供一个切入点。最后，该协议必须明确各国承担的国内义务和国际义务。国内义务主要是通过立法禁止对水下文化遗产进行商业开发，加强领土和国民管理，采取严厉制裁措施；国际义务主要是通知义务，保障相关国家的知情权和参与权。目前已有学者建议，由中国发起并签署"南海水下文化遗产合作协议书"，建立区域合作保护机制，中国作为"协调国"负责协调各国采取保护措施、开展保护活动，通过数据库机制和上报机制在维护中国领土主权和海洋权益的前提下妥善保护争议海域的水下文化遗产。❶ 也有学者提出，鉴于相关国家均为东盟成员国，中国应当积极与东盟合作，以《保护水下文化遗产公约》为范本拟定一部区域性水下文化遗产保护公约，推动水下文化遗产保护。❷

第三，在区域合作协定或双边合作协定中加入水下文化遗产保护的条款，这是目前比较可行的方案。"南海行为准则"是各方正在着力达成的多边区域合作协定，中国可要求在"南海行为准则"中增加水下文化遗产保护条款，以《保护水下文化遗产公约》为基础对争议海域内水下文化遗产保护开展国际合作。此外，在双边合作中增加水下文化遗产保护的内容，互相尊重彼此对遗存于内水和领海等无争议水域内的水下文化遗产的专属管辖权，坚持原址保护、合作保护、禁止商业开发等基本原则，开展考古培训和技术交流，推动务实合作。例如，相关国家可以签订水下文化遗产保护合作协议，共同举办相关研讨会、培训班，联合开展水下文化遗产普查工作，共建水下考古工作站、水下文化遗产数据库、水下文化遗产保护示范区或博物馆等。❸

水下文化遗产保护作为一个低敏感度问题，不涉及海洋资源开发利用，不影响各国依《联合国海洋法公约》享有的管辖权，不对各自领土主权和海洋权益产生不利影响，其唯一宗旨是保护全人类的共同利益。因此，它比海洋油气等资源的共同开发问题具有更大的优势，更容易达成合作协议。单就这一方面而言，它甚至比共同科学研究、共同打击海盗等活

---

❶ 参见刘丽娜：《中国水下文化遗产的法律保护》，知识产权出版社 2015 年版，第 118—119 页。
❷ 参见赵亚娟：《联合国教科文组织〈保护水下文化遗产公约〉研究》，厦门大学出版社 2007 年版，第 190—194 页。
❸ 参见秦泽昊：《南海水下文化遗产保护的进展、挑战与建议》，载《现代商贸工业》2020 年第 9 期，第 30 页。

动更容易为周边国家所接受,因为这些领域都涉及《联合国海洋法公约》规定的各国对海洋科学研究、渔业资源和航行安全等问题的管辖权。争议各方不用担忧与中国合作开展水下文化遗产保护活动会对其海洋权利主张产生不利影响。

二、相关国家水下文化遗产立法现状

越南、菲律宾、马来西亚、印度尼西亚和文莱都是《联合国海洋法公约》的缔约国,但均未批准《保护水下文化遗产公约》。各国水下文化遗产立法不仅与《保护水下文化遗产公约》存在诸多矛盾之处,而且与中国水下文化遗产法规也大不相同,同时,五国相关立法之间也存在巨大差异。为了推动构建区域合作保护机制,必须对周边国家的水下文化遗产法规与政策进行全面考察,了解各国水下文化遗产立法的现状与趋势,以及水下文化遗产的具体范围和保护措施,明确各国水下文化遗产的所有权主张。

(一)相关国家水下文化遗产立法概况

五国水下文化遗产保护程度不一,相关法律法规的发展很不均衡。其中,越南和马来西亚已经制定了比较系统的水下文化遗产保护法规。越南专门的水下文化遗产保护法规主要包括2001年《越南文化遗产法》❶和2005年《越南水下文化遗产保护条例》❷。这两部法对越南水下文化遗产管理与保护问题作出了具体规定,形成了一套较为完整的水下文化遗产管理和保护制度。马来西亚虽然没有制定专门法规,但2005年《马来西亚国家遗产法》第九部分专章处理水下文化遗产保护问题,对水下文化遗产的发现、占有、保护区、打捞与发掘许可、所有权归属等问题进行了较为全面的规定,使水下文化遗产保护有法可依。❸

---

❶ Vietnam Law on Cultural Heritage of 2001, available at https://en.unesco.org/sites/default/files/vn_law_cltal_heritage_engtof.pdf, visited on 22 February 2021.

❷ Vietnam Decree No. 86/2005/ND-CP on Management and Protection of Underwater Cultural Heritage, available at http://www.fao.org/faolex/results/details/en/c/LEX-FAOC060607/, visited on 22 February 2021.

❸ Malaysia's National Heritage Act 2005, available at https://gtwhi.com.my/wp-content/uploads/2020/12/National-Heritage-Act-2005.pdf, visited on 22 February 2021.

文莱、印度尼西亚和菲律宾三国仅制定了一般性文化遗产保护法规，水下文化遗产保护立法略显滞后。《文莱古物和宝藏法》❶建立了一套规范的历史古迹、考古遗址和古董等保护和保存制度。该法中的"古物"和"宝藏"包括遗存于河流、湖泊和海底的古物和宝藏，也在一定程度上适用于水下文化遗产保护。❷ 2010年《印度尼西亚文化遗产法》对文化遗产保护和保存作出原则性规定。❸此外，印度尼西亚文化旅游部于2009年制定了《水下文化遗产管理导则》，明确了水下文化遗产的概念和许可制度等具体内容，是水下文化遗产管理的补充性实施细则。❹菲律宾1974年修订的《文化财产保存和保护法》第3条把"文化财产"定义为"古代的建筑、纪念碑、神社、文件和物品，其类别包括古董、文物、艺术品、地标、人类历史遗迹，具有文化、历史、人类学或科学价值的自然历史标本。其中就包括车辆和船只等交通工具及其组成部分"❺。2009年《菲律宾国家文化遗产法》进一步明确了文化遗产管理保护的概念与原则以及登记注册等内容。该法并无专章专节规定水下文化遗产，但从其文化遗产和文化财产的定义来看，该法同样适用于水下文化遗产。❻值得注意的是，2004年菲律宾参议院公布了一份水下文化遗产保护法草案，❼提出诸多保护和保存水下文化遗产的措施，但至今尚未通过。

　　总之，中国、越南和马来西亚已经制定了较为完整的水下文化遗产保护法律法规，而文莱、菲律宾和印度尼西亚尚未制定专门的水下文化

---

❶ Brunei Darussalam, Antiquities and Treasure Trove Act (2002), available at https://en.unesco.org/sites/default/files/brunei_lawant_02_enorof.pdf, visited on 22 February 2021.

❷ 参见《文莱古物和宝藏法》第2条。

❸ Article 3(a), Law of the Republic of Indonesia Number 11 of 2010 Concerning Cultural Conservation, available at https://en.unesco.org/cultnatlaws/list, visited on 22 February 2021. 该法原文使用印度尼西亚语，存在三个翻译版本："cultural conservation"、"cultural heritage" 和 "cultural property"。为行文方便，本文统一翻译为"文化遗产"。

❹ Indonesia Ministerial Regulation of No. 48 of 2009 on Guidelines for Management of Underwater Heritage Culture and Tourism, available at https://jdih.kemenparekraf.go.id/en/katalog-230-Peraturan%20Menteri, visited on 22 February 2021.

❺ Article 3, Presidential Decree No. 374 Amending Certain Sections of Republic Act No. 4846, available at https://en.unesco.org/cultnatlaws/list, visited on 22 February 2021.

❻ 参见邬勇、王秀卫：《南海周边国家水下文化遗产立法研究》，载《西部法学评论》2013年第4期，第54—62页。

❼ See Senate of the Philippines, 13th Congress Senate Bill No. 725: Protection Of Underwater Cultural Heritage Act of 2004, available at https://www.senate.gov.ph/lis/bill_res.aspx?congress=13&q=SBN-725, visited on 22 February 2021.

遗产保护法律法规，但其一般性文化遗产保护法规也可适用于水下文化遗产领域。

（二）水下文化遗产的概念

水下文化遗产顾名思义是指位于"水下"的具有一定"价值"的"文化遗产"，❶但各国法规对水下文化遗产的定义却各不相同。其差异主要表现在是否明确使用"水下文化遗产"概念、是否设定年限标准以及是否包括遗存地的自然环境。

1. 是否明确使用"水下文化遗产"概念

越南和马来西亚明确使用了"水下文化遗产"概念。《越南水下文化遗产保护条例》第3条和《马来西亚国家遗产法》第2条规定了与《保护水下文化遗产公约》类似的定义。文莱、印度尼西亚和菲律宾则采用了不同的概念，其内涵与外延也存在差异。《文莱古物和宝藏法》第2条主要规定了古物和宝藏的概念。《菲律宾国家文化遗产法》使用了比较宽泛的"文化遗产"概念。《印度尼西亚文化遗产法》把"文化遗产"定义为遗存于地表和/或水下的物质文化遗产，并列举了5种具体形态，包括文化遗产物品、文化遗产建筑、文化遗产结构、文化遗产遗址以及文化遗产区域。❷总之，各国"文化遗产"与"水下文化遗产"的概念既有重叠又有区别。但无论是否使用"水下文化遗产"概念，五国法规都在一定程度上适用于水下文化遗产。

2. 是否设定年限标准

五国法规对（水下）文化遗产的最低年限标准不一，差异较大。只有越南没有使用年限标准来定义水下文化遗产。《越南水下文化遗产保护条例》第3条第1款规定："水下文化遗产指遗存于水下，具有一定历史、文化、科学价值的物质文化遗产……"但并未规定任何时间限制。越南法规中只有《越南文化遗产法》为古董设定了100年以上的时间限制，规定"古董指具有突出历史、文化或科学价值，且拥有一百年及以上历史的实物"❸。

其余四国都设定了年限标准，其中文莱和印度尼西亚设定文物本身

---

❶ See Sarah Dromgoole, *Underwater Cultural Heritage and International Law*, Cambridge University Press, 2013, pp. 65–66.
❷ 参见《印度尼西亚文化遗产法》第1条。
❸ 《越南文化遗产法》第4条第6项。

的最低年限标准。《文莱古物和宝藏法》限定古代纪念碑或古物必须是"1894年1月1日之前"的,而无论其位于陆上抑或水下。❶《印度尼西亚文化遗产法》规定作为文化遗产的物品、建筑和结构必须满足"至少已有五十年之久"并具有历史、科学和文化价值等标准。❷ 而马来西亚和菲律宾则规定了至少遗存于水下的最低年限标准。《马来西亚国家遗产法》使用了与《保护水下文化遗产公约》类似的概念,规定水下文化遗产"至少一百年来,周期性地或连续地,部分或全部位于水下"。❸《菲律宾国家文化遗产法》中的"文化遗产"是指在历史进程中保存、发展并传承给后人的文化财产的总和;但对文化遗产的概念也没有作出一般性时间要求,只是要求古董必须超过100年。❹ 这里需要指出的是,《菲律宾水下文化遗产保护法(草案)》中的"水下文化遗产"包括"至少一百年之久的沉船以及沉船里面的一切物品"❺,这表明菲律宾试图借鉴《保护水下文化遗产公约》定义水下文化遗产。

3. 是否包括遗存地的自然环境

水下文化遗产是仅限于"物",还是"物"和"物所赖以存在的环境"?《越南水下文化遗产保护条例》和《马来西亚国家遗产法》给出的答案是:所有人类生存的遗迹,包括"人的遗骸及其有考古价值的环境和自然环境",都属于水下文化遗产的范畴,都应该予以保护。❻ 而其他国家则主要关注水下文化财产、水下文物等"物"的范畴,并未明确要求保护那些"具有考古价值的环境和自然环境"。这里需要指出,《印度尼西亚第10号条例》提出文化财产所处的位置及其周边环境也都需要保护,似乎与《保护水下文化遗产公约》中的"具有考古价值的环境和自然环境"类似。❼

综上所述,相关国家之间的合作对水下文化遗产保护至关重要。但从

---

❶ 参见《文莱古物和宝藏法》第2条。
❷ 参见《印度尼西亚文化遗产法》第5条。
❸ 《马来西亚国家遗产法》第2条。
❹ 参见《菲律宾国家文化遗产法》第3条。
❺ 《菲律宾水下文化遗产保护法(草案)》第3条(f)项。
❻ 参见《越南水下文化遗产保护条例》第3条和《马来西亚国家遗产法》第2条。
❼ See The Government Regulation of the Republic of Indonesia Number 10 of 1993 Concerning Implementation of Indonesian Law Number 5 of 1992 Concerning Items of Cultural Property, in Compilation of Law and Regulation of the Republic of Indonesia concerning Items of Cultural Property, available at https://en.unesco.org/cultnatlaws/list, visited on 22 February 2021.

上面的分析不难看出，中国与五国的法规对"水下文化遗产"的概念界定不同，法律内涵和外延迥异，保护对象千差万别。这不仅使各国批准《保护水下文化遗产公约》变得障碍重重，也使构建区域合作保护机制及开展水下文化遗产保护合作面临严峻挑战。

（三）水下文化遗产的所有权主张

构建区域水下文化遗产合作保护机制面临的最大挑战是，争议各方根据国内立法对其管辖水域内的水下文化遗产主张所有权和管辖权。各国在各个海域的权利主张并不相同：中国和越南的主张涉及内水、领海、毗连区、专属经济区、大陆架以及国际海底区域，菲律宾则对其领水内的水下文化遗产提出主张，其余三国的主张仅限于内水和领海。

1. 越南对水下文化遗产所有权的主张

《越南文化遗产法》规定了文化遗产所有权及其分配的基本原则。国家对全民所有的文化遗产实行统一管理。国家承认并保护文化遗产的集体所有权、共同所有权、私有权以及法律规定的其他形式的所有权。❶ 所有遗存于越南领土之下、岛屿、内水、领水、特殊海洋经济权益区域或洋底的文化遗产，都属于人民共有文化遗产。❷ 文化遗产的所有权需要依法进行分配。已经发现但尚未确定所有权归属的文化遗产，以及考古调查和发掘中发现的文化遗产，属于人民共有文化遗产。❸ 相应地，《越南水下文化遗产保护条例》细化了水下文化遗产所有权及其分配的基本原则。该条例确定水下文化遗产所有权的原则是：遗存于越南内陆水域、内水、领海、毗连区、专属经济区和大陆架的水下文化遗产，无论起源于哪个国家，都归越南所有；起源于越南、遗存于上述区域之外的水下文化遗产的所有权，应根据《越南文化遗产法》以及越南签署或加入的国际条约来确定。❹ 这不仅意味着所有遗存于越南内水、领海、毗连区、专属经济区和大陆架的水下文化遗产，都归越南全民所有，而且还表明越南可能对那些起源于越南、遗存于国际海底区域和他国管辖海域的水下文化遗产主张所有权。

---

❶ 参见《越南文化遗产法》第5条。
❷ 参见《越南文化遗产法》第6条。
❸ 参见《越南文化遗产法》第7条。
❹ 参见《越南水下文化遗产保护条例》第4条。

2. 菲律宾对水下文化遗产所有权的主张

《菲律宾国家文化遗产法》规定，国家博物馆或国家历史学会应负责保护考古和人类学遗址，在陆地和水下考古遗址中发现的所有文化财产均属于国家。❶ 但该法并未明确菲律宾管辖海域的具体范围。《菲律宾水下文化遗产保护法（草案）》对水下文化遗产的所有权作出了类似规定："本法批准生效后，在领水内发现的所有水下文化遗产，不论其来源如何，其所有权均归国家所有。"❷ 菲律宾领水应包括菲律宾群岛周围、各岛之间、连接各岛的所有水域以及根据菲律宾《1961 年第 3046 号共和国法案》和《1968 年第 5446 号共和国法案》（菲律宾领海基线界定法）自直线基线量起不超过 24 海里的领海。❸ 根据《1961 年第 3046 号共和国法案》，菲律宾群岛周围、各岛之间以及连接各岛的所有水域为菲律宾的内水，❹ 而"自直线基线量起不超过 24 海里的领海"是菲律宾根据其领土条约确定的一个长度区间，❺ 而非《联合国海洋法公约》规定的 12 海里的最大范围，这种独特的领海主张使菲律宾长期以来饱受诟病。❻ 总之，菲律宾主张在其内水、群岛水域和自领海基线量起不超过 24 海里的领海范围内发现的所有水下文化财产归国家所有。

3. 印度尼西亚对水下文化遗产所有权的主张

《印度尼西亚文化遗产法》规定，该法适用于印度尼西亚陆上和水下的所有文化遗产，❼ 而"水下文化遗产"则包括海洋、河流、湖泊、水库、水井和沼泽中的文化遗产❽。印度尼西亚同时宣布，"在第 4 条所设定的框架之内，所有那些因其特定价值、独特性、数量稀缺性和典型性以

---

❶ 参见《菲律宾国家文化遗产法》第 30 条。
❷ 《菲律宾水下文化遗产保护法（草案）》第 6 条。
❸ 参见《菲律宾水下文化遗产保护法（草案）》第 3 条 (a) 项。
❹ See Republic Act No. 3046 of 17 June 1961-An Act to Define the Baselines of the Territorial Sea of the Philippines, available at https://www.un.org/Depts/los/LEGISLATIONANDTREATIES/PDFFILES/PHL_1961_Act.pdf, visited on 22 February 2021.
❺ See Mario C. Manansala, *The Philippines and the Third Law of the Sea Conference: Scientific and Technical Impact*, 3 Philippine Yearbook of International Law 135, 135 (1974).
❻ See Joseph W. Dellapenna, *The Philippines Territorial Water Claim in International Law*, 5 Journal of Law & Economic Development 45, 48 (1970-1971).
❼ 参见《印度尼西亚文化遗产法》第 4 条。
❽ See Article 4, Elucidation to Law of the Republic of Indonesia Number 11 of 2010 Concerning Cultural Conservation, available at https://en.unesco.org/cultnatlaws/list, visited on 22 February 2021.

及其重要历史、科学和文化价值而需要被保护的文化财产，都是国有财产"❶。换句话说，印度尼西亚主张所有陆上文化遗产和水下文化遗产的所有权。那么，何为"水下"？"水下"则是指"印度尼西亚领土范围内的所有水体之中"❷，但并未明确具体范围。值得注意的是，印度尼西亚文化旅游部2009年颁布的《水下文化遗产管理导则》明确了水下文化遗产的概念，即所有可移动的或不可移动的，遗存于海洋、河流、湖泊、沼泽以及其他水下自然环境中的文物。各省省长负责采取适当管理措施以保护水下文化遗产，其中包括根据政府建议为在海岸线12海里以内进行水下文物调查的主体颁发许可证。这似乎表明，印度尼西亚对水下文化遗产的主张仅限于领海。"黑石号"沉船则是明证。❸印度尼西亚主张其发掘"黑石号"沉船合法的理由之一就是"黑石号"位于其领水之内，而根据《联合国海洋法公约》，缔约国的主权范围包括12海里的领海。❹

4. 文莱和马来西亚对水下文化遗产所有权的主张

《文莱古物和宝藏法》规定，隐藏在地面或海域下的所有发现的古物应被视为陛下政府的绝对财产。❺虽然该法并未明确海域的范围，但根据1982年有关文莱领土和领水的规定，应包括12海里的领海。

同样，《马来西亚国家遗产法》规定水下文化遗产是位于其领水内的文化遗产。在任何调查、打捞或发掘过程中发现的任何水下文化遗产应交给文化遗产专员，专员负责列入遗产登记簿。❻如果一年内无人主张所有权，该水下文化遗产则成为联邦政府的绝对财产。❼而马来西亚领海法规

---

❶ Article 5, Law of the Republic of Indonesia Number 5 of the Year 1992 Concerning Items of Cultural Property, available at https://en.unesco.org/cultnatlaws/list, visited on 22 February 2021.

❷ Article 17, Elucidation on the Government Regulation of the Republic of Indonesia Number 10 of 1993 Concerning Implementation of Indonesian Law Number 5 of 1992, available at https://en.unesco.org/cultnatlaws/list, visited on 22 February 2021.

❸ See Michael Flecker, *A 9th Century AD Arab or Indian Shipwreck in Indonesia: First Evidence for Direct Trade with China*, 32(3) World Archaeology 335, 335–354 (2001).

❹ See Smithsonian Institution, *Tang Cargo Exhibit: Briefing Paper*, available at https://archive.asia.si.edu/exhibitions/SW-CulturalHeritage/downloads/Ethics_Tang_Briefing.pdf, visited on 22 February 2021.

❺ 参见《文莱古物和宝藏法》第3条第3款。

❻ 参见《马来西亚国家遗产法》第66条第1款。

❼ 参见《马来西亚国家遗产法》第66条第5款。

定，其领水是指包括从领海基线量起 12 海里以内的水域。❶

综上，中国❷和越南对遗存于包括内水、领海、毗连区、专属经济区和大陆架在内的所有水域的水下文化遗产主张拥有所有权和管辖权；而文莱、菲律宾、印度尼西亚和马来西亚似乎仅主张对遗存于其内水、群岛水域和领海内的水下文化遗产享有所有权和管辖权，而并没有对遗存于其专属经济区和大陆架的水下文化遗产主张所有权和管辖权。根据《联合国海洋法公约》，争议海域内不可能存在公海和国际海底区域，因此本文对各国在公海和国际海底区域内的水下文化遗产主张不做分析。

三、争议海域水下文化遗产合作保护机制的构建原则

中国推动在争议海域构建区域合作保护机制，必须注重推动各国水下文化遗产保护法律和政策的趋同性，促使各国采用统一的水下文化遗产概念界定保护对象；督促各国依法主张水下文化遗产的所有权和管辖权，防止争端恶化；鼓励各国禁止商业开发，防止对水下文化遗产造成不可逆转的破坏。

（一）统一的水下文化遗产概念是构建争议海域水下文化遗产合作保护机制的基础

相关国家采用相同的"水下文化遗产"概念，是合作保护机制构建的基础。"当南海周边国家彼此之间的国内法律就水下文化遗产所有权和管辖存在较大差异或者产生矛盾时，各方应秉持为水下文化遗产提供最大限度保护的宗旨，考虑适度做出让步。"❸ 为此，笔者建议各国统一采用《保护水下文化遗产公约》对"水下文化遗产"的定义。

首先，"水下文化遗产"的认定标准比较宽松。《保护水下文化遗产公约》对人类生存的遗迹是否属于水下文化遗产采用了主客观相结合的标准，客观

---

❶ See Malaysia's Emergency (Essential Powers) Ordinance No. 7 of 1969［P.U.(A) 307A/1969］, available at https://www.un.org/Depts/los/LEGISLATIONANDTREATIES/PDFFILES/MYS_1969_Ordinance.pdf, visited on 22 February 2021.
❷ 中国主张水下文化遗产的所有权和管辖权，参见《水下文物保护管理条例》第 2 条和第 3 条。
❸ 林蓁：《南海水下文化遗产保护合作机制的可行性研究——基于建设 21 世纪海上丝绸之路视角》，载《海南大学学报（人文社会科学版）》2016 年第 2 期，第 24 页。

标准是"100年来，周期性地或连续地，部分或全部位于水下"，主观标准是"具有文化、历史或考古价值"。鉴于几乎所有人类生存的遗迹都具有某种程度的文化、历史或考古价值，客观标准成为判断的主要标准。100年的客观标准，为辨识水下文化遗产并及时采取保护措施提供了依据。同时，《保护水下文化遗产公约》采用主客观标准，不需要国内认证程序，这有利于减少国内审批的主观性，避免漫长的审批流程，从而有利于提供及时保护。

其次，水下文化遗产的范围更加广泛。水下文化遗产不仅包括水下文物，还包括遗存于相关水域的"人的遗骸"以及"具有考古价值的环境和自然环境"，其外延远远大于水下文物。

"人的遗骸"的法律属性尚存争议。有学者认为，"身体之一部，一旦与人身分离，应视为物，人死后之遗骸亦属于物"❶。有学者认为它是"可交易"程度受限的物。❷更有学者认为，遗骸为"不融通物"——"除为学术研究及合法目的之使用外，不得为财产权之标的"❸。司法实践承认包含在尸体、遗骸和骨灰中的人格利益，❹但"死者家属对尸体不享有所有权，而只具有一项不同于所有权的死者照管权利（及义务）"❺。"人的遗骸"不同于一般文物，而是一种特殊的物，即使"近亲属"或"国家"具有其所有权，也仅是一种为学术研究及合法目的而使用的"不融通物"。❻

《保护水下文化遗产公约》和相关国内立法表明，国家有义务对遗存于沉船中的人的遗骸保持适当敬意；❼任何水下文化遗产开发活动都应避免侵扰人的遗骸及其纪念地；❽那些存有军人遗骸的军舰被船旗国当作战争坟墓。❾许多国家已经制定法律法规，对遗存于其管辖海域内的人的遗骸进行明确规定。例如，英国1986年《军事遗骸保护法》❿（Protection of Military

---

❶ 梁慧星：《民法总论》，法律出版社2001年版，第100页。
❷ 参见易继明、周琼：《论具有人格利益的财产》，载《法学研究》2008年第1期，第3—16页。
❸ 史尚宽：《民法总论》，中国政法大学出版社2000年版，第251页。
❹ 参见易继明、周琼：《论具有人格利益的财产》，载《法学研究》2008年第1期，第3—16页。
❺ ［德］迪特尔·梅迪库斯：《德国民法总论》，邵建东译，法律出版社2000年版，第876页。
❻ 参见易继明、周琼：《论具有人格利益的财产》，载《法学研究》2008年第1期，第3—16页。
❼ 参见《保护水下文化遗产公约》第2条第9款。
❽ 参见《保护水下文化遗产公约》附件第5条。
❾ See Patrick J. O'keefe, James AR Nafziger, *The Draft Convention on the Protection of the Underwater Cultural Heritage*, 25 Ocean Development and International Law 391, 408 (1994).
❿ 英国1986年《军事遗骸保护法》，https://www.legislation.gov.uk/ukpga/1986/35/contents，最后访问日期：2021年2月22日。

Remains Act 1986）专门保护遗存于军事沉船里的人的遗骸，确保其免受非法侵扰。该法适用于所有具有历史价值的军事沉船，可以最大限度保护具有 200 年历史的沉船；❶ 无论是英国人还是在英国船上的人，针对国际海域内军事沉船上的人的遗骸的行为均可能构成犯罪。再如，美国也禁止打捞那些包含军人遗骸的沉没军舰。❷ "任何人未经国家批准不应针对沉没的国家船只采取任何干扰或打捞措施；而且必须严格遵守专业科学标准并在最大程度上尊重人的遗骸。"❸ 此外，德国和日本也同样主张第二次世界大战期间沉没的国家船只拥有国家管辖豁免，并将其视为海上坟墓。❹

即使部分国家法律未对人的遗骸的保护问题作出明确规定，相关国家实践也充分尊重沉船上的人的遗骸。以中国为例，虽然中国法律并未涉及这个问题，但中国处理第二次世界大战期间沉没的日本"阿波丸"沉船遗骸的实践却可表明中国的立场。1977—1980 年，中国海军对"阿波丸"沉船实施打捞，从"阿波丸"沉船上一共打捞出遗骸 370 具、私人遗物 1683 件，中国政府先后于 1979 年 7 月、1980 年 1 月和 1981 年 4 月以中国红十字会和中国上海海难救助打捞公司的名义移交给日本。由此可见，中国充分尊重沉没于外国军舰的人的遗骸，并通过国际合作妥善处理。

此外，"具有考古价值的环境和自然环境"也与文物迥然不同。这里"环境"一词译自《保护水下文化遗产公约》"context"一词。"context"的概念意义就足以证明"具有考古价值的环境和自然环境"不属于水下文物的范畴。"context"是指"the interrelated conditions in which something exists or occurs"❺。这些"相互关联的客观条件"包括水下文化遗产遗存的方位、方式、时间，也包括周围海域的水深、温度、盐度、洋流方向、遗

---

❶ See Sarah Dromgoole, *Legal Protection of the Underwater Cultural Heritage: The United Kingdom Perspective*, 4 Art Antiquity and Law 135, 148 (1999).

❷ Letter from Department of State to Maritime Administration, December 30, 1980, reprinted in United States Department of State, 8 Digest of United States Practice in International Law 999, 1004 (1980).

❸ Office of Ocean Affairs, Department of State, USA, *Protection of Sunken Warships, Military Aircraft and Other Sunken Government Property [FR Doc No: 04-2488]*, 69(24) Federal Register (2004), available at https://www.govinfo.gov/content/pkg/FR-2004-02-05/html/04-2488.htm, visited on 22 February 2021.

❹ See Office of Ocean Affairs, Department of State, USA, *Protection of Sunken Warships, Military Aircraft and Other Sunken Government Property [FR Doc No: 04-2488]*, 69(24) Federal Register (2004), available at https://www.govinfo.gov/content/pkg/FR-2004-02-05/html/04-2488.htm, visited on 22 February 2021.

❺ Merriam Webster Dictionary, available at https://www.merriam-webster.com/dictionary/context, visited on 22 February 2021.

存地的土质等，这些条件经过 100 年以上的排列组合，构成相对稳定的生态系统。总之，"具有考古价值的环境和自然环境"是构成整个水下文化遗产体系的有机组成部分，显然不同于水下文物的概念，更不能作为"物"而被主张所有权或进行交易。

最后，随着越来越多的国家批准《保护水下文化遗产公约》，水下文化遗产保护逐渐发展成一种习惯国际法，❶也逐渐得到周边各国的重视。各国通过修订法律法规不断发展完善保护措施，逐渐减少甚至禁止商业打捞，持续加强对水下文化遗产的保护力度，积极考虑批准《保护水下文化遗产公约》，❷这为区域水下文化遗产法律一体化奠定了一定的基础。例如菲律宾、马来西亚、印度尼西亚等国都已经对批准《保护水下文化遗产公约》问题进行了深入研究和探讨。❸菲律宾国家博物馆正在努力协调批准《保护水下文化遗产公约》，同时菲律宾已经向立法机关提交了与《保护水下文化遗产公约》高度契合的 2004 年《菲律宾水下文化遗产保护法（草案）》。❹在《保护水下文化遗产公约》通过后，各国相继制定有关法律，包括 2001 年《越南文化遗产法》和 2005 年《越南水下文化遗产保护条例》、2005 年《马来西亚国家遗产法》、2010 年《印度尼西亚文化遗产法》、2009 年《菲律宾国家文化遗产法》和 2004 年《菲律宾水下文化遗产保护法（草案）》等，这些法律都直接或间接吸收了《保护水下文化遗产公约》条款。以商业开发为例，相关国家即使尚未明文禁止，也都实质性地减少甚至主动暂停水下文化遗产商业开发活动。例如，菲律宾已经在事实上停

---

❶ See Mariano J. Aznar, *Treasure Hunters, Sunken State Vessels and the 2001 UNESCO Convention on the Protection of Underwater Cultural Heritage*, 25 The International Journal of Marine and Coastal Law 209, 211 (2010).

❷ 参见林蓁：《南海水下文化遗产保护合作机制的可行性研究——基于建设 21 世纪海上丝绸之路视角》，载《海南大学学报（人文社会科学版）》2016 年第 2 期，第 19—28 页。

❸ See National Report on the Philippines, UNESCO Experts Meeting on the Protection of the Underwater Cultural Heritage, available at http://www.unescobkk.org/fileadmin/user_upload/culture/Underwater/SL_presentations/Country_Reports/Philippines.pdf, visited on 22 February 2021; Malaysia National Report on Underwater Cultural Heritage in Malaysia, available at http://www.unescobkk.org/fileadmin/user_upload/culture/Underwater/SL_presentations/Country_Reports/Malaysia.pdf, visited on 22 February 2021; The National Report on the Protection of Underwater Cultural Heritage of the Republic of Indonesia, available at http://www.unescobkk.org/fileadmin/user_upload/culture/Underwater/SL_presentations/Country_Reports/Indonesia.pdf, visited on 22 February 2021.

❹ See National Report on the Philippines, UNESCO Experts Meeting on the Protection of the Underwater Cultural Heritage, available at http://www.unescobkk.org/fileadmin/user_upload/culture/Underwater/SL_presentations/Country_Reports/Philippines.pdf, visited on 22 February 2021.

止水下文化遗产的商业开发。再如，2005 年之后，印度尼西亚政府也出现重大政策转变，改变了过去通过商业开发片面追求经济利益的态度，把实现水下文化遗产的"历史、科学和文化价值"当作首要政策目标。❶

总之，相关国家国内法最大限度地主张扩大水下文化遗产所有权和管辖权，各国法律互不兼容、权利主张互相冲突，不利于国际合作保护。但近年来相关国家对《保护水下文化遗产公约》表现出积极的态度，改变国内相关法律和政策，吸收公约中有关水下文化遗产保护的基本原则和制度，这为中国根据公约推进法律区域一体化、构建区域合作保护机制奠定了基础。

（二）根据国际法主张所有权是构建争议海域水下文化遗产合作保护机制的核心

目前，水下文化遗产保护国际法律制度主要涉及《联合国海洋法公约》和《保护水下文化遗产公约》两个国际公约，但这两个公约都未明确水下文化遗产的所有权问题。《联合国海洋法公约》第 149 条和第 303 条仅对"在海洋发现的考古和历史文物"作出了原则性规定，但并未规定文物所有权问题；而且关于遗存于大陆架或专属经济区的考古和历史文物问题存在法律空白。❷《保护水下文化遗产公约》是唯一一部以保护水下文化遗产为宗旨的国际公约，规定了"一套较为严密的事前防范和事后控制措施"❸，构建了相对完整的水下文化遗产保护国际法律制度，但也未明确水下文化遗产的所有权归属问题。

国际法学者对此作出不同解释。有学者认为，根据国家主权原则，国家有权主张部分水下文化遗产的所有权。《联合国海洋法公约》的缔约国有权根据国家主权原则对遗存于其内水、群岛水域和领海内的水下文化遗产主张所有权，无论起源于哪个国家，同时对遗存于其内水、群岛水域和领

---

❶ See The National Report on the Protection of Underwater Cultural Heritage of the Republic of Indonesia, available at http://www.unescobkk.org/fileadmin/user_upload/culture/Underwater/SL_presentations/Country_Reports/Indonesia.pdf, visited on 22 February 2021.

❷ 参见杰西卡·雷曼：《海洋文化遗产：是边疆还是中心》，张大川译，载《国际社会科学杂志（中文版）》2020 年第 1 期，第 103 页。

❸ 张亮、赵亚娟：《论中国应尽快批准〈保护水下文化遗产公约〉》，载《武汉大学学报（哲学社会科学版）》2011 年第 4 期，第 43 页。

海内的水下文化遗产，具有完全的、排他的管辖权。而对于毗连区、专属经济区、大陆架、公海及国际海底区域的水下文化遗产，沿海国仅享有部分管辖权，而不拥有其所有权。❶《保护水下文化遗产公约》也规定"缔约国在行使其主权时，拥有管理和批准开发其内水、群岛水域和领海中的水下文化遗产的活动的专属权利"❷。这也间接承认沿海国对从其内水或领海打捞出来的水下文化遗产享有所有权，否则沿海国在这些水域行使"主权"将成为空谈。❸ 此外，《保护水下文化遗产公约》的冲突法规则也支持这种解释。公约第 6 条明确"本公约不得改变缔约国在本公约通过之前缔结的其它双边、地区或多边协定"，其中包括 1982 年《联合国海洋法公约》。

也有学者认为，既然国际条约并未禁止缔约国主张水下文化遗产的所有权，国家根据"法无禁止即可为"原则有权对全部水下文化遗产主张所有权。这种扩张型主张的前提是对国家主权原则作出扩张性解释，既不利于争端的和平解决，也有违保护水下文化遗产的立法精神。《保护水下文化遗产公约》开篇就宣称水下文化遗产是"人类文化遗产的组成部分，也是各国人民和各民族的历史及其在共同遗产方面的关系史上极为重要的一个内容"，所有国家都应负责"保护和保存水下文化遗产"，这是为了"全人类的利益"。《保护水下文化遗产公约》把水下文化遗产视为"人类共同遗产"，主张所有国家采取一切措施保护所有水下文化遗产，而禁止任何国家瓜分或破坏水下文化遗产。从另一角度看，假如《保护水下文化遗产公约》有意让沿海国拥有遗存于其内水和领海的水下文化遗产的所有权，这会刺激沿海国发掘水下文化遗产，这明显与公约原址保护原则相违背，同样也不利于保护水下文化遗产。因此，公约未解决水下文化遗产的所有权问题，具体争议需要相关国家从全人类的利益出发，通过缔结双边或多边协定予以解决。

综上所述，现有国际公约并未明文规定水下文化遗产的所有权归属，但似乎倾向于认定水下文化遗产是"人类文化遗产"；相关国家主张水下文化遗产的所有权缺乏明确的国际条约依据，而且"基于所有权建立的国内

---

❶ 参见刘长霞、傅廷中:《南海 U 形线外源自我国的水下文化遗产保护：机制、困境与出路》，载《法学杂志》2013 年第 2 期，第 94—101 页。
❷《保护水下文化遗产公约》第 7 条第 1 款。
❸ 参见傅崐成:《联合国教科文组织 2001 年〈保护水下文化遗产公约〉评析》，载《厦门大学法律评论》2003 年第 5 辑，第 210—230 页。

法保护模式会因水下文化遗产权属的复杂性和水下文化遗产的特性而无法提供有效保护"❶。国家仅有权根据国家主权原则对遗存于内水、群岛水域和领海的水下文化遗产主张所有权,但对遗存于毗连区、专属经济区、大陆架、公海和国际海底区域的水下文化遗产,国家只享有一定程度的管辖权,各国仍应通过国际合作共同保护和管理争议海域的水下文化遗产。❷

(三)禁止商业开发是构建争议海域水下文化遗产合作保护机制的当务之急

目前,南海周边国家当中,只有中国、柬埔寨和泰国明文禁止商业开发水下文化遗产,而印度尼西亚、菲律宾、越南、马来西亚和文莱虽然承诺保护(水下)文化遗产,但因各国文化遗产的内涵和外延不同,保护的理念各异,资金和技术水平不一,五国仍在不同程度上采取商业开发政策,❸从而导致争议海域内水下文化遗产保护形势严峻。

1. 印度尼西亚的水下文化遗产商业开发政策

印度尼西亚法律并未禁止水下文化遗产的商业开发利用,历来饱受国内外考古学者诟病。1989年,印度尼西亚成立了一个沉船贵重物品打捞和利用全国委员会,作为唯一有权颁发许可证的政府部门,专门管理为商业目的从沉船上发掘珍贵文物的活动。此后,该委员会的确在事实上大幅减少了勘探许可证与发掘许可证的数量,特别是2000—2009年,该委员会一共才颁发了不到50个勘探许可证和4个发掘许可证。❹印度尼西亚法规曾明文规定商业开发政策以及分配原则:在印度尼西亚领水内发掘出来的沉船货物平均分配给印度尼西亚和被许可人。❺该法于2009年被废止,❻之

---

❶ 刘丽娜:《建构南海水下文化遗产区域合作保护机制的思考——以南海稳定和区域和平发展为切入点》,载《中国文化遗产》2019年第4期,第22页。

❷ 参见郭玉军、徐锦堂:《国际水下文化遗产若干法律问题研究》,载《中国法学》2004年第3期,第157—169页。

❸ See Michael Flecker, *The Ethics, Politics, and Realities of Maritime Archaeology in Southeast Asia*, 31 The International Journal of Natural Archaeology 12, 17-20 (2002).

❹ See The National Report on the Protection of Underwater Cultural Heritage of the Republic of Indonesia, available at http://www.unescobkk.org/fileadmin/user_upload/culture/Underwater/SL_presentations/Country_Reports/Indonesia.pdf, visited on 22 February 2021.

❺ See Republic of Indonesia, Presidential Decree No. 25/1992, Article 2(2).

❻ See Presidential Decree No. 12 of 2009, replacing Decree No. 19 of 2007 concerning the Appointment of the National Committee and the Utilization of Valuable Cargo Raised from Sunken Ships.

后被寄予厚望的《印度尼西亚文化遗产法》也并未明确禁止商业开发。

目前，印度尼西亚有关商业开发的政策主要体现在两个法规之中。其一是《1993年文化遗产法实施细则》。文化旅游部负责为那些申请勘探、发掘和利用陆地和水下文化遗产的主体颁发许可证。❶勘探水下文化遗产必须是为"科研之目的；或保护、保存文化财产之目的"，但如经负责文化事务的部长许可亦可为商业目的勘探开发水下文化遗产。❷对于那些印度尼西亚已拥有足够数量的水下文化遗产，只要相关主体已经依法获得交易许可证，同样可以进行商业买卖。❸其二是专门规定沉船勘探和开发活动的《2009年第12号总统法令》。沉船贵重物品打捞和利用全国委员会被授权负责组织协调、监督和管控勘探、发掘和利用沉船上贵重货物的各项活动。❹目前，印度尼西亚允许对水下文化遗产进行商业开发的政策是其批准《保护水下文化遗产公约》的最大障碍之一。❺

2. 菲律宾的水下文化遗产商业开发政策

菲律宾的水下文化遗产商业开发政策存在矛盾之处，仍有待进一步研究。菲律宾正在进行的立法活动似乎可能改变现行法律中的商业开发政策。

一方面，《菲律宾国家文化遗产法》似乎表明菲律宾禁止商业开发。菲律宾主张在陆地和/或水下考古遗址中发现的所有文化财产均属于国家。未经有关文化机构批准，文化财产不得出售、转售或带出国境。如果文化财产必须被带出国境，则仅可用于科学研究或展览之目的。❻而且，国家博物馆和国家历史学会负责规范和控制所有的考古勘探或发掘活动，以保护考古和人类学遗址；在没有书面授权也没有考古学家和国家博物馆代表现场监督的情况下，不得进行水下考古勘探与发掘活动。❼这似乎表明菲

---

❶ 参见印度尼西亚《1993年文化遗产法实施细则》第17条。
❷ 参见印度尼西亚《1993年文化遗产法实施细则》第18条和第20条。
❸ 参见印度尼西亚《1993年文化遗产法实施细则》第4条和第35条。
❹ See Article 1, Presidential Decree Number 12 of 2009 about Amendment to Presidential Decree Number 19 Year 2007 Concerning Appointment of National Committee and Utilization of Valuable Items Originating from Sunken Ships Cargo.
❺ See The National Report on the Protection of Underwater Cultural Heritage of the Republic of Indonesia, available at http://www.unescobkk.org/fileadmin/user_upload/culture/Underwater/SL_presentations/Country_Reports/Indonesia.pdf, visited on 22 February 2021.
❻ 参见《菲律宾国家文化遗产法》第11条。
❼ 参见《菲律宾国家文化遗产法》第30条。

律宾已经禁止对水下文化遗产进行商业开发。❶

另一方面，《菲律宾水下文化遗产保护法（草案）》似乎又说明菲律宾的商业开发政策尚未发生改变。该草案不仅宣布在菲律宾领水内发现的所有水下文化遗产归国家所有，还规定任何破坏水下文化遗产的行为均属违法行为，任何人不得将保护区内的水下文化遗产移走或改变保护区内的水下文化遗产遗址，❷这实际上确认了《保护水下文化遗产公约》原址保护原则，无疑具有积极意义。同时，如未得到国家博物馆的授权，任何交易或占有水下文化遗产的行为都可能涉嫌违法；❸任何以获取具有文化或历史价值的物品为目的，在菲律宾水域进行潜水、勘探、调查或发掘的行为均属非法行为。❹这似乎表明菲律宾禁止商业开发。然而，该草案最大的矛盾之处是，对于已经获得国家博物馆许可的被许可人，如在勘探或发掘过程中发现或发掘出国家宝藏，原则上除珍稀文物之外的所有国家宝藏应由被许可人和国家博物馆对半分；如该国家宝藏中包括多个珍稀文物，则全部宝藏应对半分且遵循有利于被许可人的原则。❺换句话说，菲律宾实际上对水下文化遗产仍采取商业开发政策。

3. 越南的水下文化遗产商业开发政策

越南对于水下文化遗产商业打捞问题，采取"政府介入，有条件开放打捞"的政策。国家管理水下文化遗产，"依据法律规定为水下文化遗产勘探与发掘活动颁发许可证"，并"处理以合资企业、合同或法定商业合作模式勘探与发掘水下文化遗产的相关各方的利益关系"。越南鼓励与外国组织和个人合作，开展水下文化遗产的管理和保护活动，并就管理水下文化遗产相关活动开展研究，交流经验；国家鼓励科技成果转换并应用到水下文化遗产的保护和保存工作中。❻越南对外国组织和个人参与水下文化遗产勘探、发掘活动（不是保护活动）持鼓励态度，而且对其参与勘探、发掘水下文化遗产的条件规定得更加宽松。《越南水下文化遗产保护条例》第 12 条第 3 款规定："外国组织和个人合作开展水下文化遗产勘探

---

❶ 参见林蓁：《南海水下文化遗产保护合作机制的可行性研究——基于建设 21 世纪海上丝绸之路视角》，载《海南大学学报（人文社会科学版）》2016 年第 2 期，第 19—28 页。
❷ 参见《菲律宾水下文化遗产保护法（草案）》第 6 条。
❸ 参见《菲律宾水下文化遗产保护法（草案）》第 7 条。
❹ 参见《菲律宾水下文化遗产保护法（草案）》第 12 条。
❺ 参见《菲律宾水下文化遗产保护法（草案）》第 23 条。
❻ 参见《越南水下文化遗产保护条例》第 6 条第 2 款。

与发掘活动,必须具备下列条件:(1)经营范围包括越南法律规定的水下文化遗产勘探与发掘活动。(2)具有勘探与发掘水下文化遗产的经验,并在该专业领域享有世界声望。(3)拥有符合该项目勘探与发掘要求和规模的专家、设备、设施和资金。(4)获得本条第二款规定之越南机构或组织的支持。(5)获得由越南主管机构颁发的参与越南水下文化遗产勘探与发掘活动的许可证。"相比而言,我国《水下文物保护管理条例》则更为审慎,要求此类事项必须由国家文物局报经国务院特别许可。勘探、发掘工作结束后,越南文化信息部古董鉴定委员会(Antique Expertising Council)负责对水下文化遗产进行鉴定和评估,统计、分类后提出必要的水下文化遗产保护和处理措施。最后,由文化信息部部长作出处理决定:(1)按照一定标准被确定为特殊展品(The Unique Exhibits)的,归越南国家所有;(2)其余展品按照水下文化遗产勘探与发掘项目核准的比例分配其管理和使用权。目前,无论是从法律与政策规定来看,还是从越南商业开发实践来看,越南政府主导下的水下文化遗产商业开发政策都已经对中国水下文化遗产构成严重威胁。

4.文莱和马来西亚的水下文化遗产商业开发政策

文莱和马来西亚都实施商业开发政策,相较而言,文莱的商业开发政策更为宽松。文莱建立了一个博物馆委员会(Museum Committee),负责确定某个物体是否为《文莱古物和宝藏法》保护的古物或历史文物。❶位于文莱陆地和海洋中的古物是文莱的国家财产,❷而遗存于陆地和海底的物主不明的宝藏也可归国家所有。❸未经许可任何人都不得买卖古董。❹但是,申请人只要满足3个基本条件:征得土地所有权人同意、发掘活动不会造成附加损害以及遵守安全法规,就可以向主管部门申请发掘许可证,开展古物勘探与发掘工作。❺由此可见,文莱的水下文化遗产商业开发条件是相当宽松的,对水下文化遗产的威胁也更为严重。

《马来西亚国家遗产法》规定"文化遗产专员"负责所有文化遗产的管理与保护工作。除非获得专员颁发的执照,否则任何人不得为勘探水下

---

❶ 参见《文莱古物和宝藏法》第2条第2款。
❷ 参见《文莱古物和宝藏法》第3条第3款。
❸ 参见《文莱古物和宝藏法》第2条、第28—29条。
❹ 参见《文莱古物和宝藏法》第43条。
❺ 参见《文莱古物和宝藏法》第11—13条。

文化遗产之目的在马来西亚水域内开展打捞或发掘活动。❶ 任何人在马来西亚管辖水域内发现水下文化遗产后，均应尽快通知文化遗产专员；一旦文化遗产专员确认该水下文化遗产具有重要文化遗产价值，就应将其列入遗产登记簿。❷ 如果在马来西亚管辖水域内发现的物品或遗址具有重大文化遗产价值但其历史不足 100 年，文化遗产专员应上报文化部长，由后者宣布其为水下文化遗产，列入遗产登记簿。❸ 换句话说，马来西亚允许商业开发那些没有重大价值的水下文化遗产。❹

综上所述，相关国家实施商业开发政策，固然有资金匮乏、专业人员短缺、设备落后等客观原因，也有通过出售部分水下文化遗产换取资金以保护更有文化价值的水下文化遗产的主观动机。然而，禁止水下文化遗产商业开发是《保护水下文化遗产公约》的基本原则之一。"以交易或投机为目的而对水下文化遗产进行的商业性开发或造成的无法挽救的失散与保护和妥善管理这一遗产的精神是根本不相容的。水下文化遗产不得作为商品进行交易、买卖和以物换物。"❺ 而且，禁止并谴责对考古遗址进行商业开发以及不科学的发掘是国际考古界的一致声音，已成为众多国际学术组织的道德准则。❻ 这 5 个国家的政策与禁止商业开发这一道德准则相违背，应当尽快终止。

随着各国水下文化遗产法规的日益趋同化，各国都参照《保护水下文化遗产公约》宗旨和原则调整国内商业开发政策。部分国家即使尚未明文禁止，也都减少或杜绝水下文化遗产商业开发实践。例如，菲律宾已在事实上停止水下文化遗产商业开发。再如，印度尼西亚政府自 2005 年也改变了通过商业开发追求经济利益的态度，把实现水下文化遗产的"历史、科学和文化价值"当作首要政策目标。❼ 这为中国推动构建水下文化遗产

---

❶ 参见《马来西亚国家遗产法》第 65 条。
❷ 参见《马来西亚国家遗产法》第 61 条。
❸ 参见《马来西亚国家遗产法》第 63 条。
❹ 参见李锦辉：《南海周边主要国家海底文化遗产保护政策分析及启示》，载《太平洋学报》2011 年第 6 期，第 72—84 页。
❺ 《保护水下文化遗产公约》附件第 2 条第 1 款。
❻ See Smithsonian Institution, *Tang Cargo Exhibit: Briefing Paper*, available at https://www.asia.si.edu/exhibitions/SW-ulturalHeritage/downloads/Ethics_Tang_Briefing.pdf, visited on 22 February 2021.
❼ The National Report on the Protection of Underwater Cultural Heritage of the Republic of Indonesia, available at http://www.unescobkk.org/fileadmin/user_upload/culture/Underwater/SL_presentations/Country_Reports/Indonesia.pdf, visited on 22 February 2021.

区域合作保护机制创造了一定的有利条件。

四、争议海域水下文化遗产合作保护机制的构建框架

（一）中国应明确整体海洋策略和优先目标

中国必须明确自己的整体海洋策略和优先目标。首先，领土主权和海洋权益争端客观存在，短期内不可能解决，而且还有动荡甚至恶化的风险，对此，中国不能忽视，而应设法管控风险，应对风险，维护和平稳定，促进共同发展。其次，中国需创新思路、创新路径，创造性地构建合作机制。最后，中国需要妥善解决领土主权和海洋权益争端，维持与相关国家的友好关系。除此之外的目标可以作为远期目标，暂缓实施；对于那些中国有意实施但国际法律规定尚未明确的权利主张，中国可以考虑谈判解决或暂缓实施。

东南亚国家在经济、军事和文化方面都感受到中国的深远影响。西澳大利亚大学社会科学学院的蒂姆·温特斯（Tim Winters）教授致力于研究21世纪外交中文化遗产保护的政治动因，他认为"一带一路"倡议为文化遗产外交提供了广阔的平台："中国丝绸之路是当今最引人注目的地缘文化概念之一，其在21世纪复兴丝绸之路的想法正在创造新型文化全球化和新型欧亚经济和政治关系。"[1]在此背景下，中国对争议海域内水下文化遗产的所有权主张和管辖权主张可以考虑服务于"一带一路"建设以及维持中国与相关国家的和平稳定大局。

（二）中国必须充分顾及区域国家的核心诉求

为了构建区域合作保护机制，推动共同保护水下文化遗产，中国应深刻理解争端各方的核心诉求，充分顾及并适当满足其诉求。印度尼西亚近年来的水下文化遗产立法及其核心诉求发生变化，可以为中国提供一定的启示。

---

[1] Tamalia Alisjahbana, *Indonesia is not signing UNESCO's Convention for the Protection of Underwater Cultural Heritage*, Independent Observer (November 28, 2019), available at https://observerid.com/indonesia-declines-to-sign-unesco-convention-for-protection-of-underwater-cultural-heritage/, visited on 22 February 2021.

1. 印度尼西亚拒绝加入《保护水下文化遗产公约》的原因

印度尼西亚的水下文化遗产相当丰富。印度尼西亚海洋渔业部（Ministry of Marine and Fisheries）表示已经在印度尼西亚水域发现468艘可识别辨认的沉船，但现有档案表明印度尼西亚水域大约有3000艘沉船。❶ 这些水下文化遗产有助于增进人们对印度尼西亚海洋历史文化的理解。目前，因印度尼西亚政府保护不力，其水下文化遗产破坏严重，濒临绝迹。

印度尼西亚有两个政府机构负责水下文化遗产，但它们各执一端，观点迥异。印度尼西亚教育文化部（Ministry of Education and Culture）主要依据《印度尼西亚文化遗产法》，将文化遗产视为"文化产品"（cultural goods），主张坚持水下文化遗产保护国际公约基本原则、完善水下文化遗产保护法律法规，妥善保护水下文化遗产。而印度尼西亚沉船贵重物品打捞和利用全国委员会则根据总统令❷授权设立、履行职责，由海洋渔业部部长担任主任，协调至少15个印度尼西亚部级政府机构，把水下文化遗产视为"经济产品"（economic goods），坚称水下文化遗产应服务于经济发展，通过印度尼西亚总统令授权开发水下文化遗产，换取经济利益用于提高人民福利。这两个政府机构不断竞争，目前后者在印度尼西亚占据主导地位，水下文化遗产作为"经济产品"被开发利用，导致水下文化遗产保护工作被严重边缘化，举步维艰。❸

2019年11月5日，联合国教科文组织在印度尼西亚雅加达丹戎不碌（Tanjung Priok）的海事博物馆举行"关于维护和复兴东南亚共同海事文化遗产的论坛"（Forum on Safeguarding and Reviving the Shared Maritime Cultural Heritage of Southeast Asia），联合国教科文组织试图了解东南亚国家在海洋文化遗产（包括水下文化遗产）保护方面的优先事项、面临挑

---

❶ See Tamalia Alisjahbana, *Indonesia is not signing UNESCO's Convention for the Protection of Underwater Cultural Heritage*, Independent Observer (November 28, 2019), available at https://observerid.com/indonesia-declines-to-sign-unesco-convention-for-protection-of-underwater-cultural-heritage/, visited on 22 February 2021.

❷ 最初根据印度尼西亚1989年第43号总统令设立，后经2000年第107号总统令、2007年第19号总统令、2009年第12号总统令三次重新授权。

❸ See Supratikno Rahardjo, *International Convention Vs National Interest: Contestation among Indonesian Government Institutions on Underwater Cultural Heritage Conservation*, 16(3) Indonesian Journal of International Law 347, 347-360 (2018)

战、解决方案与合作前景，并再次试图说服印度尼西亚和其他东盟国家签署《保护水下文化遗产公约》。但是，印度尼西亚再次表示无意签署该公约。❶ 其原因主要有 3 个：第一，印度尼西亚采用公约规定的原址保护方法保护沉船面临不可克服的资金和技术困难。第二，印度尼西亚对公约部分条款不满，特别是公约赋予沉船的船旗国以及与沉船及其所载货物具有文化联系的国家一定的话语权和参与权。鉴于很多沉船的船旗国都是前殖民国家，印度尼西亚认为这种条款显然具有浓厚的新殖民主义色彩。第三，东南亚国家对中国在该地区不断增长的地位和影响力表示担忧，原因是沉船上的大多数货物是陶瓷，与中国具有文化联系，但大多数东南亚国家都不想让中国基于任何理由在其管辖水域内具有任何发言权。❷

2. 印度尼西亚的核心诉求是水下文化遗产服务于经济发展

印度尼西亚采取水下文化遗产开发政策，虽有政治考虑，但最根本的仍是经济原因。印度尼西亚通过开发水下文化遗产发展经济具有深刻的历史原因，也有迫切的现实需求。20 世纪 80 年代初，印度尼西亚政府授权发掘廖内群岛（Riau Islands）两处沉船，对发掘出来的水下文化遗产进行拍卖，分别以 200 万美元和 1500 万美元的价格成交，可谓获利颇丰。其中一处就是"南京号"沉船。"南京号"沉船在 1985 年被英国人迈克尔·哈彻发掘，1986 年沉船货物在阿姆斯特丹佳士得拍卖行被拍卖。巨额经济利益促使印度尼西亚出台 1989 年第 43 号总统令（Presidential Decree No. 43/1989）、设立印度尼西亚沉船贵重物品打捞和利用全国委员会，加强对沉船打捞活动的管理，参与利益分配。❸

目前，印度尼西亚决心维护国家海洋主权安全，并在海洋事务中发挥

---

❶ See Tamalia Alisjahbana, *Indonesia is not signing UNESCO's Convention for the Protection of Underwater Cultural Heritage*, Independent Observer (November 28, 2019), available at https://observerid.com/indonesia-declines-to-sign-unesco-convention-for-protection-of-underwater-cultural-heritage/, visited on 22 February 2021.

❷ See Tamalia Alisjahbana, *Indonesia is not signing UNESCO's Convention for the Protection of Underwater Cultural Heritage*, Independent Observer (November 28, 2019), available at https://observerid.com/indonesia-declines-to-sign-unesco-convention-for-protection-of-underwater-cultural-heritage/, visited on 22 February 2021.

❸ See Supratikno Rahardjo, *International Convention Vs National Interest: Contestation among Indonesian Government Institutions on Underwater Cultural Heritage Conservation*, 16(3) Indonesian Journal of International Law 347, 347-360 (2018)

领导作用。印度尼西亚政府的首要任务和重点目标是实现经济的可持续发展。从纯粹的经济角度来看，印度尼西亚海洋渔业部估计，大多数沉船的价值在 8 万—1800 万美元之间，如果用沉船发展旅游业，每艘沉船每月可以带来 800—126000 美元的收入。印度尼西亚政府以此为基础计算沉船带来的经济效益。印度尼西亚海洋渔业部海岸资源与脆弱性研究所海洋考古研究科学家瑞德万（Nia Naelul Hasnah Ridwan）说，政府打算建立综合性海洋旅游区。❶ 以印度尼西亚巴厘岛图兰本（Tulamben）海岸附近的美国陆军"自由号"货船（USAT Liberty）沉船为例，该船 1942 年 1 月被日本击中后搁浅，1963 年因火山爆发移动到现在的位置。沉船所处水域 30 米深，潜水者可以观测水下沉船，也可以看到沉船所处的海洋生态系统，还可以看到沉船枪炮上生长珊瑚的奇妙景观，世界各地潜水者蜂拥而至，最终发展成潜水者的乐园。因每年大量潜水者探索沉船，还带动附近村庄旅游业繁荣发展，使巴厘岛最贫穷的村庄发展成如今最富有的村庄之一。然而因巴厘岛缺乏适当监管、潜水过于频繁，已经对沉船造成了严重的损坏。❷

印度尼西亚认为《保护水下文化遗产公约》与《印度尼西亚文化遗产法》相抵触。原因在于 2001 年《保护水下文化遗产公约》不允许对水下文化遗产进行商业开发，而《印度尼西亚文化遗产法》规定文化遗产必须用于提高所有印度尼西亚人民的福利，所以《保护水下文化遗产公约》违背了《印度尼西亚文化遗产法》的宗旨。❸

综上所述，印度尼西亚仍坚持水下文化遗产开发政策，拒绝批准联合国教科文组织《保护水下文化遗产公约》，对遗存于其管辖水域内的水下文化遗产缺乏有效的保护措施。印度尼西亚把水下文化遗产开发利用作为

---

❶ See Tamalia Alisjahbana, *Indonesia is not signing UNESCO's Convention for the Protection of Underwater Cultural Heritage*, Independent Observer (November 28, 2019), available at https://observerid.com/indonesia-declines-to-sign-unesco-convention-for-protection-of-underwater-cultural-heritage/, visited on 22 February 2021.

❷ See Tamalia Alisjahbana, *Indonesia is not signing UNESCO's Convention for the Protection of Underwater Cultural Heritage*, Independent Observer (November 28, 2019), available at https://observerid.com/indonesia-declines-to-sign-unesco-convention-for-protection-of-underwater-cultural-heritage/, visited on 22 February 2021.

❸ See Tamalia Alisjahbana, *Indonesia is not signing UNESCO's Convention for the Protection of Underwater Cultural Heritage*, Independent Observer (November 28, 2019), available at https://observerid.com/indonesia-declines-to-sign-unesco-convention-for-protection-of-underwater-cultural-heritage/, visited on 22 February 2021.

发展经济和增进人民福祉的工具，这是中国与印度尼西亚开展水下文化遗产合作保护面临的现实挑战。

3. 相关国家的核心诉求

那么，除印度尼西亚之外的其他国家又有什么核心诉求呢？

越南、菲律宾、马来西亚、文莱四国无一例外与中国存在领土主权和海洋权益争端，且争端属于高度敏感的国家主权问题，争议区域广泛，争议事关国家核心利益和民族尊严。在这种情况下，国家主权和民族尊严必然比经济利益或历史文化传承更为重要、更为迫切，这些国家不可能让渡其核心诉求。因此，越南明确拒绝保护与中国有关的水下文化遗产，其目的是防止中国通过在争议海域开展水下文化遗产保护活动强化中国的领土主权和海洋权益。❶ 同样，东南亚国家拒绝保护中国水下文化遗产，其原因是大多数沉船及其所载货物与中国具有文化联系，而它们不愿给中国任何介入其管辖水域从而可能减损其国家主权和海洋权益的理由。❷

概言之，中国应当基于各国不同的核心诉求，坚持把水下文化遗产合作保护定性为《联合国海洋法公约》第 74 条和第 83 条规定的划界前临时安排，明确此类措施"不妨害最后界限的划定""不危害或阻碍最后协议的达成"。同时，还应创新合作机制，确保各方维持各自的核心诉求，顾及各自的民族尊严，从而打消各方合作保护水下文化遗产的顾虑。

（三）中国应着力打造示范性合作保护项目

中国对争议海域内水下文化遗产的所有权主张和管辖权主张应当服务于"一带一路"建设，维护国家领土主权和海洋权益以及维持区域和平稳定。为了实现这一目标，中国可以考虑创新合作方式，打造示范性合作保护项目。

合作保护水下文化遗产的国际实践相当丰富。例如，对于沉没在法国

---

❶ See Nguyen Ngoc Lan & Tran Hoang Yen, *China wants to conserve even Vietnam's heritage?* Vietnam Net (September 15, 2014), available at http://english.vietnamnet.vn/fms/special-reports/111506/china-wants-to-conserve-even-vietnam-s-heritage-.html, visited on 22 February 2021.

❷ See Tamalia Alisjahbana, *Indonesia is not signing UNESCO's Convention for the Protection of Underwater Cultural Heritage*, Independent Observer (November 28, 2019), available at https://observerid.com/indonesia-declines-to-sign-unesco-convention-for-protection-of-underwater-cultural-heritage/, visited on 22 February 2021.

领海的美国军舰"阿拉巴马号",法国与美国于1989年签订协定,尊重美国对该沉船享有的所有权,并成立混合委员会负责其保护工作;对于遗存于美国管辖水域内的法国"拉贝拉号"和"拉格里芬号"沉船,法国和美国亦是通过谈判协商解决沉船的保护问题。此外,英国和南非于1989年达成关于共同打捞"伯肯黑德号"沉船的协定。

合作保护水下文化遗产的国际实践可以为中国提供许多有益的借鉴。1912年4月15日,"泰坦尼克号"在距离加拿大纽芬兰(Newfoundland)东南方向600公里的大西洋国际海域沉没。1985年9月1日,美国人罗伯·巴拉德(Robert Ballard)率领美国—法国联合远征队首次发现"泰坦尼克号"残骸。随着越来越多的人进行勘探、调查、打捞物体,"泰坦尼克号"沉船面临严重破坏威胁。于是,美国1986年通过《泰坦尼克号海事纪念法案》(RMS Titanic Maritime Memorial Act of 1986)❶,采用国内立法的形式来推动保护"泰坦尼克号"沉船。该法案创造性地提出了一些合作保护原则:首先,通过国内法要求美国与相关国家缔结国际协议,开展国际合作,将"泰坦尼克号"作为国际海事纪念地,以妥善保护其科学、文化和历史意义,并纪念1912年在船上丧生的人。其次,在达成国际协议或准则之前,任何人都不得移动、损坏或打捞"泰坦尼克号"船体及其任何部分。❷最后,该法案明确美国不谋求域外领土主权的立场,即美国不主张对任何海域或"泰坦尼克号"拥有主权、主权权利或专属权利或管辖权或所有权。❸这些创新性合作保护原则为美国、英国、法国、加拿大四国2003年谈判达成《皇家邮轮泰坦尼克号沉船协定》(Agreement Concerning The Shipwrecked Vessel RMS Titanic)奠定了坚实的基础,2019年11月18日,该协定对英国和美国生效,双方把"泰坦尼克号"认定为国际海事纪念地和具有特殊国际意义的水下历史残骸,决定共同采取合理措施予以保护。❹

我国应总结水下文化遗产保护的特点和当前国际相关领域的实践经

---

❶ RMS Titanic Maritime Memorial Act of 1986, available at https://www.gc.noaa.gov/documents/TitanicMemorialAct.pdf, visited on 22 February 2021.
❷ See Section 2, RMS Titanic Maritime Memorial Act of 1986.
❸ See Section 8, RMS Titanic Maritime Memorial Act of 1986.
❹ See Agreement Concerning The Shipwrecked Vessel RMS Titanic, available at https://www.gc.noaa.gov/documents/titanic-agreement.pdf, visited on 22 February 2021.

验，进一步完善相关立法，创新争议区域内水下文化遗产合作保护机制。中国应注重与相关国家进行谈判协商，缔结国际合作保护协议，妥善保护遗存于争议区域内的水下文化遗产，保护人类文化遗产。中国应注重与相关国家达成双边或区域性水下文化遗产保护准则，确保科学方法和科学技术的运用。为了使相关国家放下对中国的戒心，中国应明确立场：领土主权和海洋权益争端通过其他途径妥善解决，中国不谋求通过水下文化遗产保护主张对争议海域或水下文化遗产拥有主权和专属管辖权或所有权。

五、结　语

构建新的全球海洋治理体系是中国维护海洋权益、进行国际合作的重要手段。中国既需要加强在争议海域的维权力度，也需要注重"加强与他国的海权合作，消除其他国家和区域对中国欲争夺地区霸权的误解"❶。当今中国不应将国家利益局限于国家主权，也不应只顾当下短期利益，而应放眼全球，立足长远，积极参与全球海洋治理，为全球海洋治理体系贡献中国智慧，提出中国方案。

"历史文化遗产虽经历了历史漫长的传承过程，但其中绝大部分仍然构成丝绸之路沿线各族社会公众生产生活组成部分的'活态'文明。"❷挖掘这种活态文明离不开当地社会力量的积极参与，发掘并保护国际海底区域或他国管辖海域内的水下文化遗产点更离不开沿线各国的支持与合作。在争议海域构建合作保护机制尤其需要争端各国为了全人类的利益作出妥协让步，求同存异，相向而行。

中国根据《保护水下文化遗产公约》的基本原则与核心制度，协调相关国家水下文化遗产保护法律法规，推动各国水下文化遗产保护法律法规的趋同化，求同存异，进而通过国际合作构建区域合作保护机制，共同保护水下文化遗产。

相关国家的水下文化遗产法规、政策和主张各不相同，是开展国际合作保护水下文化遗产的障碍之一。中国应推动各国把水下文化遗产视为"人类共同继承遗产"，采用相同的水下文化遗产概念，依据国际法主张权

---

❶ 杨泽伟：《中国国家权益维护的国际法问题研究》，法律出版社2019年版，第9页。
❷ 周方：《丝绸之路经济带建设中历史文化遗产的法治保障研究》，载《西北大学学报（哲学社会科学版）》2015年第2期，第114页。

利,停止商业开发,实现水下文化遗产保护法律法规的趋同化,通过国际合作保护水下文化遗产。这不仅有利于缓解南海水下文化遗产破坏严重的严峻形势,夯实海上丝绸之路的物质文化基础,也有利于实现"一带一路"建设民心相通的目标。

构建争议海域水下文化遗产合作保护机制,中国还必须明确整体海洋策略,要管控风险、应对风险、维护和平稳定、促进共同发展,要创新思路、创新路径,创造性地构建合作机制,妥善解决领土主权和海洋权益争端,维持与相关国家的友好关系。中国对争议海域内水下文化遗产的所有权主张和管辖权主张可以考虑服务于"一带一路"建设,维护领土主权和海洋权益以及维护中国与相关国家的和平稳定。对此,中国应深刻理解并适当顾及各方的核心诉求,把水下文化遗产合作保护定性为《联合国海洋法公约》第 74 条和第 83 条规定的划界前临时安排,明确此类措施"不妨害最后界限的划定""不危害或阻碍最后协议的达成";同时,还应创新合作机制,确保各方维持各自的核心诉求,顾及各自的民族尊严,从而打消各方合作保护水下文化遗产的顾虑。

第五章　UCH 国家船只❶的国际法律保护制度及其完善

国际海洋法对军舰和其他用于非商业目的的政府船舶的管辖权和管辖豁免问题作出了许多特别规定。1982 年《联合国海洋法公约》把"军舰"定义为"属于一国武装部队、具备辨别军舰国籍的外部标志、由该国政府正式委任并名列相应的现役名册或类似名册的军官指挥和配备有服从正规武装部队纪律的船员的船舶"❷。《联合国海洋法公约》规定军舰通过沿海国领海时，必须遵守适用于所有船舶的无害通过规则❸，必须遵守沿海国有关通过领海的法律和规章，如果拒不遵守，沿海国有权要求军舰立即离开领海❹；如果军舰不遵守沿海国有关通过领海的法律和规章或不遵守本公约的规定或其他国家规则而使沿海国遭受损失或损害的，船旗国还应承担相应的国际责任❺。《联合国海洋法公约》不影响军舰和其他用于非商业目的的政府船舶的豁免权。❻《联合国海洋法公约》第 95 条明确规定："军舰在公海上有不受船旗国以外任何其他国家管辖的完全豁免权。"

由此可见，《联合国海洋法公约》中的军舰和其他用于非商业目的的政府船舶是船旗国的国家财产，所有权当然归属于船旗国；相关规定仅适用于正在服役的军舰，主要关注的是其在沿海国领海的无害通过权，以及除遵守沿海国法律和规章的义务和船旗国损害赔偿责任以外的管辖豁免。

然而，对于沉没海底 100 年以上的军舰和其他用于非商业目的的政府

---

❶ UCH 国家船只，特指属于水下文化遗产的国家船只。
❷ 参见《联合国海洋法公约》第 29 条。
❸ 参见《联合国海洋法公约》第 17—26 条。
❹ 参见《联合国海洋法公约》第 30 条。
❺ 参见《联合国海洋法公约》第 31 条。
❻ 参见《联合国海洋法公约》第 32 条。

船舶，问题就变得复杂起来。这些数百年甚至上千年一直沉睡在海底的船舶还是不是"军舰"或"政府船舶"？它们沉没之时是否用于非商业之目的？它们到底归谁所有？它们是否仍然能够享受管辖豁免？另外，如果作为历史文化遗产和全人类的文化财富，❶ 谁应当承担保护义务？如果作为普通的沉没船只，谁又应当承担把它们从航道移除从而维护航行安全的义务？这些问题具有重要的理论价值和现实意义，迫切需要予以解决。

一、UCH 国家船只的国际法律保护机制

（一）水下文化遗产保护国际公约

目前，涉及水下文化遗产保护的国际公约主要有两个：《联合国海洋法公约》和联合国教科文组织 2001 年《保护水下文化遗产公约》。

《联合国海洋法公约》第 149 条和第 303 条仅对"在海洋发现的考古和历史文物"作出了原则性规定，但并未规定文物所有权，甚至对具体权利与义务、国际合作机制也没有提及。从法理上讲，作为《联合国海洋法公约》缔约国的沿海国根据国家主权原则对遗存于其内水、群岛水域和领海的水下文化遗产具有完全的、排他的管辖权；而沿海国对于其毗连区、专属经济区、大陆架及公海、国际海底区域的水下文化遗产仅享有部分管辖权。联合国教科文组织 2001 年《保护水下文化遗产公约》则是唯一一部以保护水下文化遗产为宗旨的国际公约，其规定了一套较为严密的事前防范和事后控制措施，构建了一套相对完整的水下文化遗产保护制度和国际合作制度。其中部分条款对作为水下文化遗产的国家船只进行了比较详细的规定。

（二）UCH 国家船只的概念

《保护水下文化遗产公约》第 1 条第 8 项明确规定了"国家船只和飞行器"的定义："'国家的船只和飞行器'系指属于某国或由其使用，且在沉没时仅限于政府使用而非商用的，并经确定属实又符合水下文化遗产的定义的军舰和其他船只或飞行器。""符合水下文化遗产的定义"要求这

---

❶ See Craig Forrest, *An International Perspective on Sunken State Vessels as Underwater Cultural Heritage*, 34(1) Ocean Development & International Law 41, 41-57 (2003).

些 UCH 国家船只属于水下文化遗产——"至少 100 年来，周期性地或连续地，部分或全部位于水下的具有文化、历史或考古价值的所有人类生存的遗迹,比如……船只……及其有考古价值的环境和自然环境……"❶ 换言之,《保护水下文化遗产公约》中的国家船只需要同时满足主观标准和客观标准：其一，它们必须位于水下至少 100 年以上；其二，它们必须具有文化、历史或考古价值。那些满足主客观标准的国家船只适用于《保护水下文化遗产公约》建立的水下文化遗产保护制度。国家船只的具体范畴涵盖任何在沉没时受国家控制从事非商业行为的军舰、商船、其他船只以及国家船只所载的一切物品，包括文物、金钱、人体遗骸、货物，还包括船只所载的任何污染物，例如化学品、军火、润滑剂和燃料油。❷

由此可见,《保护水下文化遗产公约》关于 UCH 国家船只的概念不同于《联合国海洋法公约》。这些法律概念虽有密切联系，但存在本质区别，不可混为一谈。

（三）UCH 国家船只的特殊性

《联合国海洋法公约》和《保护水下文化遗产公约》等国际公约之所以对 UCH 国家船只予以特别规定，是由其特殊性决定的。

UCH 国家船只与普通沉船相比，到底有何特殊之处呢？如果从寻宝者的角度来看，沉没海底的古代商船无疑具有更大的经济价值。"据估计，全世界沉船共有数十万艘,沉船宝藏总价值高达 5000 亿美元。"❸ 沉船满载唐宋时期的瓷器、金银器等价值连城的货物，是名副其实的宝藏。然而，100 年前沉没的国家船只除非载有国家宝藏，否则其经济价值一般都比较低。那么，到底是什么原因使船旗国不愿放弃 UCH 国家船只的所有权和管辖豁免，而遗存海域的沿海国却坚持主张拥有其所有权和排他性管辖权呢？

船旗国和沿海国争执不下的主要原因有三。其一，UCH 国家船只与普通沉船一样具有重要的历史文化价值。"自人类与大海接触以来，在数

---

❶ 《保护水下文化遗产公约》第 1 条第 1 项。
❷ See Rean Monfils, Trevor Gilbert, and Sefanaia Nawadra, *Sunken WWII Shipwrecks of the Pacific and East Asia: The Need for Regional Collaboration to Address the Potential Marine Pollution Threat*, 49(9-10) Ocean & Coastal Management 779, 785 (2006).
❸ 郭玉军、徐锦堂:《国际水下文化遗产若干法律问题研究》，载《中国法学》2004 年第 3 期，第 166 页。

千年的时间里留下了数不清的水下遗物和遗迹，它们沉没的时间虽然长短不同，但越古老的遗物就越是从遥远的古代起，受到厚厚水层保护而保留下来。"❶ 比较而言，国家船只对研究特定国家在船只沉没时期的造船技术、海上贸易、社会生活、经济发展、军事实力及其传统文化具有更加独特的历史文化价值，这是普通沉船所无法比拟的。

其二，国家船只和普通沉船最大的区别就是国家船只属于国家财产，即有充分证据证明该船只是属于某一个国家所有的军舰或政府船只。相对而言，普通沉船则属于私人财产，况且至少100年前沉没的私人船只大多很难辨认物主，或者原来的物主早已不复存在，普通沉船相应地就变成无主物，从而适用发现法或打捞法等习惯国际法。国家船只则不同，其有明确的标识、档案文件、历史文献，更重要的是，国家作为其所有者一直存续至今。这使国家主张国家船只的所有权和管辖豁免具备可能性。

其三，国家主张国家船只的所有权和管辖豁免还具有必要性。国家船只作为船旗国国家财产的同时也是国家的象征，而且相关国家的法律规定政府当局具有保护国家财产、追回国家财产的法定职责，因此，船旗国主张国家船只的所有权和管辖豁免不仅是履行法定职责的必然要求，也是维护国家尊严的必然选择。同样，沿海国对相关海域享有属地管辖权，其国内法也对管辖海域内沉船的所有权归属作出规定，沿海国主张国家船只的所有权和管辖权同样也是履行法定职责的必然要求，也是维护沿海国国家尊严的必然选择。这就导致船旗国的主张与沿海国属地管辖权产生冲突。

二、UCH 国家船只的所有权问题

（一）UCH 国家船只所有权主张的现实障碍

有学者认为 UCH 国家船只所有权变动记录清晰，容易确定所有权人，❷ 但这只是相对而言。实际上，任何国家主张 UCH 国家船只的所有权都面临两个现实障碍。第一，确定水下文化遗产的所有权并非易事。无论是在一国领海以外的其他管辖海域还是在公海海域，由于年代久远，大部

---

❶ 小江庆熊：《水下考古学入门》，王军译，文物出版社 1996 年版，第 55 页。

❷ See Sarah Dromgoole, *Legal Protection of the Underwater Cultural Heritage: The United Kingdom Perspective*, 4 Art Antiquity and Law 135, 152 (1999).

分船只损毁严重，相关考古信息不足以辨认其所有权人。即使可以辨认船旗国，拥有船只的国家可能因合并、分立而不复存在，或者分立为多个不同国家，导致这些距今 100 年以上的国家船只的真正所有权人难以确定。❶

第二，对于那些可以确定原始所有权的 UCH 国家船只，各国法律规定的所有权变动规则存在相互冲突之处，从而进一步加大所有权确认的难度。一方面，国家继承相关的法律会影响国家船只的所有权及其管辖豁免。❷ 另一方面，从事非正义活动的敌国国家船只更加复杂，被俘获、被击沉之后的所有权变动问题，各国对管辖水域资源和财产的国有化问题，都可能使敌国丧失国家船只的所有权。中国是两次世界大战的受害国，是甲午海战中被日本侵略的国家，对于那些沉没在中国领海内的用于侵略中国的军舰，中国当然不能承认其享有管辖豁免，因为这势必会给中国人民造成二次伤害。从事非正义活动的国家船只在战时都不享有豁免权，如果在它们被摧毁沉入海底百年之后却享有豁免权，这才荒谬。同时，被击沉后的 100 年中，船旗国明知沉船所在方位，而且也完全具有适当的政治关系，但该国从未开展搜寻或打捞活动，从未要求被侵略国家协助调查，也从未主张过所有权，可以视为对国家船只的默示抛弃。

（二）UCH 国家船只的所有权争议

国际社会对于 UCH 国家船只的所有权问题争议巨大，其核心问题是 UCH 国家船只是否已经被船旗国抛弃。国际法学界又存在明示抛弃理论和默示抛弃理论之分。明示抛弃理论要求国家船只的船旗国通过法定行为明确放弃对国家船只的所有权；❸ 默示抛弃理论认为国家船只的船旗国长时间对船只采取不作为本身就构成对国家船只的抛弃。目前，明示抛弃理论为大多数国家所接受，并得到国家实践和司法裁决的广泛支持。默示抛弃理论遭到大多数国家的坚决反对，这些国家坚持军舰等国家船只残骸的所有

---

❶ See Craig Forrest, *A New International Regime for the Protection of Underwater Cultural Heritage*, 51(3) The International and Comparative Law Quarterly 511, 528 (2002). See also David J. Bederman, *Maritime Preservation Law: Old Challenges, New Trends*, 8(2) Widener L. Symp. J. 163 (2002).

❷ See Jerry E. Walker, *A Contemporary Standard for Determining Title to Sunken Warships: A Tale of Two Vessels and Two Nations*, 12(2) University of San Francisco Maritime Law Journal 311, 311 (1999–2000).

❸ See David J. Bederman, *Rethinking the Legal Status of Sunken Warships*, 31(1-2) Ocean Development & International Law 97, 97-125 (2000); Jeffrey W. Yeates, *Clearing Up the Confusion: A Strict Standard of Abandonment for Sunken Public Vessels*, 12 University of San Francisco Maritime Law 359, 359-388 (1999-2000).

权和管辖豁免不因国家不作为和时间流逝而消失。❶

在国家实践中，拉美和加勒比国家坚持沉船所处位置足以使沿海国获得对它的所有权，主张"水下文化遗产首先属于它所处的国家并进而属于全人类"❷。这些国家反对船旗国把 UCH 国家船只作为国家财产一直拥有所有权。❸ 中国也有学者认为沿海国基于领土主权对从其内水或领海打捞出来的水下文物享有所有权。❹ 与此针锋相对的是，美国、英国、西班牙、日本、法国、德国和俄罗斯等主要海洋强国坚持国家船只属于国家财产，非经明示抛弃或者在战争期间被捕获就一直由船旗国拥有所有权和控制权。❺ 而且，"沉没的国家船只"是指国家所有并在沉没时仅用于政府非商业目的之军舰、海军辅助船或其他船舶。它包括与该船有关的任何货物或其他物体的全部或部分，无论该货物或物体是国家所有还是私人所有。❻ 船只沉没对船上货物的所有权不产生影响：船旗国拥有的货物一直是该国的财产；其他国家拥有的货物一直是这些国家的财产。沉没的国家船只上的货物不受船旗国以外的任何国家管辖；未经船旗国同意，不得侵犯或移出货物。❼ 在现实中，很难证明国家已经抛弃沉没国家船只的所有权，特别是在国家法律规定必须明

---

❶ See Communication from the UK Foreign and Commonwealth Office, July 4, 2003; Communication from the French Foreign Ministry, November 28, 2003; Communication from the German Foreign Ministry, October 30, 2003; Communication from the Government of Japan, September 13, 2003; Communication from the Government of the Russian Federation, October 3, 2003; Embassy of Spain, Washington, DC, Note No. 128, December 19, 2002. Office of Ocean Affairs, Department of State, USA, *Protection of Sunken Warships, Military Aircraft and Other Sunken Government Property* [FR Doc No: 04-2488[, 69(24) Federal Register (2004), available at https://www.govinfo.gov/content/pkg/FR-2004-02-05/html/04-2488.htm, visited on 22 February 2021.

❷ "Santo Domingo Declaration", quoted in Sarah Dromgoole (ed.), *The Protection of the Underwater Cultural Heritage: National Perspectives in Light of the UNESCO Convention 2001*, Brill, 2006, p.294.

❸ See Anastasia Strati, *Draft Convention on the Protection of Underwater Cultural Heritage: A Commentary Prepared for UNESCO* (UNESCO Doc. CLT-99/WS/8), April 1999, Paris: UNESCO, pp.20–23.

❹ 参见傅崐成：《联合国教科文组织 2001 年〈保护水下文化遗产公约〉评析》，载《厦门大学法律评论》2003 年第 5 辑，第 210—230 页。

❺ See *Notices*, 69 (24) Federal Register 5647-8 (2004); David J. Bederman, *Rethinking the Legal Status of Sunken Warships*, 31(1-2) Ocean Development & International Law 97, 97-125 (2000); Jeffrey W. Yeates, *Clearing Up the Confusion: A Strict Standard of Abandonment for Sunken Public Vessels*, 12 University of San Francisco Maritime Law 359, 359-388 (1999–2000).

❻ 参见《国际法中的军舰和其他国有船舶残骸的法律制度》第 1 条。

❼ 参见《国际法中的军舰和其他国有船舶残骸的法律制度》第 5 条。

示抛弃所有权的情况下，所以这些国家船只就一直属于国家财产。相应地，船旗国有权禁止对其国家财产进行任何有形干涉，哪怕最终使其永远留在海底，这已经得到诸多沿海国的实际承认。总之，现有国际实践支持海洋强国的主张：沉没时仅用于非商业目的的国家船只仍被当作船旗国的国家财产，沿海国开展发掘活动仍需要取得船旗国的同意。❶

然而，海洋强国主张只要船旗国没有明示抛弃，或者国家船只在沉没前没有被他国俘获，船旗国就一直拥有其所有权，只要未经船旗国或捕获国（The Capturing State）的明示同意，《保护水下文化遗产公约》缔约方不应许可打捞该船舶，这种主张显然也存在一些问题。第一，公约保护范围内的所有沉船都不应该适用救助法，而非只有国家船只不适用救助法；第二，捕获国使问题更加复杂；第三，船旗国拥有所有权的政府船舶也不能一概而论，其不仅包括从事公务的政府船舶，也包括从事商业活动的政府船舶，而国际法只规定前者享有豁免权，但从事商业活动的政府船舶本身就不享有豁免权。❷ 因此，关于海洋强国对 UCH 国家船只的所有权和管辖权主张，中国等发展中国家不应盲从，而应结合自身历史文化现实和国家利益需求，提出自己的主张，维护自身的权益。

（三）UCH 国家船只的所有权归属

虽然《保护水下文化遗产公约》最终将国家船只纳入其保护范围，承认国家船只管辖豁免相关的一般国际法律规则和国家实践，❸ 但是，对于 UCH 国家船只是否属于一般国际法意义上的国家船只、沉没军舰等 UCH 国家船只的所有权归属及管辖豁免问题，《保护水下文化遗产公约》并未

---

❶ See Anastasia Strati, *Draft Convention on the Protection of Underwater Cultural Heritage: A Commentary Prepared for UNESCO* (UNESCO Doc. CLT-99/WS/8), April 1999, Paris: UNESCO, pp.20–23; Rean Monfils, Trevor Gilbert, and Sefanaia Nawadra, *Sunken WWII Shipwrecks of the Pacific and East Asia: The Need for Regional Collaboration to Address the Potential Marine Pollution Threat*, 49(9-10) Ocean & Coastal Management 779, 785 (2006).

❷ See Anastasia Strati, *Draft Convention on the Protection of Underwater Cultural Heritage: A Commentary Prepared for UNESCO* (UNESCO Doc. CLT-99/WS/8), April 1999, Paris: UNESCO, pp.20–23; Rean Monfils, Trevor Gilbert, and Sefanaia Nawadra, *Sunken WWII Shipwrecks of the Pacific and East Asia: The Need for Regional Collaboration to Address the Potential Marine Pollution Threat*, 49 Ocean & Coastal Management 779, 785 (2006).

❸ 参见《保护水下文化遗产公约》第 2 条第 8 款。

作出明确规定。❶

实际上，公约缔约国并无意处理水下文化遗产的所有权问题，例如在《1998年公约草案》谈判过程中，各方共同决定公约不涉及水下文化遗产的所有权问题，并强调所有水下文化遗产，无论归谁所有，都适用于公约保护制度。❷ 对此，有学者认为《保护水下文化遗产公约》之所以未对这些复杂问题作出明确规定，是因为该公约本身只侧重于保护水下文化遗产，而并不是为了讨论政治问题，所以将水下文化遗产的保护问题与所有权问题相分离的做法是很合理的。❸ 既有利于提高公约的广泛性，又有助于推动各国合作保护水下文化遗产，最终实现公约宗旨。

笔者认为立法者的初衷是让国际社会集中精力保护水下文化遗产，而非争夺其所有权，但实践中在没有明确所有权归属的前提下，无法更好地保护水下文化遗产，反而加剧了混乱，不利于水下文化遗产的保护。《保护水下文化遗产公约》对此并非毫无建树。公约开篇就宣称水下文化遗产是"人类文化遗产的组成部分，也是各国人民和各民族的历史及其在共同遗产方面的关系史上极为重要的一个内容"，所有国家都应负责"保护和保存水下文化遗产"，这是为了"全人类的利益"。其实，国际社会很早就意识到水下文化遗产的保护具有普遍性：水下文化遗产的保护对各国人民都非常重要，一个民族或国家的水下文化遗产不仅仅属于本民族、本国，还属于全人类；特定的水下文化遗产受破坏或灭失不仅是特定群体的损失，也是全人类的损失，故水下文化遗产必须获得国际性保护，应为全人类利益予以保护。

（四）小　结

综上所述，《保护水下文化遗产公约》把水下文化遗产视为人类共同遗产，主张所有国家采取一切措施保护所有水下文化遗产，而禁止任何国

---

❶ See Lowell B Bautista, *Gaps, Issues and Prospects: International Law and the Protection of Underwater Cultural Heritage*, 14 Dalhousie Journal of Legal Studies 57, 84 (2005).

❷ See Final Report of the Meeting of Governmental Experts on the Draft Convention for the Protection of the Underwater Cultural Heritage, UNESCO Doc. CLT-98/CONF.202/7 (June 29–July 2, 1998), para. 13, available at https://unesdoc.unesco.org/ark:/48223/pf0000114695, visited on 22 February 2021.

❸ 参见马明飞：《水下文化遗产归属的困境与法律对策》，载《甘肃社会科学》2016年第1期，第123—126页。

家瓜分或破坏水下文化遗产。公约虽然规定缔约国拥有管理和批准开发其内水、群岛水域和领海中的水下文化遗产的活动的专属权利（第7条），但是并未规定国家享有水下文化遗产的所有权。缔约国在其领海中开发出来的水下文化遗产可能仍归全人类所有。从另外一个角度来看，假如《保护水下文化遗产公约》有意让沿海国拥有从其内水和领海开发出来的水下文化遗产的所有权，这在实际上就会激励沿海国发掘水下文化遗产，从而获得所有权。这明显与公约原址保护基本原则相违背，也会造成水下文化遗产被肆意破坏。总之，《保护水下文化遗产公约》表明，水下文化遗产的性质是"人类文化遗产"，各国不应主张拥有其所有权，具体所有权争议需要相关国家从全人类的利益出发，通过缔结双边或多边协定予以解决。对中国而言，所有海上丝绸之路水下文化遗产都属于全人类。❶ 中国应当主张海上丝绸之路水下文化遗产为全人类文化遗产，是海上丝绸之路沿线国家共同创造的文明成果，当然应当通过国际合作来妥善保护整个海上丝绸之路水下文化遗产。

例外情况是UCH国家船只。虽然《联合国海洋法公约》和《保护水下文化遗产公约》都未明确规定水下文化遗产的所有权归属，而只是赋予沿海国（缔约国）有限的管辖权，要求其通过国际合作机制来开展水下文化遗产的保护和管理活动，❷ 但是，根据国家管辖豁免原则和习惯国际法，船旗国在理论上有权主张UCH国家船只的所有权。除非UCH国家船只在沉没前因被抛弃、被俘、被叛乱分子控制等法定事由而不再属于船旗国，或者因从事非正义活动而被剥夺所有权，此时的UCH国家船只应作为一般的水下文化遗产而归全人类所有。

三、UCH国家船只的管辖权问题

对于遗存在他国管辖海域之内的UCH国家船只，船旗国和沿海国都有权主张管辖权，从而产生国际争端。

---

❶ See John Henry Merryman, *Thinking About the Elgin Marbles: Critical Essays on Cultural Property, Art and Law*, Kluwer Law International Ltd, 2000, pp.66–67.
❷ 参见郭玉军、徐锦堂：《国际水下文化遗产若干法律问题研究》，载《中国法学》2004年第3期，第157—169页。

（一）UCH 国家船只的管辖权及其争议

长期以来，无论是 UCH 国家船只的管辖权问题，还是其管辖豁免问题，都极具争议，相关国际公约都未作出明确规定，相关国家实践也并不一致。

1. UCH 国家船只的管辖权问题

"国家管辖权主要是涉及每一个国家对行为和事件后果加以调整的权利的范围的。"❶ 国家管辖权形式多样，可以通过立法调整行为，通过司法处理争端，也可以通过采取行政措施影响事件进程。国际常设法院在"荷花号案"中称，国际法允许各国在适用国内法律方面具有广泛斟酌权，但这个斟酌权在某些情形下受到禁止性规则的限制，而且国家不能超出国际法对它的管辖所设的限制。然而，"关于管辖权的法律大部分是通过国内法院适用本国法律的判决发展起来的。由于许多国家的法院应适用它们的本国法律而不问是否符合国际法，而且由于法院自然倾向于主要从本国利益的观点来看待发生的问题，因而，国内司法判例的影响使许多管辖权问题含糊而不明确，而且使管辖权各项原则更难以发展成为结合在一起的整体"❷。因此，各国都是依据国内法对遗存于其管辖范围内的 UCH 国家船只行使管辖权，国家实践并不一致，导致关于 UCH 国家船只的管辖权问题存在相互矛盾之处，相关的国际法律规则也很难形成。

2. UCH 国家船只的管辖权之争

主要海洋强国坚持国家船只属于国家财产，非经明示抛弃就一直由船旗国拥有所有权和排他性管辖权。沿海国基于国家主权原则有权控制甚至禁止他国勘探与发掘那些遗存于其领海的水下文化遗产。❸ 对在沿海国领海或其他管辖海域内发现的 UCH 国家船只而言，船旗国和沿海国往往会对 UCH 国家船只的管辖权问题产生争议。船旗国通过其立法、司法和行政程序对在沿海国管辖水域内发现的 UCH 国家船只主张它的权威——UCH 国际船只作为国家财产享有管辖豁免，船旗国对其拥有排他性管辖权。然而，沿海国对国家领土内的一切人和物拥有属地管辖权，依法有权

---

❶ ［英］詹宁斯、瓦茨修订：《奥本海国际法》（第一卷·第一分册），王铁崖等译，中国大百科全书出版社 1995 年版，第 327 页。

❷ ［英］詹宁斯、瓦茨修订：《奥本海国际法》（第一卷·第一分册），王铁崖等译，中国大百科全书出版社 1995 年版，第 327 页。

❸ See Anastasia Strati, *Draft Convention on the Protection of Underwater Cultural Heritage: A Commentary Prepared for UNESCO* (UNESCO Doc. CLT-99/WS/8), April 1999, Paris: UNESCO, pp.20–23.

对 UCH 国家船只采取立法、司法和行政管辖措施。

"属地性是管辖权的首要根据；即使另外一个国家同时有行使管辖权的根据，如果它行使管辖权的权利是与具有属地管辖权的国家的权利相冲突的,该另一个国家行使管辖权的权利就受到了限制。"❶ "国家的属地管辖权，至少为了某些目的，是扩展到各种邻近海洋区域的，即使这些区域严格说来不是国家主权领土地区的一部分。"❷ 由此可见，沿海国基于属地管辖权对遗存于其管辖海域的 UCH 国家船只行使管辖权，是沿海国的当然权利，这种管辖权具有当然的优先性。相对而言，UCH 国家船只的船旗国对遗存于沿海国国家领土内的 UCH 国家船只行使的管辖权是域外权利，是应当受到限制的权利。这里需要强调的是，"属地权威的概念并不是严格到绝对不能合理地适应例外情况的程度"❸。沿海国可以放弃属地权威，明确承认 UCH 国家船只的管辖豁免以及船旗国的排他性管辖权，或者也可以放松属地权威，主动与 UCH 国家船只的船旗国合作，分享管辖权。

在沿海国放松属地权威的情形下，沿海国和船旗国对 UCH 国家船只的管辖权重叠并不必然导致管辖权冲突。"在实践上，只在很少的情形下，对管辖权的重叠主张引起的严重问题，通常是在有关国家十分重视它们互不相让的主张的情形下发生的，较多是刑事案件，而不是民事案件。通常，重叠管辖权的共同存在是可以接受的，而且是方便的；而且各国在行使它们的管辖权方面表现容忍，避免了在绝大多数案件中发生冲突，只有少数例外。"❹ 如果沿海国和船旗国主张管辖权都是为了保护水下文化遗产，那么，双方完全有可能分享管辖权，或者说，共同承担保护水下文化遗产的责任。从这个角度来看，管辖权重叠问题不仅不再是一个麻烦，而且还构成对水下文化遗产的双重保护。

3. UCH 国家船只的管辖豁免

现役国家船只享有管辖豁免，这是被普遍接受的一项国际法律原则。

---

❶ ［英］詹宁斯、瓦茨修订:《奥本海国际法》(第一卷·第一分册)，王铁崖等译，中国大百科全书出版社 1995 年版，第 328 页。

❷ ［英］詹宁斯、瓦茨修订:《奥本海国际法》(第一卷·第一分册)，王铁崖等译，中国大百科全书出版社 1995 年版，第 387 页。

❸ ［英］詹宁斯、瓦茨修订:《奥本海国际法》(第一卷·第一分册)，王铁崖等译，中国大百科全书出版社 1995 年版，第 330 页。

❹ ［英］詹宁斯、瓦茨修订:《奥本海国际法》(第一卷·第一分册)，王铁崖等译，中国大百科全书出版社 1995 年版，第 328 页。

《联合国海洋法公约》明确规定了军舰和其他用于非商业目的的政府船舶的豁免权。❶ 所谓管辖豁免是指国家根据国家主权平等原则不接受他国管辖的特权。长期的国际实践证明，各国都承认外国国家及其财产的豁免权❷；同样，各国也承认，如果国家船只被抛弃、被叛变船员控制或被敌国捕获，国家船只及其残骸可能会失去管辖豁免❸。如果军舰等国家船只被叛变船员控制并实施海盗行为，此类军舰应"视同私人船舶"，此时国家船只不享有管辖豁免。❹ 如果军舰在沉没之前被敌国捕获，则军舰船旗国丧失所有权和管辖豁免。❺

《保护水下文化遗产公约》承认国家船只管辖豁免相关的一般国际法律规则和国家实践，❻但对 UCH 国家船只是否属于一般国际法意义上的国家船只、是否同样享有管辖豁免等问题，其并未作出明确规定。国际法学界对于 UCH 国家船只的管辖豁免问题存在争议，主要集中在以下三个方面。

首先，UCH 国家船只还是船吗？《联合国海洋法公约》的规定不影响军舰和其他用于非商业目的的政府船舶的豁免权（第 32 条），同时该公约明确了"军舰"的定义，即"是指属于一国武装部队、具备辨别军舰国籍的外部标志、由该国政府正式委任并名列相应的现役名册或类似名册的军官指挥和配备有服从正规武装部队纪律的船员的船舶"（第 29 条）。因为 UCH 国家船只不符合享有管辖豁免的国家船只的法律构成要件，其不属于《联合国海洋法公约》中的国家船只，自然就不再属于"船只"，相应地，UCH 国家船只曾经根据国际法享有的特殊待遇和豁免权也不复存在。❼ 正如美国法院在裁决中所说的，遗存于大洋海底的历史沉没船只既未用于航

---

❶ 参见《联合国海洋法公约》第 32 条。

❷ 参见王铁崖主编：《国际法》，法律出版社 1995 年版，第 93—94 页。

❸ Senada Meskin, *Legal Status of Warship Wrecks from World War II in Indonesian Territorial Waters (Incident of HMAS Perth Commercial Salvaging)*, 1(1) Kumpulan Jurnal Mahasiswa Fakultas Hukum 1, 10 (2014).

❹ 参见《联合国海洋法公约》第 102 条。

❺ See Rob Regan, *When Lost Liners Become Found: An Examination of the Effectiveness of Present Maritime Legal and Statutory Regimes for Protecting Historic Wrecks in International Waters with Some Proposals for Change*, 29 Tulane Maritime Law Journal 313, 336 (2004).

❻ 参见《保护水下文化遗产公约》第 2 条第 8 款。

❼ See Jerry E. Walker, *A Contemporary Standard for Determining Title to Sunken Warships: A Tale of Two Vessels and Two Nations*, 12(2) University of San Francisco Maritime Law Journal 311, 355 (1999-2000).; Craig Forrest, *A New International Regime for the Protection of Underwater Cultural Heritage*, 51(3) The International and Comparative Law Quarterly 511, 527 (2002).

行又没有航行能力（航行能力是"船只"定义中最基本的要素），自然不能再被视为"船只"，因此沉没的美国军舰不再属于美国的国家财产。❶ 综上所述，国家船只的豁免权不应该无限期地持续存在，❷ 既然 UCH 国家船只已经不满足国际法中"船只"概念的基本构成要件，其自然不再享有国际法赋予的管辖豁免。

其次，《保护水下文化遗产公约》是否承认 UCH 国家船只的管辖豁免以及船旗国的排他性管辖权？如果公约缔约国愿意，它们可以创设新的 UCH 国家船只豁免的国际法规则。《保护水下文化遗产公约》第 7 条第 1 款规定："缔约国在行使其主权时，拥有管理和批准开发其内水、群岛水域和领海中的水下文化遗产的活动的专属权利。"公约第 7 条第 3 款又规定："缔约国在其群岛水域和领海内行使其主权时，根据国与国之间的通行做法，为了在保护国家船只和飞行器的最佳办法方面进行合作，要向是本公约缔约国的船旗国，并根据情况，向与该水下文化遗产确有联系，尤其是文化、历史或考古方面的联系的其他国家通知发现可认出国籍的船只和飞行器的情况。"从公约条文的字面意思来看，公约并未直接承认国家船只的管辖豁免。但第 2 条第 8 款、第 3 条及第 7 条第 3 款表明，沿海国在领海内享有的专属管辖权也存在例外情况，即第 2 条第 8 款和第 3 条规定的沉没军舰的豁免权。换句话说，公约在一定程度上承认 UCH 国家船只的管辖豁免。❸ 对此，第 10 条第 7 款和第 12 条第 7 款可以作为佐证：未经 UCH 国家船只船旗国的同意或许可，沿海国不得对位于其毗连区、专属经济区、大陆架及公海、国际海底区域的国家船只采取任何行动，这表明 UCH 国家船只的权益不仅未受到影响反而得到强化。

最后，《保护水下文化遗产公约》怎么处理沿海国和船旗国之间的管辖权争议？对在沿海国领海或其他管辖海域内发现的 UCH 国家船只而言，船旗国和沿海国往往会对其管辖权问题产生争议。《保护水下文化遗产公

---

❶ In the US Case of Baltimore, Crisfield & Onancock Line, Inc. v. United States (140 F.2d 230, at 234 (4' Cir. 1944), as cited in Jerry E. Walker, *A Contemporary Standard for Determining Title to Sunken Warships: A Tale of Two Vessels and Two Nations*, 12(2) University of San Francisco Maritime Law Journal 311, 352 (1999–2000).

❷ See Craig Forrest, *An International Perspective on Sunken State Vessels as Underwater Cultural Heritage*, 34(1) Ocean Development & International Law 41, 45 (2003).

❸ See Mariano J. Aznar, *The Legal Protection of Underwater Cultural Heritage: Concerns and Proposals*, in Carlos Esposito et al (eds.), *Ocean Law and Policy: 20 Years under UNCLOS*, Brill/Nijhoff, 2017, p.128.

约》试图在二者之间维持微妙的平衡。❶《保护水下文化遗产公约》提供的解决方案是国家船只的船旗国与沿海国互相妥协，实现双方权利的平衡，双方权益都应得到适当顾及和维护。❷ 对于在领海内发现的国家船只，沿海国虽然有责任通知船旗国，但《保护水下文化遗产公约》第7条第3款使用"should"一词，而不是表示法律义务的"shall"，这说明沿海国对于是否通知船旗国仍有自由裁量权。❸ 对于遗存于毗连区、专属经济区和大陆架的国家船只，《保护水下文化遗产公约》明文要求沿海国与船旗国开展合作保护工作。更重要的是，为了实现水下文化遗产最大限度保护的宗旨，公约把就地保护视为一项基本原则，❹ 这也要求沿海国必须与船旗国分享管辖权，合作保护UCH国家船只。诸多国际沉船合作保护协议❺ 和司法判决都证明这是解决UCH国家船只管辖权争议的最佳方案。❻

4. UCH国家船只管辖豁免的国家实践

多数西方海洋强国认为，UCH国家船只仍然属于《联合国海洋法公约》规定的国家船只，船旗国享有专属管辖权，他国不得随意干涉。❼ 英国主张，除非国家明确表示抛弃国家所有的用于非商业目的的军舰，否则英国作为船旗国对于沉没在世界任何水域之内的所有英国军舰均享

---

❶ See Lowell B Bautista, *Gaps, Issues and Prospects: International Law and the Protection of Underwater Cultural Heritage*, 14 Dalhousie Journal of Legal Studies 57, 86 (2005).

❷ See Craig Forrest, *A New International Regime for the Protection of Underwater Cultural Heritage*, 51(3) The International and Comparative Law Quarterly 511, 528–29 (2002).

❸ See Ran Guo, *China's Maritime Silk Road Initiative and the Protection of Underwater Cultural Heritage*, 32(3) The International Journal of Marine and Coastal Law 510, 522–523 (2017).

❹ 参见《保护水下文化遗产公约》第2条第5款和附件第1条。

❺ For example, The Exchange of Notes constituting an Agreement between the Government of the United Kingdom of Great Britain and Northern Ireland and the Government of Italy regarding the Salvage of HMS *Spartan* (1952); The Agreement between the Netherlands and Australia concerning old Dutch shipwrecks (1972); The Exchange of Notes between South Africa and the United Kingdom Concerning the Regulation of the Terms of Settlement of the Salvaging Wreck of the HMS *Birkenhead* (1989); The Agreement between the Government of the United States of America and the Government of the French Republic Concerning the Wreck of the CSS *Alabama* (1989); The Memorandum of Understanding Between the Government of Great Britain and Canada Pertaining to the Shipwrecks HMS *Erebus* and HMS *Terror* (1997); or The Agreement between the French Republic and the Government of the United States of America concerning the Wreck of *La Belle* (2003).

❻ See Mariano J. Aznar, *The Legal Protection of Underwater Cultural Heritage: Concerns and Proposals*, in Carlos Esposito et al (eds.), *Ocean Law and Policy: 20 Years under UNCLOS*, Brill/Nijhoff, 2017, p.146.

❼ 美国总统克林顿在2001年签署一项关于国际水域的沉船文物问题的声明："美国政府承认：美国或者其他国家的国有船只，无论何时、何地沉海，无论过了多长时间，归属权仍属于其原来的国家。"

有排他管辖权。❶ 美国主张国有船只无论位于何处均应享有管辖豁免，除非被明确抛弃，船旗国应一直享有权利且权利不会因时间流逝而丧失，并且任何其他国家未经船旗国明确同意均不得批准对国有船只进行打捞。❷ 法国虽然已经加入《保护水下文化遗产公约》，但法国也主张除非国家明确表示抛弃对军舰的所有权，否则军舰作为水下文化遗产无论在海底遗存多久，船旗国都享有专属管辖权。❸

退一步讲，纵使UCH国家船只不属于《联合国海洋法公约》所述的国家船只，也不可否认它属于一国国家财产的本质及其享有的豁免权。❹ 总而言之，UCH国家船只管辖豁免原则已经被大多数国家普遍接受，其适用对象从国家船只本身扩展到国家船只所载的一切物品。❺

在实践中，虽然UCH国家船只享有管辖豁免权，但船旗国仍应与沿海国属地权威保持一定的协调，通过国际合作解决争议。❻ 即使船旗国享有UCH国家船只的所有权，但由于UCH国家船只所具有的特殊经济文化和考古价值及其打捞发掘活动的复杂性，同时也是出于对他国海域管辖权的尊重，船旗国也不应当强硬地主张完全的管辖豁免，而应当尊重沿海国的专属管辖权。沿海国对他国UCH国家船只进行打捞保护时，也应当通知其船旗国，打捞保护过程中所采取的具体措施和事宜应当由双方协商决定，而且应当充分考虑、接受船旗国的合理建议。

---

❶ See Roberta Garabello & Tullio Scovazzi (eds.), *The Protection of the Underwater Cultural Heritage: Before and after the 2001 UNESCO Convention* (Vol.41), Martinue Nijhoff Publishers, 2003, p.252.

❷ See Robert C. Blumberg, *International Protection of Underwater Cultural Heritage*, available at http://ieeexplore.ieee.org/stamp/stamp.jsp?tp=&arnumber=1640061&isnumber=34367, visited on 22 February 2021.

❸ 参见赵亚娟：《法国水下文化遗产保护立法与实践及其对中国的启示》，载《华南理工大学学报》2013年第3期，第84—91页。

❹ See Strati Anastasia, *The Protection of the Underwater Cultural Heritage: An Emerging Objective of the Contemporary Law of the Sea*, Martinus Nijhoff Publishers, 1995, p.221.

❺ See Rean Monfils, Trevor Gilbert, and Sefanaia Nawadra, *Sunken WWII Shipwrecks of the Pacific and East Asia: The Need for Regional Collaboration to Address the Potential Marine Pollution Threat*, 49(9-10) Ocean & Coastal Management 779, 785 (2006).

❻ For example, Exchange of Notes Constituting an Agreement between the Government of the United Kingdom of Great Britain and Northern Ireland and the Government of Italy regarding the salvage of H.M.S. Spartan, Rome, Nov. 6, 1952; Agreement between the Government of the United Kingdom of Great Britain and Northern Ireland and the Government of the Republic of South Africa regarding the salvage of H.M.S. Birkenhead, Pretoria, Sept. 27, 1989; Agreement between the Government of the French Republic and the Government of the United States of America concerning the wreck of the CSS Alabama, Paris, Oct. 3, 1989. See J. Ashley Roach, *Sunken Warships and Military Aircraft*, 20(4) Marine Policy 351, 351–354 (1996).

以法国为例。法国水下文化遗产资源十分丰富，其仅在领海就有约 1.5 万—2 万艘沉船，还有 15 万—20 万艘沉船遗存于专属经济区和大陆架之内，水下文化遗产保护水平位居世界前列。❶ 法国在水下文化遗产保护实践中坚持拥有 UCH 国家船只的所有权和管辖豁免权，同时也尊重其他国家对 UCH 国家船只的所有权；对于法国毗连区以外海域内与法国有关的水下文化遗产，其主张通过与有关国家谈判达成协定的方式进行保护。❷ 例如，对于在美国得克萨斯州马塔哥达湾（Matagorda Bay）发现的"拉贝拉号"沉船，法国认为它在沉没时属于法国军舰的辅助舰，主张对沉船享有所有权和管辖豁免权。2003 年，法国与美国签订《美利坚合众国政府与法兰西共和国政府有关"拉贝拉号"沉船的协定》（Agreement between the Government of the United States of America and the Government of the French Republic regarding the Wreck of La Belle），妥善处理所有权和管辖权问题。❸ 对于 2004 年在密歇根湖发现的法国船"拉格里芬号"，法国和美国再次通过协商解决相关问题。同样，对于沉没在法国领海的美国军舰"阿拉巴马号"，法国与美国于 1989 年签订《美利坚合众国政府与法兰西共和国政府有关"阿拉巴马号"沉船的协定》（Agreement between the Government of the United States of America and the Government of the French Republic regarding the Wreck of the CSS Alabama），尊重美国对该沉船享有的所有权，双方决定成立混合委员会，负责"阿拉巴马号"的保护与保全工作。❹

再以英国为例。1986 年《英国军事遗存保护法》适用于军事遗存，包括由国防大臣指定的包含有沉没 200 年以上的军事飞行器和船只的"控制区"、1914 年 8 月 4 日后沉没的军事"船只"及其"保护区"。未经许可禁止任何人对这些军事遗存进行移动、毁损、发掘等。该法适用水域包括英

---

❶ 参见［法］米歇尔·卢尔：《法国水下考古成就与未来概述》，载《2010 年水下文化遗产保护展示与利用国际学术研讨会论文集》，文物出版社 2011 年版，第 38 页。

❷ 参见赵亚娟：《法国水下文化遗产保护立法与实践及其对中国的启示》，载《华南理工大学学报》2013 年第 3 期，第 84—91 页。

❸ See Agreement between the Government of the United States of America and the Government of the French Republic regarding the Wreck of La Belle, available at https://www.gc.noaa.gov/documents/gcil_la_belle_agmt.pdf, visited on 22 February 2021.

❹ See Agreement between the Government of the United States of America and the Government of the French Republic regarding the Wreck of the CSS Alabama, available at https://coast.noaa.gov/, visited on 22 February 2021.

国领水和国际水域,适用于国际水域时还必须满足一定的前提条件,即违法行为是由英国控制船只上的人或英国公民、英国保护的人或英国公司所实施的,但无论如何该法不适用于他国领水。❶

2004 年《美国沉没军事船只法》也作出类似的规定:位于美国水域内、在沉没时属于船旗国财产的美国或外国军事船只享有管辖豁免,除非被船旗国明确抛弃;未经授权,任何人不得从事任何干扰、移动或损害活动;任何打捞活动都应当根据与船旗国签订的适当协议来实施。❷

(二)《保护水下文化遗产公约》与 UCH 国家船只

1.《保护水下文化遗产公约》是否承认 UCH 国家船只的豁免权

在《保护水下文化遗产公约》起草过程中,沉船相关的国际法律制度还未成形。现役军舰和国有船舶在公海享有除船旗国外不受任何国家管辖的完全豁免权。❸ 根据管辖豁免原则,它们并不属于诸如《布鲁塞尔关于民商事案件管辖权及判决执行的公约》或《1989 年国际救助公约》等国际公约的适用范围。然而,UCH 国家船只是否仍然应当由船旗国专属管辖并享有豁免权,却有待商榷。在现实中,船旗国主张对其 UCH 国家船只享有专属管辖权和豁免权,而且也得到一些沿海国的承认,沿海国在发掘遗存于其领海内的 UCH 国家船只之前,都试图取得船旗国同意,并在船旗国拒绝后放弃发掘计划。❹ 不可否认的是,世界各国对于 UCH 国家船只管辖豁免的国际法规则争议巨大。有些国家认为豁免权必不可少,有些国家主张排除军舰豁免,还有些国家主张限定军舰范围。拉美和加勒比国家主张排除军舰豁免,它们认为如果公约仅适用于遗存于水下 100 年以上的文化遗产且不包括军舰,这使公约毫无意义。鉴于此类军舰和国家船只大多都符合水下文化遗产的定义,如果不被纳入公约保护范围,将有损公约宗旨。❺ 有些国家主张对公约的军舰范围进行严格限定,其中部分国家的专

---

❶ 参见余诚:《英美有关水下文化遗产保护的政策及立法介评》,载《武大国际法评论》2010 年第 3 期,第 28—50 页。

❷ 参见余诚:《英美有关水下文化遗产保护的政策及立法介评》,载《武大国际法评论》2010 年第 3 期,第 28—50 页。

❸ 参见《联合国海洋法公约》第 95 条、第 96 条。

❹ See Anastasia Strati, *Draft Convention on the Protection of Underwater Cultural Heritage: A Commentary Prepared for UNESCO* (UNESCO Doc. CLT-99/WS/8), April 1999, Paris: UNESCO, pp.20–23.

❺ See J. Ashley Roach, *Sunken Warships and Military Aircraft*, 20(4) Marine Policy 351, 351-354 (1996).

家主张只有 1945 年以后沉没的军舰才不属于公约适用范围，也有专家主张以处于水下 100 年或 50 年为标准，但最终并未对《保护水下文化遗产公约（草案）》第 2 条第 2 款提出正式修订建议。❶

2.《保护水下文化遗产公约》如何界定 UCH 国家船只

"军舰在公海上有'不受船旗国以外任何其他国家管辖的完全豁免权'，这是国际法上久已确立的一条规则。由一国所有和经营并专用于'政府非商业性服务'的其他船舶在公海上也可以有不受船旗国以外任何其他国家管辖的完全豁免权。"❷ 根据《联合国海洋法公约》等国际法规定，国家船只属于国家财产，依法享有管辖豁免，这毫无争议。

但是，国家船只是否属于《保护水下文化遗产公约》的保护对象？换句话说，作为水下文化遗产的国家船只还是国家船只吗？其一，如果国家船只参加船旗国与沿海国的战争，就意味着它不可能享有管辖豁免；战争法和武装冲突法将会适用，沿海国将针对外国国家船只采取毁灭性军事打击及立法、司法和行政措施。简言之，在战争期间敌对双方的国家船只很难享有管辖豁免。其二，在实践中，国家船只被沿海国击沉后，即使船旗国知道沉船所处位置，也很少积极主张其所有权或进行打捞的行为，或国家船只沉没于海底超过 100 年，船旗国明知而不主张权利的行为可以构成其放弃国家船只所有权的初步证据。由此可见，UCH 国家船只显然不同于现役国家船只；似乎也应该对二者的所有权和管辖权作出相应的调整，以区别对待。实际上，《保护水下文化遗产公约》正是如此处理的，其并未将二者混为一谈。

（三）《保护水下文化遗产公约》确立的合作保护制度

1. 内水和领海的 UCH 国家船只

《保护水下文化遗产公约》第 7 条第 1 款规定："缔约国在行使其主权时，拥有管理和批准开发其内水、群岛水域和领海中的水下文化遗产的活动的专属权利。"公约第 7 条第 3 款规定："缔约国在其群岛水域和领海内行使其主权时，根据国与国之间的通行做法，为了在保护国家船只和飞行器的最

---

❶ See Anastasia Strati, *Draft Convention on the Protection of Underwater Cultural Heritage: A Commentary Prepared for UNESCO* (UNESCO Doc. CLT-99/WS/8), April 1999, Paris: UNESCO, pp.20–23.

❷ ［英］詹宁斯、瓦茨修订：《奥本海国际法》（第一卷·第二分册），王铁崖等译，中国大百科全书出版社 1995 年版，第 166 页。

佳办法方面进行合作,要向是本公约缔约国的船旗国,并根据情况,向与该水下文化遗产确有联系,尤其是文化、历史或考古方面的联系的其他国家通知发现可认出国籍的船只和飞行器的情况。"该条承认沿海国现有的专属权利,同时又要求沿海国通知船旗国,试图维持沿海国和船旗国之间的微妙平衡,但是事与愿违。因为该条款规定模糊,对"国与国之间的通行做法"缺乏明确界定,从而使国家行使主权的国际法律依据不明确。此外,沿海国通知船旗国并非强制性的法律义务,沿海国在是否通知船旗国方面可以自由裁量。实际上,从水下文化遗产勘探与发掘的实践来看,UCH国家船只沉没于水下100年以上,其勘探和辨别的难度极大,常常需要专业人士花费较长时间才能确定船只状况及其船旗国,因此沿海国履行通知义务也并非易事。

总之,沿海国对在其领海内发现的UCH国家船只享有专属管辖权,但其开展保护和发掘活动应尽量通知船旗国。船旗国可以根据《保护水下文化遗产公约》与沿海国合作保护和发掘UCH国家船只,但无权在他国领海开展UCH国家船只保护或发掘活动。

2. 毗连区、专属经济区和大陆架的UCH国家船只

根据《联合国海洋法公约》,沿海国对于专属经济区和大陆架的资源享有一定的主权权利。从理论上讲,UCH国家船只不属于海底生物和非生物资源,沿海国对位于其专属经济区和大陆架的UCH国家船只不能享有管辖权。《保护水下文化遗产公约》第10条第1款规定:"在本条款许可范围之外,不得授权开发专属经济区内或大陆架上的水下文化遗产。"也就是说,该公约并未授予沿海国专属管辖权。

对于毗连区、专属经济区和大陆架的UCH国家船只问题,《保护水下文化遗产公约》第10条第7款作出特别的限制性规定:"除本条款第2段和第4段所指的情况外,未经船旗国的同意和协调国的协作,不得对国家船只和飞行器采取任何行动。"第10条第2款规定:"缔约国有权依据包括《联合国海洋法公约》在内的国际法,为保护其主权权利和管辖权不受干涉而禁止或授权开发本国专属经济区内或大陆架上的文化遗产。"第10条第4款规定:"在不妨碍缔约国遵照国际法采取各种可行措施来保护水下文化遗产,以防止水下文化遗产受到包括抢劫在内的紧急危险的情况下,如有必要,协调国可在协商之前遵照本《公约》采取一切可行的措施,和/或授权采取这些措施,以防止人类活动或包括抢劫在内的其它原因对水下文化遗产构成的紧急危险。在采取这些措施时,可请其它缔约国给予协助。"

由此可以看出，对遗存于毗连区、专属经济区和大陆架的 UCH 国家船只，沿海国有权为防止其主权权利和管辖权受到干涉而禁止船旗国勘探开发 UCH 国家船只。另外，沿海国在紧急情况下有权不经船旗国同意就采取相关措施来保护水下文化遗产；当然沿海国未经船旗国同意，一般情况下不能随便对船旗国的 UCH 国家船只采取任何行动。这些规则体现了船旗国主张的国家管辖豁免权与沿海国坚持的属地管辖权存在矛盾之处，需要协调处理。❶

3. 国际海底区域的 UCH 国家船只

国际海底区域是指国家管辖范围以外的海床和洋底及其底土。❷ 国际海底区域是全人类共同继承的财产，它与领海、毗连区、专属经济区和大陆架的最大不同之处在于任何国家对国际海底区域都没有管辖权，沉没于国际海底区域的 UCH 国家船只仅能由船旗国行使管辖权。《保护水下文化遗产公约》第 12 条第 7 款明确规定："任何缔约国未经船旗国的许可，不得对'区域'内的国家船只或飞行器采取任何行动。"换句话说，对遗存于国际海底区域的 UCH 国家船只，只有船旗国才有权采取保护措施、开展发掘活动，任何其他国家未经船旗国许可都无权进行打捞。

（四）小　结

《保护水下文化遗产公约》对水下文化遗产的管辖权问题制定了一般原则和具体制度，但针对 UCH 国家船只的管辖权问题又确立了一些特殊规则。《保护水下文化遗产公约》明确了 UCH 国家船只的定义，确立了原址保护原则和禁止商业开发原则，还根据 UCH 国家船只遗存水域的不同，对船旗国、沿海国以及其他相关国家的权利义务作出具体规定。这无疑对保护 UCH 国家船只、避免争端、解决争议起到了重要作用。然而，UCH 国家船只的管辖权和所有权具有高度敏感性，涉及国家众多，所以《保护水下文化遗产公约》的相关规定仍存在较大的不确定性和模糊性，无法为国际保护实践提供充分的法律指引，当多个缔约国主张管辖权时也极容易发生争议。

---

❶ 参见赵亚娟：《沉没的军舰和其他国家船舶的法律地位——以水下文化遗产保护为视角》，载《时代法学》2005 年第 5 期，第 114—119 页。

❷ 参见《联合国海洋法公约》第 1 条第 1 款第 1 项。

根据国家管辖豁免原则和一般习惯国际法，船旗国在理论上有权主张UCH国家船只作为国家财产而享有管辖豁免，除非UCH国家船只在沉没前因被抛弃、被俘、被叛乱分子控制等法定事由而不再属于船旗国，或者因从事非正义活动而被剥夺所有权。此时，UCH国家船只相应地失去管辖豁免，而应作为一般的水下文化遗产依照公约予以保护。

四、中国UCH国家船只保护制度及其完善

（一）中国UCH国家船只的现状

虽然有学者认为，中国古代军舰或其他国家船舶也曾沉没于他国海域，如沉没于日本海域的中国元代舰队以及明朝郑和下西洋过程中沉没的船只，❶但至今尚未发现这些国家船只的踪迹。从现有资料来看，中国近代历史上在海战中沉没的军舰几乎全部位于中国管辖海域。1884年8月23日，爆发中法马尾海战，大清第一支海军福建水师迎战来犯的法国远东舰队，战败失利，最终11艘军舰全军覆没于马尾港闽江口水域。

中日甲午战争期间爆发了两次大规模海战。其一是黄海海战，发生于1894年9月，这是中国近代海军建军以来的最大一次海战，北洋舰队损失致远、经远、超勇、扬威、广甲5艘军舰。其二是威海卫海战，定远、来远、靖远等军舰皆被日本舰队围堵在威海卫刘公岛港内击沉，其余10余艘被俘后编入日本海军。

相反，外国殖民国家、侵略者和法西斯主义国家则有大量军舰沉没于中国管辖海域。以日本为例，日本在第二次世界大战期间被击沉3322艘军舰和各类船只，其中在黄海海域沉没400多艘，在东海海域沉没500多艘，在南海海域也沉没了500多艘。❷

总之，中国在历史上沉没的国家船只为数不多，而且其中绝大多数都沉没在中国管辖海域之内，只有极少数国家船只可能遗存于他国管辖海域。然而，外国殖民国家、侵略者和法西斯主义国家却有大量国家船只沉

---

❶ 参见傅崐成、宋玉祥：《水下文化遗产的国际法保护：2001年联合国教科文组织〈保护水下文化遗产公约〉解析》，法律出版社2006年版，第220页。

❷ See Rean Monfils, Trevor Gilbert, and Sefanaia Nawadra, *Sunken WWII Shipwrecks of the Pacific and East Asia: The Need for Regional Collaboration to Address the Potential Marine Pollution Threat*, 49(9-10) Ocean & Coastal Management 779, 782-783 (2006).

没于中国管辖海域。这是中国制定 UCH 国家船只相关法律的现实基础。

（二）UCH 国家船只的概念不明确

我国《文物保护法》和《水下文物保护管理条例》都未对 UCH 国家船只的概念进行明确界定，导致相关法律无法适用。为此，中国可从以下 3 个方面进行界定。

第一，参照《保护水下文化遗产公约》，界定 UCH 国家船只的概念。UCH 国家船只指属于某国或由其使用，且在沉没时仅限于政府使用而非商用的，并经确定属实又符合水下文化遗产的定义的军舰和其他船只。❶ 同时，UCH 国家船只是至少 100 年来，周期性地或连续地，部分或全部位于水下，且具有文化、历史或考古价值。❷

第二，参照国际公约和一般习惯国际法，明确 UCH 国家船只的所有权和管辖豁免权问题。虽然部分国家、部分学者对船旗国所有权和专属管辖权的期限长短、权限大小及其与沿海国属地权威的冲突等问题存在争议，但不可否认的是，船旗国对 UCH 国家船只拥有所有权，有权主张专属管辖权以及管辖豁免权，这是众多国际公约、一般习惯国际法和国家实践所明确承认的一般原则。因此，中国也应遵循国际社会广泛承认的一般原则，承认船旗国对 UCH 国家船只拥有所有权和管辖豁免权。

第三，结合中国的历史和现实，制定 UCH 国家船只管辖豁免规则，排除部分 UCH 国家船只的管辖豁免权。那些在历史上疯狂侵略中国的殖民国家和法西斯主义国家对遗存于中国管辖海域内的 UCH 国家船只不能享有所有权或专属管辖权。值得注意的是，虽然船旗国对这些服务于非正义活动的 UCH 国家船只不能享有所有权和专属管辖权，但是，中国仍应坚持国际合作原则，根据《联合国海洋法公约》第 149 条之规定，可视情况与船旗国开展国际合作，通过谈判协商达成双边或多边协定，在维护我国正当权益的同时更有效地保护 UCH 国家船只。同时，中国还应坚持原址保护原则，该原则是《保护水下文化遗产公约》和国际立法实践确立的一项基本原则，也是国家保护水下文化遗产的首要原则。❸ 此外，中国还应坚持保护

---

❶ 参见《保护水下文化遗产公约》第 1 条第 8 项。
❷ 参见《保护水下文化遗产公约》第 1 条第 1 项。
❸ Preliminary Study on the Advisability of Preparing an International Instrument for the Protection of the Underwater Cultural Heritage, UNESCO General Conference, No.1995, p.20.

全人类共同利益原则、禁止商业开发原则以及鼓励公众参与原则等。

（三）外国国家豁免法不完善

中国尚未制定统一的外国国家豁免法。国家豁免是一般国际法原则。《联合国国家及其财产管辖豁免公约》❶第 5 条规定："一国本身及其财产遵照本公约的规定在另一国法院享有管辖豁免。"同时，该公约还对国家拥有的政府非商业性船舶及其货物作出具体规定：军舰或辅助舰艇以及一国拥有或经营的、专门用于政府非商业性活动的其他船舶享有管辖豁免；这些船舶所载运的任何货物以及国家拥有的、专门用于或意图专门用于政府非商业性用途的任何货物享有管辖豁免；国有船舶或货物的政府非商业性质应当由该国外交代表或其他主管当局签署证明文件进行界定。❷

中国于 2005 年签署该公约表明中国认同国家豁免的一般原则，也认同该公约对国家拥有的政府非商业性船舶及其货物的具体规定。但遗憾的是，《联合国国家及其财产管辖豁免公约》尚未生效，中国也尚未制定专门的国家豁免法。在 2020 年全国两会期间，中国社会科学院法学研究所研究员马一德等 30 多名人大代表建议尽快制定中国的"外国国家豁免法"，采取限制豁免立场以适应国际发展大环境。❸目前，相关议案已被分送有关专门委员会研究。

（四）UCH 国家船只相关法规不健全

目前，《文物保护法》与《水下文物保护管理条例》是中国两部重要的法律法规，较为系统地规定了水下文物的保护制度，使得国家对于水下文物的管辖有法可依，但仍然存在着一定问题。特别是，两部法律文件都忽略了极为重要的国家船只问题，都未对 UCH 国家船只及其所载货物的所有权和管辖权作出特别规定。虽然《水下文物保护管理条例》对水下文物限定了一个范围，但没有对国家船只作出特别规定。❹《水下文物保护管理

---

❶ 该公约由联合国大会 2004 年 12 月 2 日第 59/38 号决议通过并开放给各国签字、批准和加入，目前尚未生效。中国于 2005 年 9 月 14 日签署，但尚未批准公约。
❷ 参见《联合国国家及其财产管辖豁免公约》第 16 条第 2 款、第 4 款和第 6 款。
❸ 参见李玉坤：《30 余名人大代表呼吁制定国家豁免法》，载中国新闻网，http://www.chinanews.com/gn/2020/05-28/9196720.shtml，最后访问日期：2020 年 5 月 28 日。
❹ 参见傅崐成、宋玉祥：《水下文化遗产的国际法保护：2001 年联合国教科文组织〈保护水下文化遗产公约〉解析》，法律出版社 2006 年版，第 200 页。

条例》第2条规定:"本条例所称水下文物,是指遗存于下列水域的具有历史、艺术和科学价值的人类文化遗产:(一)遗存于中国内水、领海内的一切起源于中国的、起源国不明的和起源于外国的文物;(二)遗存于中国领海以外依照中国法律由中国管辖的其他海域内的起源于中国的和起源国不明的文物;(三)遗存于外国领海以外的其他管辖海域以及公海区域内的起源于中国的文物。前款规定内容不包括1911年以后的与重大历史事件、革命运动以及著名人物无关的水下遗存。"第3条规定:"本条例第二条第一款第一项、第二项所规定的水下文物属于国家所有,国家对其行使管辖权;本条例第二条第一款第三项所规定的水下文物,遗存于外国领海以外的其他管辖海域以及公海区域内的起源国不明的文物,国家享有辨认器物物主的权利。"由此可以看出,中国根据水下文物遗存水域和起源国标准作出一般性规定,并未对UCH国家船只及其所载货物的所有权和管辖权作出特别规定,也未承认船旗国对UCH国家船只及其所载货物享有所有权和专属管辖权。中国打捞外国UCH国家船只的实践还不够丰富,对于UCH国家船只的所有权和管辖豁免问题只能从有限的发掘和保护实践中借鉴经验。

从国际实践来看,对UCH国家船只的所有权和管辖豁免作出特别规定是国际通行做法。以美国为例,美国对遗存于领海和内水的水下文化遗产主张所有权,反对捞救请求,反对海事法适用,确保水下文化遗产被以适当的方式打捞和保护;对遗存于毗连区的水下文化遗产,美国主张对移动或捞救行为进行控制;而对遗存于美国外大陆架上的历史沉船,美国主张只对外大陆架上的自然资源享有权利,但不包括历史沉船。❶由此可见,美国适用于UCH国家船只的制度显然不同于适用于其他水下文化遗产的法律制度,而是将UCH国家船只作为特殊的水下文化遗产,相应地制定特殊的法律制度。因此,中国应结合中国管辖海域内UCH国家船只的现状以及中国的核心利益,制定符合中国国情的法律制度与政策。

(五)UCH国家船只立法目的不明确

完善UCH国家船只相关法规首先需要明确立法目的。因此,有必要对UCH国家船只的概念界定、所有权和管辖豁免方面的各国实践进行系

---

❶ 参见余诚:《英美有关水下文化遗产保护的政策及立法介评》,载《武大国际法评论》2010年第3期,第28—50页。

统研究，对比分析中外立法目的之异同，以期为中国制定 UCH 国家船只保护法律与政策提供有益借鉴。

西方海洋强国大多倾向于坚持船旗国对 UCH 国家船只的所有权和排他性管辖权，其中包括美国、法国、德国、西班牙、英国等。❶ 2015 年 8 月 29 日，国际法学会第九届委员会会议还通过一项题为《国际法中的军舰和其他国有船舶残骸的法律制度》的决议，明确规定沉没的国家船只享有豁免权，"沉没的国家船只不受船旗国以外任何国家的管辖"❷；而且，"沉没的国家船只一直是船旗国的财产，除非船旗国已经明确声明抛弃、放弃或转让其所有权"❸。

近年来，美国法院对"梅赛德斯号"和"朱诺号"等沉船的判决表明美国越来越倾向于尊重船旗国的权利。❹ 这种判决与其说是出于国际礼让，还不如说是基于大量美国国家船只沉没于他国领海的现实，其目的是维护美国国家利益。❺ 同样，鉴于在漫长殖民时代和历次战争中有大量国家船只沉没于他国管辖海域，英国政府坚持永久所有权和管辖豁免权就丝毫不难理解。通过坚持主张对 UCH 国家船只的所有权和管辖豁免权，英国不仅成功介入他国管辖海域内沉船的发掘活动，而且还获得巨大的社会和经济利益。例如，英国主张对在南非领海发现的"伯肯黑德号"沉船及其所载黄金拥有所有权。1989 年，英国成功与南非达成协议，英国放弃打捞沉船，但南非承担妥善保护沉船军事坟墓、与英国分享黄金等沉船货物的责任。❻

---

❶ Office of Ocean Affairs, Department of State, USA, *Protection of Sunken Warships, Military Aircraft and Other Sunken Government Property* [*FR Doc No: 04-2488*], 69(24) Federal Register (2004), available at https://www.govinfo.gov/content/pkg/FR-2004-02-05/html/04-2488.htm, visited on 22 February 2021.

❷ 《国际法中的军舰和其他国有船舶残骸的法律制度》第 3 条。

❸ 《国际法中的军舰和其他国有船舶残骸的法律制度》第 4 条。

❹ See David J. Bederman, *Rethinking the Legal Status of Sunken Warships*, 31(1-2) Ocean Development & International Law 97, 100 (2000); 赵亚娟：《沉没的军舰和其他国家船舶的法律地位——以水下文化遗产保护为视角》，载《时代法学》2005 年第 5 期，第 114—119 页；林蓁：《领海内满足水下文化遗产定义的军舰的法律地位：中国和东盟国家立法研究》，载《中国海洋法学评论》2018 年第 1 期，第 1—12 页。

❺ See Valentina Vadi, *War, Memory, and Culture: The Uncertain Legal Status of Historic Sunken Warships under International Law*, 37(2) Tulane Maritime Law Journal 333, 346 (2013).

❻ United Kingdom of Great Britain and Northern Ireland and South Africa: Exchange of Letters Constituting an Agreement Concerning the Regulation of the Terms of Settlement of the Salvaging of the Wreck of HMS Birkenhead. Pretoria, 22 September 1989.

2004年《法国遗产法典》规定，"海洋文化财产"包括位于海洋国有地产内或毗连区海床上的沉积物、沉船、遗迹或一切具有史前、考古和历史价值的财产。❶ 法国司法实践认为，第一次世界大战中沉没的法国军舰是法国在历史上光荣而又悲惨事件的见证，所以第一次世界大战中沉没的法国军舰属于海洋文化财产；而第一次世界大战中丧失的货船则不属于海洋文化财产，因为其不具有特殊价值。❷ 以此类推，第二次世界大战期间沉没的军舰也具有历史价值，这已经得到法国海洋与水下考古研究中心的认可，该中心认为1944年沉没于法国瑟堡海域的美国军舰"利奥波德维尔号"（CSS Leopoldville）具有历史性价值，承认其为海洋文化财产。❸

此外，日本主张UCH国家船只一直属于船旗国的国家财产，除非该国明确正式地放弃其所有权。这种船只应被视为海上坟墓，未经日本政府明确同意，任何人无权打捞。❹

中国妥善处理UCH国家船只的所有权和管辖豁免问题，必须顾及国际实践，但更应该结合中国实际。显然，中国与英美法等国家的最大不同之处在于，中国没有遗存于他国管辖海域内的国家船只，但在中国管辖海域内却遗存着大量他国的国家船只。英国、美国、法国、日本等国的主张都是基于其大量国家船只仍沉没于本国管辖海域以外的现实。据统计，在第二次世界大战期间沉没的船只当中，以日本、美国和英国为船旗国的占比高达80%以上。❺ 以日本为例，日本在第二次世界大战期间共有3322艘军舰和各类船只沉没于太平洋海域；日本政府对第二次世界大战期间在太平洋海域沉没的85%以上的沉船主张所有权和管辖豁免。❻ 这些国家船只在历史上给中国和中国人民带来深重灾难，至今仍是中国人民惨痛的记

---

❶ 参见《法国遗产法典》第L532-1条。

❷ See Gwenalle Le Gurun, *France*, in Sarah Dromgoole (ed.), *Legal Protection of the Underwater Cultural Heritage: National and International Perspectives*, Kluwer Law International, 1999, p.48.

❸ 参见赵亚娟：《法国水下文化遗产保护立法与实践及其对中国的启示》，载《华南理工大学学报》2013年第3期，第84—91页。

❹ Office of Ocean Affairs, Department of State, USA, *Protection of Sunken Warships, Military Aircraft and Other Sunken Government Property [FR Doc No: 04-2488]*, 69(24) Federal Register (2004), available at https://www.govinfo.gov/content/pkg/FR-2004-02-05/html/04-2488.htm, visited on 22 February 2021.

❺ See Rean Monfils, *The Global Risk of Marine Pollution from WWII Shipwrecks: Examples from the Seven Seas*, (1) International Oil Spill Conference Proceedings 1049, 1052 (2005).

❻ See Rean Monfils, *The Global Risk of Marine Pollution from WWII Shipwrecks: Examples from the Seven Seas*, (1) International Oil Spill Conference Proceedings 1049, 1050 (2005).

忆。如果同意船旗国对 UCH 国家船只享有所有权和管辖豁免权，就是任由曾经的殖民国家和侵略者再次将"黑手"伸进中国管辖海域，就是允许它们再次在中国海底搅起殖民主义和军国主义沉渣，这无疑是对中国和中国人民的二次伤害，坚决不能答应。

从这一方面来看，中国与马来西亚更为相似。马来西亚则遵循了《保护水下文化遗产公约》所确立的"位于水下 100 年以上"的客观标准来界定其水域内的水下文化遗产，同时，马来西亚倾向于只保护那些与其历史和文化直接相关的水下文化遗产，而前殖民列强遗留在其管辖海域内的军舰可能不被认为是马来西亚历史和文化的一部分。❶

（六）UCH 国家船只国际合作保护经验不足

中国、越南、菲律宾、马来西亚、印度尼西亚和文莱都未通过法律专门处理 UCH 国家船只的所有权和管辖豁免问题，在实践中六国也很少针对管辖海域内 UCH 国家船只的管理和保护工作与其船旗国开展国际合作。❷ 为此，我们只能通过为数不多的国家实践来理解相关国家对待 UCH 国家船只的政策，以期为未来国际合作提供经验。其中，中国、印度尼西亚和澳大利亚的国家实践特别值得研究。

1. 中国对日本"阿波丸号"沉船的打捞和处理

日本"阿波丸号"于 1945 年年初被日本军队征用，当作运输船。1945 年 3 月 28 日，"阿波丸号"在新加坡装载包括日本军人在内的 2004 人以及从东南亚各国掠夺而来的物资，启航驶回日本。4 月 1 日，"阿波丸号"航行至我国福建省牛山岛以东海域时，被美军潜艇"皇后鱼号"击沉，除一人幸存之外其余所有人都随船沉入海底。❸ 1977—1980 年，中国海军对"阿波丸号"进行了摸探和打捞。日本学者声称"阿波丸号"在沉没时属于被军队征用的政府非商用的国家船只，属于日本国家财产，依法

---

❶ See Zhen Lin, *The Protection of Sunken WWII Warships Located in Indonesian or Malaysian Territorial Waters*, 113 Marine Policy 103804 (2020).

❷ 参见林蓁：《领海内满足水下文化遗产定义的军舰的法律地位：中国和东盟国家立法研究》，载《中国海洋法学评论》2018 年第 1 期，第 1—12 页。

❸ National Security Agency of the United States of America, *The Sinking and the Salvage of the Awa Maru (U)*, available at https://www.nsa.gov/Portals/70/documents/news-features/declassified-documents/cryptologic-spectrum/sinkingawa_maru.pdf, visited on 22 February 2021.

享有管辖豁免权,未经日本同意,他国不得发掘。❶ 虽然中国并未解释打捞原因及其法律依据,但中国政府显然未承认"阿波丸号"属于日本的国家财产,也未承认它享有管辖豁免。中国学者也认为中国完全有权开展打捞工作,以维护台湾海峡的航行安全。❷ 事实上,中国海军从"阿波丸号"沉船上清理出来2吨多重的渔网,可见"阿波丸号"沉船已经对拖网渔船生产作业造成严重危害,并对航行安全形成巨大的威胁。对于中国从沉船上回收的5417.947吨橡胶、锡锭等货物,则属于日本从东南亚国家掠夺而来的物资,日本自然不应享有所有权。❸ 此外,中国从"阿波丸号"沉船上一共打捞出遗骨370具、私人遗物1683件,中国政府先后于1979年7月、1980年1月和1981年4月以中国红十字会和中国上海海难救助打捞公司的名义移交给日本。❹

但是,"阿波丸号"并不符合《保护水下文化遗产公约》对"水下文化遗产"的定义,也不符合《水下文物保护管理条例》对"水下文物"的定义,因此,中国政府打捞"阿波丸号"的实践只能为理解中国对待外国UCH国家船只的国家政策提供十分有限的参考。

2. 印度尼西亚对澳大利亚皇家海军"珀斯号"沉船的处理

无独有偶,印度尼西亚同样也没有承认澳大利亚军舰的所有权和管辖豁免。1942年3月1日,澳大利亚皇家海军"珀斯号"(HMAS Perth)在印度尼西亚群岛巽他海峡(The Sunda Strait)与日军作战时沉没,船上671人中的350人尸沉大海,其余人员被俘。"珀斯号"遗存于巽他海峡水深35米的海底。"珀斯号"军舰隶属于澳大利亚皇家海军,沉没时被用于非商业目的,并在与日本的战斗中沉没,因此,"珀斯号"在沉没之时应当享有管辖豁免。❺ 但是,"珀斯号"作为遗存于印度尼西亚领海的沉船残

---

❶ See Jerry E. Walker, *A Contemporary Standard for Determining Title to Sunken Warships: A Tale of Two Vessels and Two Nations*, 12(2) University of San Francisco Maritime Law Journal 311, 338 (1999–2000).

❷ 参见林蓁:《领海内满足水下文化遗产定义的军舰的法律地位:中国和东盟国家立法研究》,载《中国海洋法学评论》2018年第1期,第1—12页。

❸ 参见林蓁:《领海内满足水下文化遗产定义的军舰的法律地位:中国和东盟国家立法研究》,载《中国海洋法学评论》2018年第1期,第1—12页。

❹ 《专家呼吁打捞"阿波丸"》,载新浪网,http://news.sina.com.cn/c/2004-06-14/16152803907s.shtml,最后访问日期:2023年7月25日。

❺ See Senada Meskin, *Legal Status of Warship Wrecks from World War II in Indonesian Territorial Waters (Incident of HMAS Perth Commercial Salvaging)*, 1(1) Kumpulan Jurnal Mahasiswa Fakultas Hukum 1, 9 (2014).

骸，是否应当继续享有管辖豁免呢？

印度尼西亚法律却并未给出明确的答案。作为《联合国海洋法公约》缔约国，印度尼西亚承认外国军舰享有管辖豁免，❶ 然而，印度尼西亚法律并未明确规定沉没军舰是否享有管辖豁免。例如，《印度尼西亚 2008 年第 17 号法案》适用于救助遇险或沉没的船只及其货物问题，但该法并未明确船只是否同时包括商船和国家船只，亦未说明是否包括遗存于水下多年的国家船只。再如，《印度尼西亚交通部 2013 年第 71 号条例》进一步规范沉没船只救助问题，同样未对沉没军舰区别对待，而是倾向于将沉没军舰与商船同样对待。❷ 更重要的是，2010 年《印度尼西亚文化遗产法》适用于印度尼西亚陆上和水下的所有文化遗产，❸ 该法第 5 条至第 11 条以及第 31 条之规定表明，任何物品、建筑、结构、遗址以及区域必须满足一定标准且经过文化遗产专家组（Cultural Heritage Expert Team）认证后才能被称为"文化遗产物品、文化遗产建筑、文化遗产结构、文化遗产遗址以及文化遗产区域"，否则就不属于文化遗产，不能受到 2010 年《印度尼西亚文化遗产法》的保护。鉴于澳大利亚皇家海军"珀斯号"沉船并未被认证为文化遗产，它并不能得到印度尼西亚文化遗产法的保护。2017 年 2 月，双方曾计划开展联合行动以防止"珀斯号"沉船被彻底破坏，但印度尼西亚并未承认沉船的所有权和管辖豁免。❹ 现有资料显示，第二次世界大战期间沉没于印度尼西亚和马来西亚海域的澳大利亚、荷兰、日本军舰大多被非法打捞，作为废铁出售，❺ 这也从侧面证明印度尼西亚不承认外国 UCH 国家船只的国家财产所有权和管辖豁免。

---

❶ 参见《印度尼西亚共和国关于印度尼西亚国民军的 2004 年第 34 号法令》第 9 条（c）款；see also Senada Meskin, *Legal Status of Warship Wrecks from World War II in Indonesian Territorial Waters (Incident of HMAS Perth Commercial Salvaging)*, 1(1) Kumpulan Jurnal Mahasiswa Fakultas Hukum 1, 15 (2014).

❷ See Senada Meskin, *Legal Status of Warship Wrecks from World War II in Indonesian Territorial Waters (Incident of HMAS Perth Commercial Salvaging)*, 1(1) Kumpulan Jurnal Mahasiswa Fakultas Hukum 1, 15 (2014).

❸ 参见《印度尼西亚文化遗产法》第 4 条。

❹ See Jewel Topsfield, *Indonesia and Australia battle to save WWII shipwreck HMAS Perth from salvagers*, available at https://www.smh.com.au/world/indonesia-and-australia-battle-to-save-wwii-shipwreck-hmas-perth-from-salvagers-20170210-guag1r.html, visited on 22 February 2021.

❺ See Jewel Topsfield, *Indonesia and Australia battle to save WWII shipwreck HMAS Perth from salvagers*, available at https://www.smh.com.au/world/indonesia-and-australia-battle-to-save-wwii-shipwreck-hmas-perth-from-salvagers-20170210-guag1r.html, visited on 22 February 2021.

3. 荷兰与澳大利亚合作保护荷兰古沉船

澳大利亚的国家实践与中国和印度尼西亚截然不同。在处理遗存于澳大利亚海域的荷兰东印度公司古沉船问题上,《荷兰与澳大利亚之间关于荷兰古沉船问题的协定》(Agreement between the Netherlands and Australia Concerning Old Dutch Shipwrecks)无疑是国际社会处理 UCH 国家船只的典范之作。

4 艘荷兰东印度公司的船只于 17—18 世纪在西澳大利亚州沿海沉没,包括 1629 年沉没的"巴达维亚号"(Batavia)、1656 年沉没的"维尔古德·德拉克号"(Vergulde Draeck)、1712 年沉没的"祖伊特多普号"(Zuytdorp)和 1727 年沉没的"泽维克号"(Zeewijk)。20 世纪 60 年代,4 艘荷兰古沉船相继被发现并挖掘出来。荷兰政府提出,遗存于澳大利亚水域的荷兰古沉船是荷兰的国家财产,应归荷兰所有;澳大利亚政府主张,荷兰政府在船只沉没之后将近 300 年都未尝试寻找或发掘这些古沉船的行为构成对古沉船的默示抛弃,这遭到荷兰的反对。❶ 为了解决对荷兰古沉船的争议,双方于 1972 年 11 月 6 日签署了《荷兰与澳大利亚之间关于荷兰古沉船问题的协定》。该协定规定对双方具有重大历史和文化价值的代表性珍贵文物由澳大利亚和荷兰分享。❷ 荷兰是荷兰东印度公司的财产继承人,其将荷兰东印度公司遗存于西澳大利亚州海岸之内或附近海域之沉船以及任何物品的所有权利、所有权和利益转让给澳大利亚,澳大利亚接受该所有权利、所有权和利益。❸ 同时,澳大利亚认识到,荷兰对协定所涉船只中的物品具有持续利益,特别是历史和其他文化目的之利益。因此,澳大利亚应设立一个委员会,由其处置相关物品并将珍贵稀有文物的所有权在荷兰、澳大利亚和西澳大利亚州之间进行分配。❹ 该协定的最终目的是,既要确保那些具有代表性的珍贵文物能够被收藏于荷兰和澳大利亚的博物馆中,向公众传达每艘沉船的详细信息和价值,同时还要确保学

---

❶ See Senada Meskin, *Legal Status of Warship Wrecks from World War II in Indonesian Territorial Waters (Incident of HMAS Perth Commercial Salvaging)*, 1(1) Kumpulan Jurnal Mahasiswa Fakultas Hukum 1, 17 (2014).

❷ Agreement between the Netherlands and Australia Concerning Old Dutch Shipwrecks, available at http://www.austlii.edu.au/au/other/dfat/treaties/1972/18.html, visited on 22 February 2021.

❸ Article 1, Agreement between the Netherlands and Australia Concerning Old Dutch Shipwrecks, available at http://www.austlii.edu.au/au/other/dfat/treaties/1972/18.html, visited on 22 February 2021.

❹ Article 4, Agreement between the Netherlands and Australia Concerning Old Dutch Shipwrecks, available at http://www.austlii.edu.au/au/other/dfat/treaties/1972/18.html, visited on 22 February 2021.

术研究不会因文物过于碎片化而无法开展。❶

2006年，荷兰政府宣布将属于荷兰的份额捐赠给澳大利亚政府，并于2010年11月在澳大利亚国家海事博物馆举行正式捐赠仪式。❷ 2017年9月15日，双方签署《关于合作研究和管理水下文化遗产的备忘录》（Memorandum of Understanding for the Purpose of Collaboration in Research and Management of Underwater Cultural Heritage），❸ 同时决定成立"关于荷兰古沉船的澳大利亚—荷兰联合委员会"负责共同文化遗产的保护工作。

4. 荷兰、澳大利亚和印度尼西亚的国家实践对中国的借鉴意义

荷兰与澳大利亚通过双边合作协定解决荷兰古沉船问题对中国具有积极的借鉴意义。第一，UCH国家船只在国家领土主权主张中的作用相当有限。1606年，荷兰东印度公司的"杜伊夫根号"在威廉·扬斯佐恩（Willem Janszoon）船长指挥下到达澳大利亚马普恩（Mapoon），这是欧洲人第一次登陆澳大利亚。在随后的几十年中，荷兰海上探险家德克·哈托格（Dirk Hartog）、阿贝尔·塔斯曼（Abel Tasman）、威廉·德·弗拉明（Willem de Vlamingh）陆续到达澳大利亚。❹ 这些荷兰东印度公司的船只属于国家船只，沉没时正在履行探索西澳大利亚海岸的职责，船上的荷兰人又是首先登陆澳大利亚的欧洲人，并在此后相当长一段时间内持续登陆澳大利亚。根据时际法，国家可以通过发现并占领无主地的方式取得领土主权。❺ 但荷兰并未利用UCH国家船只对澳大利亚大陆提出主权要求。这是因为国家领土主权的原始取得不仅需要国家首先发现、实际控制领土的客观行为，而且还需要国家获取领土主权的主观意图，而在漫长历史变迁

---

❶ Arrangement Setting out the Guiding Principles for the Committee to Determine the Disposition of Material from the Shipwrecks of Dutch East India Company Vessels off the Coast of Western Australia, available at http://www.austlii.edu.au/au/other/dfat/treaties/1972/18.html, visited on 22 February 2021.

❷ See Netherlands Worldwide, Dutch-Australian Cultural Heritage, available at https://www.netherlandsworldwide.nl/countries/australia/and-the-netherlands/cultural-affairs-and-shared-cultural-heritage/shared-cultural-heritage, visited on 22 February 2021.

❸ Memorandum of Understanding for the Purpose of Collaboration in Research and Management of Underwater Cultural Heritage, available at https://www.environment.gov.au/system/files/pages/7e5adec7-b7a0-4d42-9cd4-11d99c2b733f/files/mou-netherland-australia-2017.pdf, visited on 22 February 2021.

❹ See Netherlands Worldwide, Dutch-Australian Cultural Heritage, available at https://www.netherlandsworldwide.nl/countries/australia/and-the-netherlands/cultural-affairs-and-shared-cultural-heritage/shared-cultural-heritage, visited on 22 February 2021.

❺ See Island of Palmas (Neth. v. U.S.), Award, 1928 Perm. Ct. Arb. (PCA) 839 (Apr. 4). See also Malcolm N. Shaw, *International law* (5th Edition), Cambridge University Press, 2003, p.425.

过程中，UCH 国家船只与国家主权的取得及其历史巩固过程之间的逻辑关系很难证明，发挥的作用极其有限。

第二，UCH 国家船只作为推动国际合作的载体，具有无可比拟的先天优势。荷兰外交部与教育、文化和科学部制定了荷兰共同文化遗产政策（Shared Cultural Heritage Policy of the Netherlands），在 2017—2020 年和 2021—2024 年分两个阶段实施。其核心是依托共同的文化遗产，与 10 个重点合作伙伴国家（澳大利亚、苏里南、巴西、美国、俄罗斯、南非、印度、斯里兰卡、印度尼西亚、日本）开展国际合作。荷兰与澳大利亚的合作重点是实现两国共同遗产的可持续保护和利用，共同遗产包括海洋遗产、移民遗产、军事遗产和商业遗产。其中，荷兰古沉船保护和利用问题是荷兰和澳大利亚在共同海洋遗产方面的核心议题。在处理东印度公司沉船的过程中，荷兰作为船旗国放弃了国家财产权利主张，但是保留了共同保护的权利；而澳大利亚也放松了沿海国管辖权和所有权主张，充分尊重荷兰的权益，双方通过友好协商妥善处理纠纷，成立委员会合作保护双方共同的文化遗产，实现双赢。

鉴于目前在南海发现的古沉船当中尚无一艘属于中国，中国作为船旗国、文物起源国、船只制造国或者具有历史文化联系的国家主张对南海沉船享有所有权和排他性管辖权，存在较大的法律和现实困难。中国作为沿海国主张对 UCH 国家船只的所有权和排他性管辖权又与习惯国际法存在一定的矛盾。特别是对于争议海域中的 UCH 国家船只，中国应该借鉴荷兰—澳大利亚合作模式，通过放弃部分权利来保护国家利益，例如中国可以与相关国家达成协议，在双方合作保护的前提下共同放弃所有权主张。

此外，印度尼西亚的国家实践对中国同样具有重要借鉴意义。印度尼西亚法律规定了水下文化遗产的认定程序，只有那些被认定为水下文化遗产的沉船才能得到法律保护，为国家结合自身历史文化传统和国家利益预留自由裁量的空间。值得注意的是，荷兰与澳大利亚都是发达国家，都是传统海洋强国，双方古沉船合作模式不能完全体现发展中国家的利益。因此，作为发展中国家，中国和印度尼西亚等争端各方都应主张将那些在非正义活动中沉没的军舰等国家船只排除适用，不承认其船旗国的国家财产所有权和管辖豁免，而是仅仅将其作为普通水下文化遗产予以保护。

有学者提出，军舰沉没原因多种多样，如果再考虑各方在军舰沉没中的作用及责任划分问题，就更加复杂，所以不应考虑军舰沉没的原因、过错及其责任分配问题,而只应当考虑船只及其货物的所有权问题。❶ 言下之意是因为军舰沉没原因、过错和责任分配难以确定,所以就不应当考虑这些问题。这显然是大错特错。事实上,确定 UCH 国家船只在沉没之时是否是正义的根本不是问题:因为这与查明 UCH 国家船只的名称、船旗国、沉没时间和原因是同一个过程,换句话说,确定 UCH 国家船只的名称及船旗国的过程足以确定该国家船只在沉没时所从事行为的性质。

五、结 语

水下文化遗产是人类文化遗产中不可缺少的重要组成部分,而 UCH 国家船只又是水下文化遗产最为重要的部分。《保护水下文化遗产公约》中的 UCH 国家船只不同于《联合国海洋法公约》中的军舰或者其他用于非商业目的的政府船舶。这些法律概念虽有密切联系,但存在本质区别,不可混为一谈。鉴于国家船只具有高度敏感性,同时作为水下文化遗产更增加问题的复杂性,目前,船旗国享有 UCH 国家船只的所有权和专属管辖权这一规则尚存在争议。

《保护水下文化遗产公约》也未能完全解决 UCH 国家船只的所有权和管辖权问题,国际实践仍充满矛盾和不确定性。《保护水下文化遗产公约》倾向于把水下文化遗产视为"人类共同遗产",主张所有国家采取一切措施保护所有水下文化遗产,而禁止任何国家瓜分或破坏水下文化遗产。各国不应主张拥有其所有权,具体所有权争议需要相关国家从全人类的利益出发,通过缔结双边或多边协定予以解决。但例外情况是 UCH 国家船只的所有权问题。根据国家管辖豁免原则和习惯国际法,船旗国在理论上有权主张 UCH 国家船只的所有权,除非 UCH 国家船只在沉没前因被抛弃、被俘、被叛乱分子控制等法定事由而不再属于船旗国,或者因从事非正义活动而被剥夺所有权,此时的 UCH 国家船只应作为一般的水下文化遗产依照公约予以保护。

同样,《保护水下文化遗产公约》对水下文化遗产的管辖权问题制定了一般原则和具体制度,同时对 UCH 国家船只的管辖权问题又确立了一

---

❶ See Rean Monfils, Trevor Gilbert, and Sefanaia Nawadra, *Sunken WWII Shipwrecks of the Pacific and East Asia: The Need for Regional Collaboration to Address the Potential Marine Pollution Threat*, 49(9-10) Ocean & Coastal Management 779, 785-786 (2006).

些特殊规则。《保护水下文化遗产公约》明确了 UCH 国家船只的定义，根据 UCH 国家船只遗存水域的不同，对船旗国、沿海国以及其他相关国家的权利义务作出具体规定。这无疑对保护 UCH 国家船只具有重要作用。然而，《保护水下文化遗产公约》的相关规定仍存在较大的不确定性和模糊性，无法为国际保护实践提供充分的法律指引。

对中国而言，大量他国的军舰沉没于中国管辖水域，而中国的军舰和国家船只却鲜有沉没于他国海域的，这就是中外立法出发点根本不同的原因。基于这个现实，如何最大化地维护中国在 UCH 国家船只方面的国家利益？中国需要与国际接轨，借鉴国际公约、习惯国际法和国家实践，完善水下文化遗产立法，界定 UCH 国家船只的概念、内涵与外延、所有权和管辖权，推动国际合作保护，不断完善具有中国特色的水下文化遗产保护体系。

对于 UCH 国家船只的所有权和管辖豁免问题，中国应顺应历史潮流，通过立法规定 UCH 国家船只属于船旗国的国家财产，依法享有管辖豁免。同时，中国应结合中国管辖海域内 UCH 国家船只的构成现状，不承认船旗国享有从事非正义活动的 UCH 国家船只的所有权，但中国应将其视为一般的水下文化遗产依法予以保护。

第六章　保护海上丝绸之路水下文化遗产与中国的选择

"丝绸之路经济带"和"21世纪海上丝绸之路"是中国国家主席习近平先后在2013年9月和10月出访中亚和东南亚国家期间提出的重大倡议，随即得到国际社会的高度关注。2015年3月，中国发布《推动共建丝绸之路经济带和21世纪海上丝绸之路的愿景与行动》，提出"一带一路"的共建原则、框架思路、合作重点和合作机制，以政策沟通、设施联通、贸易畅通、资金融通、民心相通为核心，"打造政治互信、经济融合、文化包容的利益共同体、命运共同体和责任共同体"❶。水下文化遗产是古代海上丝绸之路与21世纪海上丝绸之路的历史纽带，是"一带一路"建设民心相通的社会根基。

中国一直强调保护历史文化遗产。2020年9月28日，习近平总书记在中央政治局第二十三次集体学习时发表重要讲话，再次强调"在历史长河中，中华民族形成了伟大民族精神和优秀传统文化，这是中华民族生生不息、长盛不衰的文化基因，也是实现中华民族伟大复兴的精神力量，要结合新的实际发扬光大"❷。我们必须保护好、传承好中国历史文化遗产，运用考古和历史研究成果，向世界展示中华文明，讲述中国故事，不断加深国际社会对中国的认知和理解，为中国和平发展营造良好的国际氛围。

海上丝绸之路水下文化遗产是沿线各国人民共同创造的历史文化遗产，沿线国家共同保护水下文化遗产，传承和弘扬海上丝绸之路的友好合

---

❶ 《推动共建丝绸之路经济带和21世纪海上丝绸之路的愿景与行动》，载商务部网站，http://hr.mofcom.gov.cn/article/ztdy/201503/20150300925993.shtml，最后访问日期：2021年12月31日。

❷ 习近平：《建设中国特色中国风格中国气派的考古学 更好认识源远流长博大精深的中华文明》，载《求是》2020年第23期。

作精神，可以为"一带一路"建设奠定更加坚实的民意基础。因此，建设21世纪海上丝绸之路离不开历史文化遗产，尤其是水下文化遗产。

一、推进21世纪海上丝绸之路建设面临的严峻挑战

自20世纪80年代以来，中国水下文化遗产保护实践和法制建设经历了从无到有、从弱到强的不断探索、发展壮大的过程。中国水下文化遗产保护措施从抢救性发掘、博物馆保存研究，逐步发展到注重异地保存与原址保护、水下公园和水下保护区建设相结合，探索多元化保护和保存方式。水下文化遗产研究的领域日益广泛，全面涵盖考古学、历史学、海洋法、环境与资源保护法等不同学科。水下文化遗产保护已经不仅仅是中国文物保护机关的职责，国内外科研机构、社会团体乃至公民大众都发挥着越来越大的保护和监督作用。在推进21世纪海上丝绸之路建设的时代背景下，水下文化遗产作为古代海上丝绸之路的见证者，被赋予更加重要的历史意义。水下文化遗产保护尤为重要，但也面临着许多严峻的挑战。

首先，海上丝绸之路的物质文化基础尚不坚实。"百万年的人类起源史和上万年的人类史前文明史，主要依靠考古成果来建构。即使是有文字记载以后的文明史，也需要通过考古工作来参考、印证、丰富、完善。"[1]中国遗存于沿线海域的水下文化遗产是古代海上贸易活动最直接的证据，[2]是21世纪海上丝绸之路建设的物质文化基础，但这个物质文化基础仍需要丰富的考古成果来构建、印证和丰富完善。目前，海上丝绸之路的历史文化遗产点仅局限于国内城市，而位于"海上"和"境外"的遗产点仍是空白。国家文物局2016年公布了31个"海上丝绸之路·中国史迹"遗产点，其中大多为寺庙、塔桥和窑址等，属间接证据，类别单一，证明力有限。沿线丰富多样的水下文化遗产，包括中国古代沉船及其所载货物，是证明海上丝绸之路的直接证据且能形成完整证据链，需要保护好、研究好、利用好。

其次，海上丝绸之路水下文化遗产保护乃至21世纪海上丝绸之路建设仍存在瓶颈。南海水下文化遗产丰富，但盗掘破坏活动频繁发生，某些

---

[1] 习近平：《建设中国特色中国风格中国气派的考古学 更好认识源远流长博大精深的中华文明》，载《求是》2020年第23期。

[2] 参见刘淼、胡舒扬：《沉船、瓷器与海上丝绸之路》，社会科学文献出版社2016年版，第130页。

国家甚至蓄意破坏中国水下文化遗产。各国对中国提出的"一带一路"倡议反应不一,越南等国担心它会强化中国历史性权利,侵犯其海洋权益。南沙群岛领土主权和海洋权益之争错综复杂,域外大国介入,造成地区紧张局势。为此,中国迫切需要在低敏感度领域达成合作协议,打造示范性水下文化遗产合作保护项目,推动高敏感度领域的国际合作,打破瓶颈。

最后,海上丝绸之路水下文化遗产在"区域"、公海以及他国管辖海域仍缺乏合作保护机制。虽然中国提出的"一带一路"倡议得到国际社会的积极回应,但沿线各国在文化遗产保护方面投入有限,不能满足海上丝绸之路水下文化遗产保护的现实需求。中国迫切需要利用国际法律制度,走进"区域"、公海和他国管辖海域,通过国际合作机制解决水下文化遗产保护的管辖权、信息、技术等现实问题。

除此之外,海上丝绸之路水下文化遗产保护还面临水下文化遗产保护的普遍性问题和特殊性挑战,例如水下文化遗产发现概率低,水下调查难度大,盗捞破坏严重,原址保护成本高,保存和维护难度大等。为了应对这些普遍性问题和特殊性挑战,中国既要综合运用立法、行政和司法措施增加境内水下文化遗产保护的力度和有效性,还要通过国际合作妥善保护争议海域和境外的水下文化遗产。

二、与保护海上丝绸之路水下文化遗产相关的国际法律制度

目前,涉及水下文化遗产保护的国际公约主要有两个:《联合国海洋法公约》和《保护水下文化遗产公约》。《联合国海洋法公约》第149条和第303条仅对"在海洋发现的考古和历史文物"作出了原则性规定,但并未规定文物所有权问题,甚至对具体权利与义务、国际合作机制也未提及。《保护水下文化遗产公约》则是唯一以保护水下文化遗产为宗旨的国际公约,构建了一套相对完整的水下文化遗产保护制度、事前防范和事后控制制度以及国际合作制度。《保护水下文化遗产公约》的保护范畴涵盖所有海上丝绸之路水下文化遗产,包括各种港口遗址、古代沉船及其所载货物等,其完善的保护制度可以确保中国水下文化遗产得到所有缔约国的保护,并为中国参与"区域"和他国管辖海域内的水下文化遗产合作保护提供了国际法依据。

对于内水、群岛水域和领海内的水下文化遗产,《保护水下文化遗产

公约》规定缔约国拥有管理和批准开发活动的专属权利，但应保证其开发活动遵守《有关开发水下文化遗产之活动的规章》，并对在此水域内发现的他国国家船只的船旗国承担一定的通知责任。

对于专属经济区和大陆架的水下文化遗产，缔约国有权禁止或授权任何开发活动，但不得违反《保护水下文化遗产公约》进行开发或授权他人进行开发。同时，缔约国负有国际合作的义务：其他与该水下文化遗产有联系的缔约国有权向沿海国表达参与合作保护的意愿。沿海国应与其共商保护措施，且在沿海国不愿担任"协调国"时，非沿海国有权指定"协调国"。对于毗连区的水下文化遗产，《保护水下文化遗产公约》缔约国拥有与其在专属经济区和大陆架相同的权利和义务；但沿海国可推定任何未经其许可而把水下文化遗产移出海床的行为都是违法行为，并采取必要管制措施。

对于"区域"内的水下文化遗产，所有缔约国都应当承担保护责任，但都无权开发"区域"内的水下文化遗产。联合国教科文组织总干事负有广泛的国际协作职责，包括通报信息、收存合作意向书、指定"协调国"等。

对于在争议海域内的水下文化遗产，《保护水下文化遗产公约》未明确规定。从理论上讲，所有缔约国仍可依据国内法行使管辖权，但缔约国应遵循国际合作原则，共同承担保护水下文化遗产的责任。

总之，《保护水下文化遗产公约》规定缔约国应完善国内保护制度，并承担广泛的国际协作义务，但后者从实质上讲是道义性程序义务，而非强制性实体义务。对位于中国管辖海域的他国国家船只，船旗国并不拥有管辖豁免或所有权。中国仅需根据合作意愿和协商结果，适当顾及船旗国的权利要求，保证其参与国际合作的权利。因此，中国可根据《保护水下文化遗产公约》基本原则或修订部分国内法规以妥善解决《保护水下文化遗产公约》与国内法规的冲突之处。

三、通过保护水下文化遗产推进 21 世纪海上丝绸之路建设的路径

中国应当进一步完善国内水下文化遗产立法，加强国际合作与交流，努力构建区域性和全球性的水下文化遗产保护机制，保护海上丝绸之路水下文化遗产，推动 21 世纪海上丝绸之路建设。具体而言，中国可以考虑以下 3 种保护路径：公约保护模式、区域合作保护模式和国内法保护模式。

（一）公约保护模式

《保护水下文化遗产公约》确立了一套具有科学性、广泛性和体系性的水下文化遗产保护国际法律制度，这是采取公约保护模式的根本原因。《保护水下文化遗产公约》科学界定了"水下文化遗产"的概念，确立了水下文化遗产保护的4个基本原则，即合作原则、为全人类利益保护水下文化遗产原则、原址保护原则和禁止商业开发原则。《保护水下文化遗产公约》还规定了水下文化遗产保护的4个具体措施：缔约国应建立必要的报告制度；缔约国必须将与保护水下文化遗产相关的信息及时通知教科文组织总干事或相关缔约国；缔约国应加强领土和国民管理；根据第14条和第17条之规定，缔约国应阻止非法发掘的遗产入境、交易和转移占有，并剥夺非法收益。

更重要的是，《保护水下文化遗产公约》针对遗存于不同水域的水下文化遗产确立了不同的保护与国际合作制度。《保护水下文化遗产公约》的保护范围完全涵盖海上丝绸之路沿线所有类型的水下文化遗产，无论它位于各国内水，还是领海、专属经济区和大陆架，也无论它是各种港口遗址，还是古代沉船及其所载货物等。《保护水下文化遗产公约》相对完善的保护制度可以确保所有中国水下文化遗产在所有缔约国得到妥善保护。中国可批准《保护水下文化遗产公约》，利用其法律制度保护中国水下文化遗产，以海上丝绸之路的古代沉船为基点，打造海上丝绸之路"跨海大桥"，夯实21世纪海上丝绸之路建设的物质文化基础。

这种路径的优势主要体现在3个方面。第一，中国将有权对中国管辖水域内的所有水下文化遗产行使管辖权。对于遗存于中国毗连区、专属经济区和大陆架的文物，中国法规只对那些起源于中国和起源国不明的遗产主张管辖权，而未主张对这些区域内起源于他国的文物享有管辖权。批准《保护水下文化遗产公约》后，中国有权对这类文化遗产行使管辖权。第二，中国水下文化遗产将有权得到所有缔约国的保护。缔约国有义务建立必要的报告制度和通报制度；加强领土和国民管理，禁止使用其领土进行违反《保护水下文化遗产公约》的开发活动；阻止非法发掘的遗产入境、交易和转移占有，剥夺非法收益，并采取严厉制裁措施。这保证中国水下文化遗产受到所有缔约国法律的保护。第三，中国将有权依《保护水下文化遗产公约》参与"区域"和他国管辖海域水下文化遗产的保护工作。海上丝绸之路（西线）已批准公约的国家包括柬埔寨、伊朗、沙特阿拉伯、黎巴嫩、利比亚、突尼斯、意大利、克罗地亚、法国、西班牙和葡萄牙等，涉及南海、印度洋、波斯湾、红海和地中海等海域。批准《保护水下文化遗产公约》后，只要水下文化遗产与中国有文化、历史或考古方面的联系，无论位于他国毗连区、专属经济区、大陆架，还是位于"区域"，中国都有权参与相关保护工作。

当然，这种路径的缺点也显而易见，其有赖于《保护水下文化遗产公约》缔约国的广泛性以及公约的不断完善。此外，加入《保护水下文化遗产公约》也会对中国主张水下文物所有权和管辖权形成一定的挑战，需要中国进一步完善法律法规以妥善应对。

总之，中国可以依托《保护水下文化遗产公约》，通过广泛的国际合作保护海上丝绸之路水下文化遗产。这不仅有利于维护中国的国家利益，而且也有利于维护全人类的利益。中国"一带一路"倡议的宗旨与《保护水下文化遗产公约》的命运共同体理念不谋而合。中国应尽快批准《保护水下文化遗产公约》，根据《保护水下文化遗产公约》参与相关国际合作，增强沿线国家对丝路精神的认同感，从而实现21世纪海上丝绸之路建设民心相通的目标。同时，中国还应推动东盟国家批准加入《保护水下文化遗产公约》，与周边国家合作保护海上丝绸之路水下文化遗产。只有更多国家成为缔约国，《保护水下文化遗产公约》合作和保护机制才能更有效地实施。中国还可以发挥水下文化遗产大国的优势，提出中国方案，贡献中国智慧。

（二）区域合作保护模式

中国也可以采取区域合作保护模式。针对争议海域内的水下文化遗产，中国可以根据《保护水下文化遗产公约》的基本原则与核心制度，协调各国水下文化遗产保护法律法规，推动各国水下文化遗产保护法律法规的趋同化，求同存异，进而通过国际合作构建区域合作保护机制，共同保护争议海域水下文化遗产，打破21世纪海上丝绸之路建设的瓶颈。

目前，相关国家的水下文化遗产法规、政策和主张各不相同，是开展国际合作保护水下文化遗产的障碍之一。首先，中国应着力推动各国把水下文化遗产视为"人类共同继承遗产"，采用相同的水下文化遗产概念，依据国际法主张权利,停止商业开发,实现水下文化遗产保护法律与实践的趋同化,通过国际合作保护水下文化遗产。这不仅有利于缓解水下文化遗产破坏严重的严峻形势,夯实海上丝绸之路的物质文化基础,也有利于实现"一带一路"建设民心相通的目标。

其次,中国对争议海域内水下文化遗产的所有权主张和管辖权主张可以考虑服务于"一带一路"建设,维护领土主权和海洋权益以及维护中国与相关国家的和平稳定。对此,中国应深刻理解并适当顾及各方的核心诉求,把水下文化遗产合作保护定性为《联合国海洋法公约》第74条和第83条规定的划界前临时安排,明确此类措施"不妨害最后界限的划定""不危害或阻碍最后协议的达成";同时,还应创新合作机制,确保各方维持各自的核心诉求,顾及各自的民族尊严,从而打消各方合作保护水下文化遗产的顾虑。

这种路径的缺陷在于区域合作保护机制的构建在很大程度上取决于争议各方的国际关系和政治意愿。当下比较可行的方案是在各方都希望达成的双边合作协定或综合性区域合作协定中,加入有关合作保护水下文化遗产的条款。例如,"南海行为准则"是各方正在着力达成的多边区域合作协定,中国可以主张增加水下文化遗产保护的条款,坚持以《保护水下文化遗产公约》为基础开展国际合作,构建区域合作保护机制,保护争议海域内的水下文化遗产,从而推动更深入的共同开发与合作。

(三)国内法保护模式

鉴于目前公约保护模式和区域合作保护模式仍面临现实困难,不可能一蹴而就,而海上丝绸之路水下文化遗产保护又迫在眉睫,刻不容缓,中国根据国内法采取单方面保护措施成为最直接的现实路径。中国需参照《保护水下文化遗产公约》的基本原则,修订并完善国内水下文化遗产保护法律,加强水下文化遗产管理和保护人员队伍建设,构建具有中国特色的水下文化遗产保护制度和国际合作保护机制。

通过国内法保护模式保护水下文化遗产具有必要性和可行性。一方面,中国水下文化遗产数量多、分布广、种类丰富、保存难度大的客观现实决定中国必须依靠完善的国内法律制度建设,才能为保护水下文化遗产提供有力的制度保障、高效的组织机构、充足的资金和先进的技术。另一方面，中国已经具备通过国内法保护模式保护水下文化遗产的有利条件。中国在水下文物保护管理方面已经制定了一套科学合理且相对完善的法律法规体系，也建立了一套符合中国国情的水下文物保护原则和保护制度；中国不断加强水下文化遗产保护体制建设，组织机构相对完善；中国进行丰富的水下遗址调查，将抢救性发掘和主动性调查相结合，推进水下文化遗产发掘及保护工作，积累了丰富的水下文化遗产保护实践。同时，中国依托先进的技术和充足的资金，开展中外联合水下考古调查与发掘项目，加强国际合作与交流。

具体而言，中国需进一步修订并完善水下文化遗产保护法律法规，科学界定水下文化遗产的概念，明确规定所有权和管辖权等问题，完善分级管理制度和保护管理机制，构建具有中国特色的水下文化遗产保护制度和国际合作保护机制，由中国各级水下文化遗产主管部门依据中国法律保护中国水下文化遗产。为了保护位于中国管辖海域外的海上丝绸之路水下文化遗产，中国应加强对相关国际公约的研究，吸收国际社会公认的水下文化遗产保护原则和法律制度，同时加强与相关国家的双多边合作与交流，在时机成熟时缔结水下文化遗产合作保护协定。中国应完善国家财产豁免法律，对于作为水下文化遗产的国家船只，中国应遵循国家财产所有权和管辖豁免方面的一般原则，同时结合中国国情排除那些从事非正义活动的国家船只。

对于争议海域内的水下文化遗产，中国应高举保护水下文化遗产的国际合作大旗，坚持原址保护原则，以海上丝绸之路古代沉船为基点，建立水下文化遗产点，并适时设立水下文化遗产保护区。其间，中国应邀请所有与该沉船"确有联系的"国家参与，共同保护水下文化遗产。

四、结　语

中国建设 21 世纪海上丝绸之路，"必须加强与沿线国家在国际海洋法治领域的交流、协商与合作，参与引领国际海洋法律秩序的变革，弥补国际海洋法律秩序的缺陷,推动国际海洋法律秩序的完善"[1]。这不仅可以促进中国和沿线国家的互利共赢，而且还有利于中国实现从国际海洋法律秩序的"追

---

[1] 杨泽伟：《论 21 世纪海上丝绸之路建设与国际海洋法律秩序的变革》，载《东方法学》2016 年第 5 期，第 50 页。

随者"向"捍卫者"和"建设者"转变。❶ 中国需要内外兼修，灵活运用国内法保护模式、区域合作保护模式和公约保护模式，扬长避短，创新路径，维护中国国家利益，保护人类文化遗产。

当下，《保护水下文化遗产公约》对 UCH 国家船只的所有权和管辖权问题未提及，国际实践矛盾重重，已经成为影响公约实施的重大障碍。曾经的西方殖民强国和法西斯主义国家因为大量军舰沉没于他国管辖水域，自然主张船旗国拥有所有权和排他性管辖权，并凭借其强大的国际话语权，推动国际立法维护其国家利益。而中国等发展中国家曾经饱受侵略，不愿意承认那些曾经从事非正义活动的国家船只享有国家管辖豁免，再次成为法外之地，这就是双方关于 UCH 国家船只国际法律地位的主张的根本不同之处。

首先，中国应基于自己的历史和现实，借鉴国际公约、习惯国际法和国家实践，不断完善水下文化遗产立法，界定 UCH 国家船只的概念、内涵与外延，明确其所有权和管辖权，不断完善具有中国特色的水下文化遗产保护体系，通过国内法保护 UCH 国家船只。对于 UCH 国家船只的所有权和管辖豁免问题，中国应尽快出台外国国家豁免法，承认 UCH 国家船只的国家财产所有权和管辖豁免的一般法律原则。同时，中国应结合中国国情，确立 UCH 国家船只所有权和管辖豁免的例外规则：那些在沉没前因被抛弃、被俘、被叛乱分子控制以及在沉没时由殖民列强和侵略者控制从事非正义活动的 UCH 国家船只，不再享有国家船只的法律地位，船旗国不能享有国家财产所有权和专属管辖权，而仅可作为一般水下文化遗产予以保护。其次，鉴于南海周边国家在历史上与中国一样都是被殖民、被侵略、被奴役的发展中国家，而且在各自管辖海域内遗存着大量外国 UCH 国家船只，中国应当推动南海周边国家构建关于 UCH 国家船只的区域法律制度，维护国家利益和尊严，合作保护共同的历史文化遗产。最后，中国还应推动《保护水下文化遗产公约》等相关国际公约的完善，明确 UCH 国家船只的所有权和管辖权问题，确保沿海国对其管辖海域内的所有水下文化遗产拥有管辖权，创新国际合作保护机制。

中国在短期内还未做好批准《保护水下文化遗产公约》的准备，而且

---

❶ Wang Yi, *China, a Staunch Defender and Builder of International Rule of Law*, Chinese Embassy in UK, 24 October 2014, available at http://www.chinese-embassy.org.uk/eng/zgyw/t1204247.htm, visited on 22 February 2021.

区域合作保护机制的构建尚待时日，为了保护水下文化遗产、推进21世纪海上丝绸之路建设，中国可以考虑综合利用3条路径：中国应依公约基本原则和保护制度修订中国水下文化遗产保护法规，明确水下文化遗产所有权、管辖权与国际协作义务，以国内法为依据保护水下文化遗产，进而通过广泛的国际合作保护位于他国管辖海域的水下文化遗产。对于争议海域的水下文化遗产，中国可以尝试与周边国家构建区域合作保护机制，为共同开发提供新的契机，打破21世纪海上丝绸之路建设的瓶颈。从长远来看，中国"一带一路"倡议的宗旨与《保护水下文化遗产公约》的命运共同体理念不谋而合，中国应适时加入公约，推动公约的发展与完善。

总之，综合运用公约保护模式、国内法保护模式和区域合作保护模式，扬长避短，发挥各自优势，不仅有利于维护中国的国家利益，而且有利于维护全人类的共同利益。中国可以依托《保护水下文化遗产公约》发挥水下文化遗产大国的优势，提出中国方案，贡献中国智慧，推动国际海洋法律秩序的变革，构建以"五通"为核心的国际合作大格局。

参考文献

(一) 中文文献

1. [丹麦] 蒂斯·马尔拉维尔德、[德国] 乌吕克·格林、[奥地利] 芭芭拉·埃格编:《水下文化遗产行动手册:联合国教科文组织 2001 年〈保护水下文化遗产公约〉附件之指南》,国家文物局水下文化遗产保护中心译,文物出版社 2013 年版。
2. 范伊然编著:《南海考古资料整理与述评》,科学出版社 2013 年版。
3. 傅崐成、宋玉祥:《水下文化遗产的国际法保护:2001 年联合国教科文组织〈保护水下文化遗产公约〉解析》,法律出版社 2006 年版。
4. 傅崐成:《联合国教科文组织 2001 年〈保护水下文化遗产公约〉评析》,载《厦门大学法律评论》2003 年第 5 辑。
5. 高田甜:《〈保护水下文化遗产公约〉评析》,载《黑龙江省政法管理干部学院学报》2009 年第 2 期。
6. 郭玉军、唐海清:《文化遗产国际法保护的历史回顾与展望》,载《武大国际法评论》2010 年第 S1 期。
7. 郭玉军、徐锦堂:《国际水下文化遗产若干法律问题研究》,载《中国法学》2004 年第 3 期。
8. 郭玉军主编:《国际法与比较法视野下的文化遗产保护问题研究》,武汉大学出版社 2011 年版。
9. 黄伟、南雁冰:《中国加入〈保护水下文化遗产公约〉的方案探究——以〈条例〉修订草案〉和〈公约〉的比较与结合为视角》,载《边界与海洋研究》2019 年第 2 期。
10. 江河、於佳:《国际法上的历史沉船之所有权冲突——以保护水下文化遗产为视角》,载《厦门大学法律评论》2015 年第 1 期。

11. 李炳旭、张晏瑲:《论我国主张管辖之外的水下文化遗产保护》,载《南海学刊》2019 年第 1 期。

12. 李建勋:《南海低敏感领域区域合作法律机制研究》,江西人民出版社 2017 年版。

13. 李锦辉:《南海周边主要国家海底文化遗产保护政策分析及启示》,载《太平洋学报》2011 年第 6 期。

14. 李玉雪:《对"人类共同文化遗产"的法律解读——以文物保护为视角》,载《社会科学研究》2009 年第 5 期。

15. 林蓁:《南海水下文化遗产保护合作机制的可行性研究——基于建设 21 世纪海上丝绸之路视角》,载《海南大学学报(人文社会科学版)》2016 年第 2 期。

16. 刘春梅:《水下文物归属于来源国的法律问题研究》,载《法制与社会》2008 年第 34 期。

17. 刘丽娜:《建构南海水下文化遗产区域合作保护机制的思考——以南海稳定和区域和平发展为切入点》,载《中国文化遗产》2019 年第 4 期。

18. 刘丽娜:《中国南海水域水下文化遗产的法律保护与区域合作研究》,载《长安大学学报(社会科学版)》2017 年第 2 期。

19. 刘丽娜:《中国水下文化遗产的法律保护》,知识产权出版社 2015 年版。

20. 刘淼、胡舒扬:《沉船、瓷器与海上丝绸之路》,社会科学文献出版社 2016 年版。

21. 刘长霞、傅廷中:《南海 U 形线外源自我国的水下文化遗产保护:机制、困境与出路》,载《法学杂志》2013 年第 2 期。

22. 马明飞:《水下文化遗产打捞合同争议解决路径研究——以国际投资条约为视角》,载《政治与法律》2015 年第 4 期。

23. 马明飞:《水下文化遗产归属的困境与法律对策》,载《甘肃社会科学》2016 年第 1 期。

24. 石春雷:《论南海争议海域水下文化遗产"合作保护"机制的构建》,载《海南大学学报(人文社会科学版)》2017 年第 4 期。

25. 苏婷:《水下文化遗产保护法律制度之简析》,载《普洱学院学报》2015 年第 2 期。

26. 孙雯:《水下文化遗产国际法律问题研究》,南京大学出版社 2019

年版。

27. 王晶:《美国水下文化遗产保护区模式简介》,载《中国文物科学研究》2017年第1期。

28. 王君玲:《水下文化遗产的管辖权和所有权》,载《海洋开发与管理》2007年第1期。

29. 王秀卫:《南海低敏感领域合作机制初探》,载《河南财经政法大学学报》2013年第3期。

30. 邬勇、王秀卫:《南海周边国家水下文化遗产立法研究》,载《西部法学评论》2013年第4期。

31. 肖雄:《"区域"内考古和历史文物的权利归属问题研究》,载《国际法研究》2015年第4期。

32. 徐芳勤:《〈保护水下文化遗产公约〉协调国的产生与权义分析》,载《法制与社会》2011年第1期。

33. 杨泽伟:《21世纪海上丝绸之路建设重要节点地区的法律问题研究》,载《法学杂志》2019年第8期。

34. 杨泽伟:《论21世纪海上丝绸之路建设与国际海洋法律秩序的变革》,载《东方法学》2016年第5期。

35. 杨泽伟:《论21世纪海上丝绸之路建设对南海争端解决的影响》,载《边界与海洋研究》2016年第1期。

36. 杨震、蔡亮:《"海洋命运共同体"视域下的海洋合作和海上公共产品》,载《亚太安全与海洋研究》2020年第4期。

37. 余诚:《英美有关水下文化遗产保护的政策及立法介评》,载《武大国际法评论》2010年第3期。

38. 张亮、赵亚娟:《"文化财产"与"文化遗产"辨:一种国际法的视角》,载《学术研究》2012年第4期。

39. 张亮、赵亚娟:《论中国应尽快批准〈保护水下文化遗产公约〉》,载《武汉大学学报(哲学社会科学版)》2011年第4期。

40. 张相君:《国际法新命题:基于21世纪海上丝绸之路建设的背景》,社会科学文献出版社2016年版。

41. 张忠野:《国际水下文化遗产的管辖和保护与我国法之完善》,载《政治与法律》2015年第10期。

42. 赵青:《来源国对"区域"内考古和历史文物的优先权研究》,载

《研究生法学》2016 年第 2 期。

43. 赵亚娟:《沉没的军舰和其他国家船舶的法律地位——以水下文化遗产保护为视角》,载《时代法学》2005 年第 5 期。

44. 赵亚娟:《国际法视角下"水下文化遗产"的界定》,载《河北法学》2008 年第 1 期。

45. 赵亚娟:《论中国与东盟国家合作保护古沉船——以海上丝绸之路沿线古沉船为例》,载《暨南学报(哲学社会科学版)》2016 年第 9 期。

46. 赵亚娟:《水下文化遗产保护的国际法制——论有关水下文化遗产保护的三项多边条约的关系》,载《武大国际法评论》2007 年第 1 期。

47. 赵亚娟:《联合国教科文组织〈保护水下文化遗产公约〉研究》,厦门大学出版社 2007 年版。

48. 郑凡:《从海洋区域合作论"一带一路"建设海上合作》,载《太平洋学报》2019 年第 8 期。

49. 中国国际法学会主办:《中国国际法年刊——南海仲裁案管辖权问题专刊》,法律出版社 2016 年版。

50. 周方:《丝绸之路经济带建设中历史文化遗产的法治保障研究》,载《西北大学学报(哲学社会科学版)》2015 年第 2 期。

51. 周冠:《全人类共同利益原则对国家主权的挑战——从水下文化遗产的保护谈起》,载《法制与社会》2008 年第 15 期。

52. 周江、刘畅、黄昀:《菲律宾、印度尼西亚、新加坡海洋法律体系研究》,知识产权出版社 2020 年版。

(二)英文文献

1. Anastasia Strati, *The Protection of the Underwater Cultural Heritage: An Emerging Objective of the Contemporary Law of the Sea*, Martinus Nijhoff Publishers, 1995.

2. Anne-Marie Carstens, and Elizabeth Varner (eds.), *Intersections in International Cultural Heritage Law*, Oxford University Press, 2020.

3. Bali R. Deepak, *China's Global Rebalancing and the New Silk Road*, Springer, 2018.

4. Barbara T. Hoffman (ed.), *Art and Cultural Heritage: Law, Policy and Practice*, Cambridge University Press, 2006.

5. Chongwei Zheng et al., *21st Century Maritime Silk Road: A Peaceful Way Forward*, Springer, 2018.

6. Elena Perez-Alvaro, *Underwater Cultural Heritage: Ethical Concepts and Practical Challenges*, Routledge, 2019.

7. Francesco Francioni, and Ana Filipa Vrdoljak (eds.), *The Oxford Handbook of International Cultural Heritage Law*, Oxford University Press, 2020.

8. David Freestone, Richard Barnes, and David Ong (eds.), *The Law of the Sea: Progress and Prospects*, Oxford University Press, 2006.

9. Gerald Chan, *China's Maritime Silk Road: Advancing Global Development?* Edward Elgar Publishing, 2020.

10. Jean-Marc F. Blanchard (ed.), *China's Maritime Silk Road Initiative and Southeast Asia: Dilemmas, Doubts, and Determination*, Palgrave Macmillan, 2019.

11. John N. Miksic, *Singapore and the Silk Road of the Sea, 1300-1800*, Nus Press, 2013.

12. Julien Chaisse, and Jędrzej Górski (eds.), *The Belt and Road Initiative: Law, Economics and Politics*, Brill, 2018.

13. Keyuan Zou, Shicun Wu, and Qiang Ye (eds.), *The 21st Century Maritime Silk Road: Challenges and Opportunities for Asia and Europe*, Routledge, 2019.

14. Lowell B Bautista, *Gaps, Issues and Prospects: International Law and the Protection of Underwater Cultural Heritage*, 14 Dalhousie Journal of Legal Studies 57, 57-89 (2005).

15. Li Qingxin, *Hainan I and the Maritime Silk Road* (translated by Yu Chengyong), China Intercontinental Press, 2010.

16. Mariano J. Aznar, *The Legal Protection of Underwater Cultural Heritage: Concerns and Proposals*, in Carlos Esposito et al (eds.), *Ocean Law and Policy: 20 Years under UNCLOS*, Brill/Nijhoff, 2017.

17. Mariano J. Aznar, *Treasure Hunters, Sunken State Vessels and the 2001 UNESCO Convention on the Protection of Underwater Cultural Heritage*, 25

The International Journal of Marine and Coastal Law 209, 209-236 (2010).

18. Maximilian Mayer, *Rethinking the Silk Road - China's Belt and Road Initiative and Emerging Eurasian Relations*, Palgrave Macmillan, 2018.

19. Markus Rau, *The UNESCO Convention on Underwater Cultural Heritage and the International Law of the Sea*, 6(1) *Max Planck Yearbook of United Nations Law Online 387*, 387-472 (2002).

20. Michael Flecker, *The Ethics, Politics, and Realities of Maritime Archaeology in Southeast Asia*, 31 The International Journal of Natural Archaeology 12, 12-24 (2002).

21. Michail Risvas, *The Duty to Cooperate and the Protection of Underwater Cultural Heritage*, 2 Cambridge Journal of International and Comparative Law 562, 562-590 (2013).

22. Michel Jacq-Hergoualc'h, *The Malay Peninsula: Crossroads of the Maritime Silk Road (100 BC-1300 AD)*, Brill, 2018.

23. Myron H. Nordquist *et al* (eds.), *Recent Developments in the Law of the Sea and China*, Martinus Nijhoff Publishers, 2006.

24. Natali Pearson, *Protecting and Preserving Underwater Cultural Heritage in Southeast Asia, The Palgrave Handbook on Art Crime*, Palgrave Macmillan, London, 2019.

25. Nia N. H. Ridwan, *Maritime Archaeology in Indonesia: Resources, Threats, and Current Integrated Research*, 36 Journal of Indo-Pacific Archaeology 6, 6-24 (2015)

26. Patrick J. O'Keefe and James A. R. Nafziger, *The Draft Convention on the Protection of the Underwater Cultural Heritage*, 25 Ocean Development and International Law 391, 39 (1994).

27. Patrick J. O'Keefe, *Shipwrecked Heritage: A Commentary on the UNESCO Convention on Underwater Cultural Heritage*, Institute of Art and Law, 2002.

28. Porter Hoagland, *China*, in Sarah Dromgoole (ed.), *Legal Protection of the Underwater Cultural Heritage: National and International Perspective*, Kluwer Law International, 1999.

29. Ran Guo, *China's Maritime Silk Road Initiative and the Protection of*

Underwater Cultural Heritage, 32(3) The International Journal of Marine and Coastal Law 510, 510-543 (2017).

30. Rean Monfils, Trevor Gilbert, and Sefanaia Nawadra, *Sunken WWII Shipwrecks of the Pacific and East Asia: The Need for Regional Collaboration to Address the Potential Marine Pollution Threat*, 49(9-10) Ocean & Coastal Management 779, 779-788 (2006).

31. Richard T. Griffiths, *The Maritime Silk Road: China's Belt and Road at Sea*, Lulu Press Inc, 2020.

32. Robert Peters, *Nationalism Versus Internationalism: New Perspectives Beyond State Sovereignty and Territoriality in the Protection of Cultural Heritage*, in Anne-Marie Carstens, Elizabeth Chantale Varner (eds.), *Intersections in International Cultural Heritage Law*, Oxford University Press, 2020.

33. Roberta Garabello and Tullio Scovazzi (eds.), *The Protection of the Underwater Cultural Heritage: Before and After the 2001 UNESCO Convention*, Martinus Nijhoff Publishers, 2003.

34. Robin Rolf Churchill & Alan Vaughan Lowe, *The Law of the Sea* (3rd edn.), Manchester University Press, 1999.

35. Robyn Frost, *Underwater Cultural Heritage Protection*, 23 Australian Yearbook of International Law 25, 25-50 (2004).

36. Sarah Dromgoole and Nicholas Gaskell, *Draft UNESCO Convention on the Protection of the Underwater Cultural Heritage 1998*, 14 International Journal of Marine and Coastal Law 171, 171-192 (1999).

37. Sarah Dromgoole, *2001 UNESCO Convention on the Protection of the Underwater Cultural Heritage*, 18(1) The International Journal of Marine and Coastal Law 59, 59-108 (2003).

38. Sarah Dromgoole, *Reflections on the Position of the Major Maritime Powers with respect to the UNESCO Convention on the Protection of the Underwater Cultural Heritage 2001*, 38 Marine Policy 116, 116-123 (2013).

39. Sarah Dromgoole, *The Legal Regime of Wrecks of Warships and Other State-Owned Ships in International Law: The 2015 Resolution of the Institut de Droit International*, 25 Italian Yearbook of International Law 181, 181-200 (2015)

40. Sarah Watkins-Kenney, *Beyond the Waters' Edge: Complexity and*

Conservation Management of Underwater Cultural Heritage by Public Agencies in North Carolina, East Carolina University, 2019.

41. Tullio Scovazzi, *Convention on the Protection of Underwater Cultural Heritage*, 32 Environmental Policy and Law 152, 152-157 (2002).

42. Tullio Scovazzi, *The 2001 Convention on the Protection of the Underwater Cultural Heritage*, XI The Italian Yearbook of International Law 9 (2001).

43. Wenhua Shan, *Normative Readings of the Belt and Road Initiative Road to New Paradigms*, Springer, 2018.

44. Yincheng Hsu, *The Application of International Law to Underwater Cultural Heritage: Addressing the Problems of Commercial Treasure Hunting*, Dissertation of University of Glasgow, 2019.

45. Yingying Jing and Juan Li, *Who Owns Underwater Cultural Heritage in the South China Sea*, 47(1) Coastal Management 107, 107-126 (2019).

46. Zewei Yang, *Building the 21st-Century Maritime Silk Road: Its Impact on the Peaceful Use of the South China Sea*, 2(1) China and WTO Review 85, 85-103 (2016).

47. Zhen Lin, *The Protection of Sunken WWII Warships Located in Indonesian or Malaysian Territorial Waters*, 113 Marine Policy 103804 (2020).

48. Cosmos Coroneos, A Cheap and Effective Method of Protecting Underwater Cultural Heritage, available at https://www.icomos.org/risk/2006/19coroneos2006an.pdf, visited on 22 February 2021.

49. Smithsonian Institution, Tang Cargo Exhibit: Briefing Paper, Smithsonian Institution, available at https://www.asia.si.edu/exhibitions/SW-ulturalHeritage/downloads/Ethics_Tang_Briefing.pdf, visited on 22 February 2021.

50. Institut De Droit International, The Legal Regime of Wrecks of Warships and Other State-Owned Ships in International Law (29 August 2015), available at https://www.idi-iil.org/app/uploads/2017/06/2015_Tallinn_09_en-1.pdf, visited on 22 February 2021.

51. UNESCO: The World Heritage List, Silk Roads: The Routes Network of Chang'an-Tianshan Corridor, available at http://whc.unesco.org/en/list/1442, visited on 22 February 2021.

（三）相关国际条约和相关国家立法

1. 相关国际条约

（1）1978年欧洲委员会《关于水下文化遗产的第848号建议》，http://assembly.coe.int/nw/xml/XRef/Xref-XML2HTML-en.asp?fileid=14882&lang=en。

（2）1982年《联合国海洋法公约》，https://www.un.org/depts/los/convention_agreements/texts/unclos/unclos_e.pdf。

（3）1985年欧洲委员会《欧洲保护水下文化遗产公约（草案）》，http://unesdoc.unesco.org/images/0011/001159/115994eo.pdf。

（4）1989年《英国和南非关于打捞"伯肯黑德号"沉船协定的换文》，https://treaties.un.org/doc/Publication/UNTS/Volume%201584/volume-1584-I-27662-English.pdf。

（5）2001年联合国教科文组织《保护水下文化遗产公约》，http://www.unesco.org/new/en/culture/themes/underwater-cultural-heritage/2001-convention/official-text/。

（6）2003年《美利坚合众国政府与法兰西共和国政府有关"拉贝拉号"沉船的协定》，https://www.gc.noaa.gov/documents/gcil_la_belle_agmt.pdf。

（7）2003年《皇家邮轮泰坦尼克号沉船协定》，https://www.gc.noaa.gov/documents/titanic-agreement.pdf。

（8）2015年《印度尼西亚和澳大利亚关于合作开展海洋考古研究与水下文化遗产管理的谅解备忘录》，http://www.environment.gov.au/system/files/pages/7e5adec7-b7a0-4d42-9cd4-11d99c2b733f/files/mou-indonesia-australia.pdf。

（9）2015年国际法学会《国际法中的军舰和其他国有船舶残骸的法律制度》，http://www.justitiaetpace.org/idiE/resolutionsE/2015_Tallinn_09_en.pdf。

（10）联合国教科文组织《保护水下文化遗产国家立法范本》，http://www.unesco.org/new/fileadmin/MULTIMEDIA/HQ/CLT/pdf/UNESCO MODEL UNDER WATERACT_2013.pdf。

2. 相关国家立法

（1）澳大利亚：1976年《历史沉船法》，https://www.legislation.gov.au/

Details/C2016C01026。

（2）法国：1989 年《有关海洋文化财产和修订〈1941 年 9 月 27 日考古发掘规范〉的第 89–874 号法》，https://www.un.org/Depts/los/LEGISLATIONANDTREATIES/PDFFILES/FRA_1989_Act.pdf。

（3）菲律宾：2009 年《菲律宾国家文化遗产法》，https://www.lawphil.net/statutes/repacts/ra2010/ra_10066_2010.html。

（4）马来西亚：2005 年《马来西亚国家遗产法》，http://www.hbp.usm.my/conservation/laws/nationalheritageact.htm。

（5）美国：1986 年《泰坦尼克号海事纪念法案》，https://www.gc.noaa.gov/documents/Titanic MemorialAct.pdf。

（6）美国：1987 年《被弃沉船法》，https://uscode.house.gov/view.xhtml?path=/prelim@title43/chapter39&edition=prelim。

（7）文莱：《文莱古物和宝藏法》，https://en.unesco.org/cultnatlaws/list。

（8）西班牙：1985 年《历史遗产法》，https://www.eui.eu/Projects/InternationalArtHeritageLaw/Documents/NationalLegislation/Spain/law16of1985.pdf。

（9）印度尼西亚：2009 年《水下文化遗产管理导则》，https://en.unesco.org/cultnatlaws/list; https://jdih.kemenparekraf.go.id/regulation/11230103。

（10）英国：1973 年《沉船保护法》，https://www.legislation.gov.uk/ukpga/1973/33。

（11）英国：1979 年《古代遗址与考古区域法》，https://www.legislation.gov.uk/ukpga/1979/46。

（12）英国：1986 年《军事遗存保护法》，https://www.legislation.gov.uk/uksi/2019/1191/made。

（13）英国：1995 年《商船法》，https://www.legislation.gov.uk/ukpga/1995/21/contents。

（14）越南：2001 年《越南文化遗产法》，http://www.unesco.org/culture/natlaws/media/pdf/vietnam/vn_law_cltal_heritage_engtof.pdf, visited on 20 December 2020.

（15）越南：2005 年《关于水下文化遗产管理和保护的第 86/2005/ND-CP 号条例》，http://www.fao.org/faolex/results/details/en/c/LEX-FAOC060607/。

（16）中国：2017 年《中华人民共和国文物保护法》，http://www.npc.gov.cn/wxzl/gongbao/2015-08/10/content_1942927.htm。

（17）中国：2022 年《中华人民共和国水下文物保护管理条例》，http://www.gov.cn/gongbao/content/2011/content_1860762.htm。

（18）中国：2017 年《中华人民共和国文物保护法实施条例》，http://www.gov.cn/gongbao/content/2017/content_5219151.htm。

附 录

水下文化遗产保护法选译

附录一 《越南文化遗产法》❶

越南社会主义共和国第十届国会第九次会议

（2001年5月22日—6月28日）

越南文化遗产是越南作为一个多民族国家的宝贵财富，也是人类文化遗产的一部分。它在国家发展和人民存续中发挥了重要作用。为了保护和提升文化遗产的价值，满足人民日益增长的文化需求，建设和发展越南先进、独特的民族文化，为世界文化遗产宝库作出贡献；为了加强国家管理，提高人民群众对保护和提升文化遗产价值事业的责任感和参与度；根据1992年《越南社会主义共和国宪法》制定本法；本法对文化遗产进行管理。

第一章 总 则

第一条

本法所称文化遗产包括物质文化遗产和非物质文化遗产，涵盖越南社会主义共和国代代相传的具有历史、文化和科学价值的所有精神成果和物质成果。

第二条

本法规范文化遗产的保存与价值提升工作，明确各个组织和个人对越南社会主义共和国文化遗产的权利和义务。

第三条

本法适用于所有越南组织和个人，也适用于所有在越南境内活动的外国组织和个人，以及越南海外组织和个人。若本法与越南社会主义共和国签署或加入的国际公约产生冲突，则以国际公约的规定为准。

第四条

本法中，相关术语定义如下：

（1）非物质文化遗产指所有通过记忆、文字、口头传统、教学、表演等一切手段和形式传承下来的具有历史、文化或科学价值的精神成果。它

---

❶ 该法由本书作者郭冉翻译。原文信息：Vietnam Law on Cultural Heritage of 2001, available at https://en.unesco.org/sites/default/files/vn_law_cltal_heritage_engtof.pdf, visited on 22 February 2021.

包括语言、文字、文学作品、艺术作品、科学作品、口头传统、民间传说、生活方式、节庆活动、传统手工艺、传统医药知识、美食、民族服饰及其他形式的传统知识。

（2）物质文化遗产指所有具有历史、文化或科学价值的物质成果，包括历史文化遗迹、风景名胜、文物、古董和国家宝藏。

（3）历史文化遗迹包括古迹和遗址，也包括所有遗存于古迹和遗址中的具有历史、文化或科学价值的文物、古董或国家宝藏。

（4）风景名胜指具有美丽自然风光的地方，或者兼有美丽自然风光和历史、美学或科学价值的古建筑的地方。

（5）文物指具有历史、文化或科学价值的各个历史时期的实物。

（6）古董指具有突出历史、文化或科学价值，且拥有一百年及以上历史的实物。

（7）国家宝藏指具有突出历史、文化或科学价值且对国家意义重大的各个历史时期的实物。

（8）文物、古董或国家宝藏的复制品指与真品外形、大小、材质、装饰等其他方面一致的物品。

（9）收藏品指一批被按照外观、内容或材质方面的共同特质进行系统化的收集、保存和分类，便于自然历史和社会历史研究的文物、古董、国家宝藏或非物质文化遗产。

（10）考古调查和发掘指勘探、收集或研究文物、古董或国家宝藏的科学活动，以及勘探和调查考古地址的科学活动。

（11）历史文化遗迹、风景名胜、文物、古董或国家宝藏的保存指防止历史文化遗迹、风景名胜、文物、古董或国家宝藏受到损害或控制其受损风险而不改变其原状的活动。

（12）历史文化遗迹或风景名胜的修缮指针对历史文化遗迹或风景名胜展开的整修、加固或修复工作。

（13）历史文化遗迹或风景名胜的重建指根据有关历史记载和科学资料，把损坏或毁坏的历史文化遗迹或风景名胜恢复原状的活动。

第五条

1. 国家对全民所有的文化遗产实行统一管理。国家承认并保护文化遗产的集体所有权、共同所有权、私有权以及法律规定的其他形式的所有权。

2. 涉及文化遗产的财产权和版权，依据本法、民法和相关法律的规定进行管理。

第六条

所有遗存于越南社会主义共和国领土之下、岛屿、内水、领水、特殊海洋经济权益区域或洋底的文化遗产，属于人民共有文化遗产。

第七条

已经发现但尚未确定所有权归属的文化遗产，以及考古调查和发掘中发现的文化遗产，属于人民共有文化遗产。

第八条

1. 越南境内的所有文化遗产，无论起源于本国还是外国，无论属于何种形式的所有权，都应予以保护和弘扬。

2. 国外的越南文化遗产应按照国际惯例和越南社会主义共和国签署或加入的国际公约的规定加以保护。

第九条

1. 国家政策应保护和弘扬文化遗产，以提高人民的精神生活水平，为国家的经济和社会发展作出贡献，并鼓励国内外的组织和个人捐助和捐赠文化遗产的保护和弘扬活动。

2. 国家应保护文化遗产所有者的合法权益。文化遗产所有者有义务保护和弘扬其文化遗产。

3. 国家在保护和弘扬文化遗产的工作中，应投资训练和培养专业的干部队伍和研究人员，也应投资促进科技在文化遗产保护和弘扬工作中的应用。

第十条

国家机关、政治组织、社会政治组织、社会组织、社会专业组织、经济组织和军事单位（以下简称"组织"）以及全体人民都有义务保护和弘扬文化遗产。

第十一条

文化机构和大众媒体有义务在国内外广泛宣传越南多民族国家的文化遗产，这将有助于提高公众保护和弘扬文化遗产的意识。

第十二条

越南的文化遗产将被用于以下目的：

（1）为了整个社会的利益弘扬文化遗产。

（2）弘扬越南多民族国家的优良传统。

（3）催生新的文化创造，丰富越南文化遗产，推进国际文化交流。

第十三条

严禁从事下列行为：

（1）挪用文化遗产以作不当用途。

（2）破坏或威胁破坏文化遗产。

（3）非法进行考古发掘，在历史文化遗迹或风景名胜区内进行非法建设或侵占土地。

（4）非法买卖、交换或运送历史文化遗迹或风景名胜中的文物、古董或国家宝藏，非法运送文物、古董或国家宝藏出境。

（5）利用文化遗产的保护和弘扬工作从事违法行为。

第二章 组织和个人对文化遗产的权利和义务

第十四条

组织和个人具有以下权利和义务：

（1）文化遗产的法定所有权。

（2）参观、研究文化遗产。

（3）尊重、保存和弘扬文化遗产。

（4）及时上报发现的文物、古董、国家宝藏、历史文化遗迹或风景名胜，并将发现的文物、古董或国家宝藏上交给距离最近的国家机构。

（5）阻止或要求国家部门阻止和惩处损害、侵占或非法使用文化遗产的行为。

第十五条

拥有文化遗产的组织和个人具有以下权利和义务：

（1）遵循本法第十四条的规定。

（2）采取措施保护和弘扬文化遗产，若文化遗产面临被滥用、损坏或丢失的威胁，及时向国家部门报告。

（3）缺乏保护或者弘扬非物质文化遗产、文物、古董或国家宝藏的手段和能力的，应将收藏的文化遗产送交国家博物馆或其他国家机构。

（4）为组织和个人参观、考察或研究文化遗产提供便利条件。

（5）依法行使其他权利，履行其他义务。

第十六条

对文化遗产进行直接管理的组织和个人具有以下权利和义务：

（1）保存、保护文化遗产。

（2）采取措施保护文化遗产不受损害。

（3）一旦文化遗产丢失或面临损毁威胁，及时向其所有者或距离最近的国家机构报告。

（4）为组织和个人参观、考察或研究文化遗产提供便利条件。

（5）依法行使其他权利，履行其他义务。

第三章　非物质文化遗产的保护和弘扬

第十七条

国家应鼓励组织和个人研究、收集、保存、交流和推介非物质文化遗产，并为这些活动创造有利条件，维护并弘扬民族文化特色，丰富越南多民族国家的宝贵文化遗产。

第十八条

1. 各省及中央直辖市人民委员会主席（以下简称"省级人民委员会主席"）应为当地非物质文化遗产的技术档案建立工作以及保护和弘扬工作提供指导。

2. 文化信息部部长负责制订建立非物质文化遗产技术档案的程序。

第十九条

1. 根据文化信息部部长的建议，总理应考虑向联合国教科文组织（UNESCO）提议，要求承认越南的非物质文化遗产是世界文化遗产中具有代表性的一部分。

2. 提交总理的文件必须含有全国文化遗产委员会的书面意见和评价。

第二十条

国家主管部门必须采取必要的措施保护非物质文化遗产，避免其被误用、流失或消亡。

第二十一条

国家应为越南各族语言文字的保存和发展工作制定政策、创造条件。每个组织和个人都有义务保持越南语的纯洁性。

第二十二条

国家和社会应传承并弘扬国家优良的传统和生活方式。危害人民文化生活的陈规旧俗应被废弃。

第二十三条

国家政策应鼓励对越南多民族国家的文学、艺术、科学、口头传统和民俗进行调查、整理、翻译、收集、分类和保存工作。以上非物质文化遗产都应在国内外予以传播。

第二十四条

国家政策应鼓励保存、修复和发展具有特殊价值的传统手工艺品,鼓励研究和应用传统医学知识,鼓励传承和弘扬越南美食,鼓励弘扬传统民族服饰和其他形式的传统知识。

第二十五条

国家应为保存和弘扬传统节庆文化创造条件。在节庆的组织以及节庆活动中,应废弃并反对陈规旧俗以及负面的、商业化的活动形式。传统节日的组织必须遵循法律规定。

第二十六条

国家对掌握和传播具有特殊价值的传统艺术或行业秘技的艺术家和工匠,应当给予尊重和优待。

第二十七条

海外越南人、外国组织和个人与国家主管部门达成书面协议后,可以对越南的非物质文化遗产进行研究和调查。

第四章 物质文化遗产的保护和弘扬

第一节 历史文化遗迹和风景名胜

第二十八条

1. 历史文化遗迹必须至少符合以下条件之一:

(1)与体现建设和保卫国家事业的代表性历史事件相关的建筑或地点。

(2)与民族英雄或著名人物的生活和工作相关的建筑或地点。

(3)与革命或抗战时期的代表性历史事件相关的建筑或地点。

(4)具有特殊考古价值的地方。

(5)在历史上具有特殊的建筑或艺术价值的建筑群或单一建筑结构。

2. 风景名胜必须至少符合以下条件之一:

(1)具有美丽自然风光的地点,或兼具美丽自然风光和具有美学价值的历史建筑的地点。

（2）在地质、地貌、地理、生物多样性方面或对某个特定生态系统具有科学价值的自然区域，或存有地球发展早期的物质遗迹的自然区域。

第二十九条

根据其历史、文化或科学价值，历史文化遗迹和风景名胜（以下简称"遗迹"）可分为：

（1）具有地方特色的省级遗迹。

（2）具有民族特色的国家级遗迹。

（3）具有突出代表性民族特色的国家级特殊遗迹。

第三十条

1. 遗迹评级工作的职责划分如下：

（1）省级人民委员会主席负责确定省级遗迹。

（2）文化信息部部长负责确定国家级遗迹。

（3）总理负责确定国家级特殊遗迹，并考虑向联合国教科文组织申请将越南代表性国家遗迹列入世界遗产名录。

2. 对已评级但明确不符合条件或被毁坏且不可能再被修复的遗迹，主管部门有权取消该遗迹的等级。

第三十一条

1. 各级遗迹的评级程序如下：

（1）省级人民委员会主席可向文化信息部部长递交提案，申请国家级遗迹评定。

（2）文化信息部部长可向总理递交提案，申请国家级特殊遗迹评定，或申请代表性国家遗迹评定，总理可考虑向联合国教科文组织申请将越南代表性遗迹列入世界遗产名录。

2. 提交总理的文件必须含有全国文化遗产委员会的书面意见和评价。

第三十二条

1. 文化保护区包括：

（1）Ⅰ类保护区，包括文化遗址和被视为包含某一文化遗址核心部分的区域。对Ⅰ类保护区应当实施原址保护。

（2）Ⅱ类保护区，指Ⅰ类保护区的周边区域。Ⅱ类保护区内允许进行改善保护区的建设工程，但不得影响保护区的建筑、自然风光、环境或生态。

Ⅱ类保护区的范围无法明确限定的，应由省级人民委员会主席确定省级遗迹只有Ⅰ类保护区，由文化信息部部长确定国家级遗迹只有Ⅰ类保护区，由总理确定国家级特殊遗迹只有Ⅰ类保护区。

2. 在本条第一款第二项规定之Ⅱ类保护区中实施建设工程，涉及国家级遗迹或国家级特殊遗迹的，必须获得文化信息部部长的书面同意；涉及省级遗迹的，必须获得省级人民委员会主席的书面同意。

3. 本条第一款规定之保护区，应在官方地图上标明，附于调查人员的报告中并由国家主管文化遗址档案的部门确认。

第三十三条

1. 拥有、管理或经营文化遗址的组织和个人有义务保护该文化遗址。发现遗址遭到侵入、受损或者面临受损威胁的，必须及时采取预防措施，并通报上级直属主管部门、当地人民委员会或者距离最近的负责文化信息的国家机关。

2. 负责文化信息的地方人民委员会或国家主管部门接到文化遗址受损的报告或面临受损威胁的报告，必须及时采取预防保护措施，并立即向上级机关报告。

3. 文化信息部接到文化遗址受损或面临受损威胁的报告，必须及时指导地方主管部门和文化遗址所有者迅速采取预防和保护措施。涉及国家级特殊遗迹的，必须向总理报告。

第三十四条

1. 文化遗址的保护、修复和重建工作必须立项并提交国家主管部门批准，并保证尽可能不改变遗址的原始特色。

2. 文化信息部部长负责为文化遗址的保存、修复和重建工作制定规则。

第三十五条

1. 文化遗址的保存、修复和重建项目的审批按照本法和其他相关建设法律规定执行。

2. 文化遗址的保存、修复和重建项目的审批，必须附有国家文化信息主管部门的意见和评估。

第三十六条

1. 在本法第三十二条规定的文化保护区以外进行建筑物翻新或建设工程，可能会对遗址的自然风光、生态或环境产生不利影响的，必须获得国家文化信息主管部门的书面意见和评估。

2. 项目主要投资者计划进行如本条第一款规定的建筑物翻新或建设工程的，国家文化信息主管部门有义务提供相关资料以及有关遗址保护的具体建议，确保投资者作出合理选择，促进遗址的保护和弘扬工作。

第三十七条

1. 在可能会对文化遗址产生影响的地方修缮或建造建筑物时，项目主要投资者有义务与国家文化信息主管部门进行协调，并创造条件让这些机关对施工过程进行监督。

2. 若在施工过程中发现疑为文化遗址、文物、古董或国家宝藏的物品，项目所有人必须暂时停工并通知国家文化信息主管部门。一收到通知，国家文化信息主管部门必须及时采取措施解决问题，保证施工进行。在为了保护文化遗址的原状而需要暂停施工的情况下，国家文化信息主管部门必须向上级机关报告，由其决定。

3. 在需要组织考古调查或发掘的情况下，调查或发掘的费用应由政府规范管理。

第三十八条

1. 考古调查和发掘只能在文化信息部的许可下进行。

2. 在考古遗址被破坏或面临被破坏风险的情况下，文化信息部应给予紧急许可，对遗址进行发掘。

第三十九条

1. 具有考古研究功能的组织计划进行考古调查和发掘的，必须向文化信息部递交考古调查和发掘申请。

2. 文化信息部有义务在收到考古调查和发掘申请后三十日内批准。对于未获批准的情况，必须以书面形式清楚陈述理由。

3. 文化信息部应制定考古调查和发掘的法规。

第四十条

1. 考古调查和发掘人员必须符合以下条件：

（1）拥有考古学学士学位或其他考古学相关领域的学士学位。

（2）拥有至少五年直接从事考古工作的经验。

（3）申请考古调查和发掘的组织以书面形式向文化信息部推荐人员。若要替换人员，需有文化信息部的书面协议。

2. 具有考古研究功能的越南组织可以与外国组织和个人合作，依法进行考古调查和发掘工作。

第二节 文物、古董和国家宝藏

第四十一条

1. 在考古调查和发掘过程中发现的，或者组织或个人发现的所有文物、古董和国家宝藏都必须交由发现地的省级博物馆暂时保管。省级博物馆有义务接收和处理上交物品，并向文化信息部汇报。

2. 本条第一款项下的文物、古董和国家宝藏，文化信息部应根据其价值和保存要求，将其移送至适当的国家博物馆。

3. 发现并上交文物、古董和国家宝藏的组织和个人支出的发现及保存费用，应予以支付，并依法给予额外奖励。

第四十二条

1. 国家宝藏应被妥善地保护和保存。国家应该分配足够预算用以购买国家宝藏。

2. 国家文化信息主管部门必须对国家宝藏进行登记。国家应鼓励组织和个人向国家文化信息主管部门登记所持有的文物和古董。国家应对已登记的文物、古董和国家宝藏进行免费评估。国家还应提供保存技术的指导，为文物、古董和国家宝藏的推广提供条件。文化信息部应对文物、古董和国家宝藏的登记程序进行规范管理。

3. 国家宝藏的所有权在本国内发生变动时，原所有权人必须在所有权变动的十五日内将新所有者的姓名和地址告知国家文化信息主管部门。

第四十三条

1. 属于人民、政治组织或社会政治组织的文物、古董和国家宝藏必须存放在博物馆，不允许买卖或捐赠。其他所有者所持有的文物和古董则可以依法在国内外进行买卖、转让、捐赠和继承。其他所有者所持有的国家宝藏只能依法在国内进行买卖、转让、捐赠和继承。文物和古董只有经过国家文化信息主管部门批准方可被带到国外。

2. 文物、古董和国家宝藏应按约定价格买卖或拍卖。国家在购买文物、古董和国家宝藏方面享有优先权。

第四十四条

运输文物、古董和国家宝藏到国外展出、陈列、研究或保存必须符合以下条件：

（1）接收方必须为文物、古董和国家宝藏购买充足保险。

（2）将国家宝藏运到国外必须获得国家总理批准；将文物和古董运到国外必须获得文化信息部部长批准。

第四十五条

有关国家机关缴获非法发现、购买、转让、进口和出口的文物、古董和国家宝藏之后，必须向文化信息部上报。由文化信息部作出决定，将文物、古董和国家宝藏转移给适当的主管部门。

第四十六条

文物、古董和国家宝藏的复制必须符合以下条件：

（1）有明确目的。

（2）以原件作为参考。

（3）有特殊标记将复制品与原件区别开来。

（4）经过文物、古董和国家宝藏原件所有者的同意。

（5）经过国家文化信息主管部门许可。

第三节　博物馆

第四十七条

1. 博物馆是保存和展出自然和社会历史收藏品（以下简称"收藏品"）的场所，旨在满足人们研究、教育、参观和文化享受的需求。

2. 越南博物馆包括：

（1）国家博物馆，用于保存和展出对国家具有特殊价值的收藏品。

（2）专业博物馆，用于保存和展出在某一学科内具有特殊价值的收藏品。

（3）省级博物馆，用于保存和展出对某一地区具有特殊价值的收藏品。

（4）私人博物馆，用于保存和展出与一个或多个专题的收藏品。

第四十八条

博物馆具有以下权利和责任：

（1）收集、分类、保存和展出收藏品。

（2）对文化遗产进行科学研究。

（3）组织文化遗产的推广活动，为社会利益服务。

（4）培养专业人员。

（5）管理设施和技术设备。

（6）依法开展国际合作。

（7）依法行使其他权利，履行其他责任。

第四十九条

博物馆的建立条件应包括：

（1）拥有一个以上专题的收藏品。

（2）具有展出、储藏和保存设施的场所。

（3）具有与博物馆活动相配的专业人员。

第五十条

1. 博物馆的建立应根据如下规定：

（1）由国家总理决定建立国家博物馆或专业博物馆。

（2）由省级人民委员会主席决定建立省级博物馆或私人博物馆。

2. 对博物馆的建立程序规定如下：

（1）拟建立博物馆的组织或个人必须按照本条第一款规定向主管部门提交建立博物馆申请文件。申请文件应包含申请书和国家主管部门确认申请符合本法第四十条规定条件的文件。

（2）在接收到文件后三十日内，相关责任人员有义务对文件进行评审并作出决定。对于不予批准的，应以书面形式清楚陈述理由。

第五十一条

1. 博物馆应根据如下标准进行分类：

（1）收藏品的数量和价值。

（2）收藏品保存和展出的质量。

（3）设施和技术设备。

（4）专业人员的专业水平。

2. 政府应基于本条第一款所列标准就博物馆的分类制定具体的细则。

第五十二条

展厅和纪念馆内的文化遗产必须根据本法规定予以保护和推广。

第五十三条

1. 国家应鼓励文物、古董和国家宝藏的所有者将其收藏品进行公开展出，并介绍给广大观众。

2. 国家文化信息主管部门在必要时应与文物、古董和国家宝藏的所有者就其收藏品在国家博物馆的研究或展出进行协商。

3. 文物、古董和国家宝藏的所有者和国家文化信息主管部门应以书面形式对文物、古董和国家宝藏的使用条件、范围和时间进行协商。

第四节　国家对文化遗产的管理

第一部分　国家管理的范围与国家文化遗产主管部门

第五十四条

国家对文化遗产的管理范围应包括：

（1）制定和实施策略、计划、准则和政策，进一步推动文化遗产的保护和推广工作。

（2）发布和实施有关文化遗产的法律法规。

（3）组织和指导文化遗产的保护和推广活动、与文化遗产有关的交流、宣传和法制教育工作。

（4）组织和管理研究活动，培养和储备文化遗产专业人员。

（5）调动、管理和利用资源保护和推广文化遗产。

（6）组织文化遗产的保护和推广活动，并为活动提供鼓励和奖励。

（7）组织和管理文化遗产保护和推广方面的国际合作。

（8）检查和监督法律实施，解决争议和诉讼，处理违反文化遗产法的行为。

第五十五条

1. 政府应确保国家对文化遗产的统一管理。

2. 文化信息部承担国家文化遗产管理的主要职责。

3. 政府各部以及部级机构和委员会有义务按政府划分的职责管理文化遗产。为确保国家对文化遗产进行统一管理，政府应明确各部以及部级机构和委员会的职责，与文化信息部协作开展文化遗产管理工作。

4. 各级人民委员会应根据政府授权行使权利，履行职责，在当地落实国家文化遗产管理政策。

第五十六条

1. 国家文化遗产委员会是总理在文化遗产方面的咨询委员会。

2. 总理应对国家文化遗产委员会的组织和活动作出规定。

第二部分　文化遗产宣传和保护活动的保障

第五十七条

1. 国家应鼓励文学、艺术和科技协会参加保护和推广文化遗产的活动，并为之创造条件。

2. 国家应鼓励社会参加文化遗产的保护和推广活动。

第五十八条

保护和推广文化遗产所需的资金其来源应包括：

（1）国家财政预算。

（2）使用和推广文化遗产的收入。

（3）国内外组织和个人提供的基金和捐款。

第五十九条

国家应着重对国家特殊文化遗址、国家级博物馆、国家宝藏、革命历史遗址和具有特殊价值的非文化遗产的保护和推广活动提供资金支持。

第六十条

拥有、管理或经营文化遗址、收藏品和博物馆的组织和个人应依法收取遗址和博物馆的入场费以及收藏品的使用费。

第六十一条

1. 国家应鼓励组织和个人为文化遗产的保护和推广捐款和提供资金。

2. 为文化遗产的保护和推广提供的捐款和资金应以恰当的方式予以认可和表彰。

第六十二条

保护和推广文化遗产的资金应进行专门和有效的管理。

第三部分　文化遗产方面的国际合作

第六十三条

国家应制定政策和措施，促进越南和其他国家、外国组织和个人在文化遗产保护方面的合作。国际合作应基于尊重国家独立、主权平等、互惠互利并遵守越南法律和越南社会主义共和国签署或加入的国际公约。这些政策应促进世界文化遗产的推广以及国家间的合作和交流。

第六十四条

国家应鼓励海外越南人以及外国组织和个人依法参加越南文化遗产的保护和推广活动。

第六十五条

文化遗产国际合作的范围应包括：

（1）制定并实施保护和推广文化遗产的国际项目和方案。

（2）参加保护和推广文化遗产的国际组织和条约。

(3) 在保护和保存文化遗址、建设博物馆和考古发掘方面开展的研究、科学方法的应用以及先进技术的转让。

(4) 文化遗产的交流展览。

(5) 合作保护越南海外文化遗产。

(6) 培养和储备人员，交流文化遗产保护和推广方面的信息和经验。

第四部分 审查和解决与文化遗产有关的请愿和投诉

第六十六条

国家文化信息检查员承担如下文化遗产检查职责：

(1) 检查文化遗产法律的遵守情况。

(2) 检查与保护和推广文化遗产有关的计划和方案的实施情况。

(3) 根据各自的职责，发现、阻止和处理违反文化遗产相关法律的行为。

(4) 针对文化遗产争端和诉讼召开听证会，提出建议。

(5) 为实施文化遗产法律提出解决方案建议。

第六十七条

被检查的一方的权利和义务如下：

(1) 有权要求检查小组提供检查许可文件和检查员证，并要求其依法进行检查。

(2) 检查许可文件、检查人员的行为或检查结论违反法律的，有权向相关国家主管部门请愿、控诉或提起诉讼。

(3) 因检查小组或检查人员个人的行为和处理违法而造成损失的，有权提出赔偿请求。

(4) 执行检查小组或检查人员的命令；配合检查人员履行其职责；服从检查小组或检查人员依法作出的决定。

第六十八条

1. 组织和个人有权对负责执行文化遗产法律的主管部门、组织和个人作出的行政决定和行政行为提起请愿和诉讼。

2. 个人有权对主管部门、组织和个人违反文化遗产法律的行为提出控诉。

3. 请愿、控诉和诉讼应依法由主管部门按照法定程序解决。

第五节　鼓励、奖励和惩罚措施

第六十九条

对在保护和推广文化遗产方面有突出成就的组织和个人应依法予以奖励。

第七十条

任何发现文化遗产但未主动上交、故意据为己有、损害或破坏文化遗产的人，都应根据其违法行为的性质和严重程度依法追究民事责任和刑事责任。所有物质损失都应依法赔偿，该文化遗产应收归国有。

第七十一条

对于任何违反文化遗产相关法律的人，都应根据其违法行为的性质和严重程度依法追究民事责任和刑事责任。所有物质损失都应依法赔偿。

第七十二条

对于任何滥用职权、违反本法律的人，都应根据其违法行为的性质和严重程度追究民事责任和刑事责任。所有物质损失都应依法赔偿。

第六节　执行规定

第七十三条

本法于 2002 年 1 月 1 日生效。政府制定的任何法规如与本法不同的，应以本法为准。

第七十四条

政府应为本法实施制定具体法规和细则。

本法于 2001 年 6 月 29 日越南社会主义共和国第十届国会第九次会议通过。

越南国会主席

签名：阮文安

国家主席办公厅 2001 年 7 月 12 日河内原件核实副本

No. 22/SL 谨代表国家主席办公厅主任：

副主任阮文碧

（签字盖章）

附录二 《越南水下文化遗产保护条例》[1]

越南中央政府根据 2001 年 12 月 25 日《政府组织法》和 2002 年 6 月 29 日《文化遗产法》，经文化信息部部长提议制定该条例。

第一章　总　则

第一条　适用范围

本条例旨在规范所有针对遗存于越南社会主义共和国内陆水域、内水、领海、毗连区、专属经济区及大陆架的水下文化遗产的管理与保护活动；规范国家机关、政治组织、社会政治组织、社会专业组织、经济组织及公民的各种职责；规范国家机关之间的关系。

第二条　适用对象

1. 本条例适用于所有越南机构、组织和个人，也适用于所有在越南境内从事水下文化遗产管理与保护的外国组织和个人以及境外的越南人。

2. 若本条例与越南社会主义共和国签署或加入的国际条约产生冲突，则以国际条约的规定为准。

第三条　水下文化遗产

1. 水下文化遗产指遗存于水下，具有一定历史、文化、科学价值的物质文化遗产，包括：遗迹、古董、国家宝藏；文物、建筑物、建筑遗址；工艺品、人的遗骸、与人类起源有关的古生物及其有考古价值的环境和自然环境。

2. 使用中的水下管道、排水渠、电缆、设备和设施，不属于水下文化遗产。

第四条　确定水下文化遗产所有权的原则

根据下列原则确定水下文化遗产的所有权：

（1）所有遗存于越南内陆水域、内水、领海、毗连区、专属经济区和

---

[1] 该条例由本书作者郭冉翻译。原文信息：Vietnam Decree No. 86/2005/ND-CP on Management and Protection of Underwater Cultural Heritage (enacted on July 8, 2005), available at http://www.fao.org/faolex/results/details/en/c/LEX-FAOC060607/, visited on 22 February 2021。

大陆架的水下文化遗产，无论起源于哪个国家，都归越南社会主义共和国所有。

（2）遗存于本条第一款规定区域之外、起源于越南的水下文化遗产的所有权，应根据《文化遗产法》以及越南社会主义共和国签署或加入的国际条约来确定。

第五条　水下文化遗产所有权的类型以及水下文化遗产的使用

1. 国家对全民所有的水下文化遗产实行统一管理；承认并保护集体所有权、公社共同所有权、私有权以及法律规定的其他形式的所有权。

2. 水下文化遗产的使用应当遵守《文化遗产法》的各项规定。

第六条　国家水下文化遗产管理和保护政策

1. 鼓励并促进科学技术成果及时地应用于水下文化遗产的管理、保护和价值提升。

2. 鼓励越南组织和个人以及外国组织和个人依法参与水下文化遗产的研究、调查、勘探、发掘和保存工作。

3. 建立和发展越南水下考古学；建立水下文化遗产博物馆。

4. 重视训练和培养水下文化遗产专业的干部队伍和工作人员队伍。

5. 为水下文化遗产的调查、研究、勘探、发掘、保存和价值提升工作投资或者提供资金支持。

第七条　水下文化遗产管理、保护和价值提升的原则

水下文化遗产的管理、保护和价值提升活动应根据以下原则进行：

（1）遵守《文化遗产法》、本条例以及其他相关法律的规定。

（2）保护国家主权以及国家、组织和个人的合法权益。

（3）加强国家主管机关在水下文化遗产管理、保护和价值提升方面的责任。

第八条　各个机构、组织和个人在水下文化遗产管理和保护方面的责任

1. 各个国家机构应根据各自职能和任务管理和保护水下文化遗产。

2. 所有组织和个人均有责任参与水下文化遗产的管理和保护工作；宣传和传播水下文化遗产的相关法律法规；将科技成果应用于水下文化遗产的研究、勘探、发掘和保存工作。

第九条　禁止的行为

严禁从事下列行为：

（1）非法勘探、发掘、买卖、运输水下文化遗产。

（2）未经批准擅自开展搜寻和打捞活动，造成水下文化遗产错置或者其他可能的损害。

（3）利用水下文化遗产研究、勘探、发掘活动侵犯国家利益以及组织和个人的合法权益，对自然资源、环境和/或人身健康造成损害。

（4）阻碍相关机构、组织和个人开展水下文化遗产管理和保护工作。

（5）《文化遗产法》第十三条规定的其他行为。

第二章　水下文化遗产管理

第十条　国家管理水下文化遗产的事项

1. 管理水下文化遗产研究活动；接收水下文化遗产的相关信息；接收、收回并保存组织或个人发现、搜寻到的水下文化遗产。

2. 依据法律规定为水下文化遗产勘探与发掘活动颁发许可证。

3. 依据本条例组织开展水下文化遗产的勘探与发掘工作；对打捞或发掘出来的水下文化遗产进行专业评估并撰写发掘报告；解决在发现、勘探或发掘水下文化遗产过程中产生的争议。

4. 处理以合资企业、合同或法定商业合作模式勘探与发掘水下文化遗产相关各方的利益关系。

5. 根据法律规定管理与水下文化遗产有关的其他活动。

第十一条　发现水下文化遗产后的管理工作

1. 发现水下文化遗产的组织和个人应确保文化遗产遗存点完好无损，并迅速通知最近的地方政府、负责文化信息的国家机关或负责通信和交通的国家机构。

2. 个人或组织报告发现水下文化遗产时，相关国家机构必须迅速安排人员接待并充分了解相关信息，同时立即向国家文化信息主管部门上报，以组织开展相关水下文化遗产的保护工作。

第十二条　参与勘探、发掘水下文化遗产的条件

1. 在审查、确定水下文化遗产勘探与发掘的主体时，优先考虑符合《文化遗产法》和 2002 年 11 月 11 日第 92/2002/ND-CP 号政府条例《〈文化遗产法〉相关条款实施细则》规定的勘探与发掘水下文化遗产条件的越南机构和组织。多家越南机构和组织符合本条例第二条所列条件的，必须通过招投标程序确定水下文化遗产勘探与发掘项目的机构和组织。招投标及其程序应符合相关法律规定。

2.参与勘探、发掘水下文化遗产的越南机构、组织和个人必须符合下列条件：

（1）符合《文化遗产法》第 39 条和第 40 条以及第 92/2002/ND-CP 号政府条例第 19 条之规定的主体。

（2）具有勘探与发掘水下文化遗产的相关经验。

（3）拥有与项目规模相适应的勘探与发掘水下文化遗产的人才、设备、设施和资金。

（4）已承办过经国家主管部门批准的水下文化遗产勘探与发掘项目。

3.外国组织和个人合作开展水下文化遗产勘探与发掘活动，必须具备下列条件：

（1）经营范围包括越南法律规定的水下文化遗产勘探与发掘活动。

（2）具有勘探与发掘水下文化遗产的经验，并在该专业领域享有世界声望。

（3）拥有符合该项目勘探与发掘要求和规模的专家、设备、设施和资金。

（4）获得本条第二款规定之越南机构或组织的支持。

（5）获得由越南主管机构颁发的参与越南水下文化遗产勘探与发掘活动的许可证。

第十三条　水下文化遗产勘探与发掘活动的管理工作

1.水下文化遗产勘探与发掘活动必须严格按照国家主管部门批准的项目内容进行；项目批准后如需进行修改，必须由本条第二款规定的国家主管部门出具书面同意书。

2.文化信息部部长负责对水下文化遗产勘探与发掘项目的内容和规模制定细则。

3.文化信息部部长应根据投资和建设管理相关法律规定，批准或者评估水下文化遗产勘探与发掘项目。

4.任何组织进行勘探、发掘水下文化遗产活动，必须报经文化信息部审查批准。

第十四条　水下文化遗产勘探、发掘项目成果的处理工作

1.水下文化遗产勘探、发掘项目结束后，必须立即妥善处理各项成果。

2. 水下文化遗产勘探、发掘项目成果的处理工作应包括：

（1）对所有水下文化遗产，包括有关组织和个人发现并上缴的文化遗产，进行盘点、分类和初步评估。

（2）严格按照法定程序和规定对水下文化遗产进行存档和保存。

（3）依法制订水下文化遗产的保护、利用和价值提升方案。

3. 水下文化遗产勘探、发掘项目成果的处理工作应按下列原则进行：

（1）所有在勘探、发掘过程中收集的水下文化遗产必须按本条第二款的规定处理。

（2）必须确保客观、准确，排列有序，程序明晰。

（3）成果处理工作必须进行记录，并以书面形式上报给负责文化信息的国家主管机构和其他相关国家主管部门。

（4）成果处理工作报告必须符合文化信息部部长作出的决定。

4. 成果处理工作报告必须提交给文化信息部、勘探与发掘项目所在地的省级人民委员会。勘探与发掘项目涉及其他部门的，成果处理工作报告也应提交给该部门。

5. 文化信息部部长应当按照其职权处理报告提出的建议和意见。

第十五条　勘探、发掘工作结束后对水下文化遗产的鉴定工作

1. 勘探、发掘工作结束后，必须对收集到的水下文化遗产的来源以及其历史、文化、科学和经济价值作出专家鉴定意见。

2. 文化信息部古董鉴定委员会应负责水下文化遗产的鉴定工作。委员会酌情邀请相关各方的代表参与鉴定工作。

3. 文化信息部古董鉴定委员会在鉴定水下文化遗产时具有下列职责与权力：

（1）对水下文化遗产的历史、文化、科学和经济价值进行鉴定和评估。

（2）对鉴定和评估完毕的水下文化遗产进行统计、分类。

（3）采取必要的水下文化遗产保护和处理措施。

（4）文化信息部部长应根据古董鉴定委员会的报告，考虑并确定水下文化遗产保护以及价值提升措施，解决与水下文化遗产有关的争端。

第十六条　勘探、发掘工作结束后的水下文化遗产管理工作

1. 勘探、发掘所得的水下文化遗产应当按照本条例第十五条之规定进行评估和专业鉴定，并由文化信息部部长对勘探、发掘之水下文化遗产作

出处理决定，之后方可移交管理和使用。

2. 勘探、发掘所得的水下文化遗产移交管理和使用应当按照下列原则进行：

（1）按照一定标准被确定为特殊水下文化遗产的，归越南国家所有。

（2）其余水下文化遗产按照水下文化遗产勘探与发掘项目核准的比例，以公开、公正、客观的方式分配其管理和使用权。

（3）文化信息部部长应对管理和使用勘探、发掘所得水下文化遗产的分类标准及其分配方式制定详细指导规则。

第十七条　勘探、发掘工作结束后国家管理的水下文化遗产的接收、保管和保存

1. 文化信息部部长应决定勘探、发掘工作结束后由国家管理的水下文化遗产的保管场所。

2. 在接到文化信息部部长关于管理勘探、发掘所得水下文化遗产的决定后三十日内，水下文化遗产的保管机构或组织必须严格按照法定程序将其移交给接管机构或组织。

第三章　水下文化遗产保护

第十八条　发现水下文化遗产后的保护工作

省级人民委员会在收到发现水下文化遗产的通知或报告后，必须迅速开展下列各项工作：

（1）对组织或个人报告的水下文化遗产所在地及其存在迹象进行核实。

（2）迅速制订水下文化遗产发现地保护计划；指导和动员省内的武装力量保护水下文化遗产发现地的安全和秩序；及时防范、处理各种水产品及海洋动物的捕捞行为、爆破行为以及危及水下文化遗产安全的行为。

（3）在接到有关发现水下文化遗产的信息后十五日内，向文化信息部报告；承担主要责任并配合文化信息部，对新发现的水下文化遗产进行初步评估，并采取适当的管理和保护措施；如水下文化遗产体积庞大且被认定为具有重要的历史、文化和/或科学价值，应及时向总理汇报。

（4）指导省级/直辖市文化信息主管部门组织水下文化遗产的接收和保存工作，与警方合力追回非法勘探或发掘所得的水下文化遗产，实施水下文化遗产的保护和管理方案。

第十九条　在不具备发掘条件时对水下文化遗产的保护工作

在不具备发掘条件或发掘准备工作尚未到位时，省级人民委员会应承担以下保护职责：

（1）根据本条例第十八条第二项之规定，保证水下文化遗产遗存区域的安全；迅速通告保护区的范围以及相应的违规行为种类；依法处理违规的组织和个人。

（2）确保交通正常。

第二十条　在发掘过程中对水下文化遗产的保护工作

在发掘过程中，水下文化遗产保护工作包括以下内容：

（1）确保水下文化遗产遗存区域的安全。

（2）确保水下文化遗产在施工现场及运往保存场所过程中的安全；确保发掘现场、设备和供水设施的安全。

（3）确保遵循水下考古程序，防治水环境污染，保护生物资源和其他自然资源。

第二十一条　由两个以上省份共管的水下文化遗产的保护工作

新发现的水下文化遗产位于两个以上省份共管区域的，由首先发现水下文化遗产所在地的省级人民委员会承担主要责任，并协调其他相关省级人民委员会，根据本条例之规定组织该水下文化遗产的保护工作。

第二十二条　水下文化遗产的保存工作

通过非法勘探、发掘或打捞所得的水下文化遗产必须按照本条例第十五条的规定进行鉴定、汇编存档并上交给文化信息部直接管辖的博物馆或水下文化遗产发现地的省级/直辖市文化信息主管部门，由后者根据法律规定开展保存工作。

第二十三条　保护、勘探、发掘和保存水下文化遗产所需资金的来源

水下文化遗产保护活动所需资金的来源应包括：

（1）在不具备发掘条件时，水下文化遗产发现后所需的保护资金应由该水下文化遗产所在地的地方预算承担。

（2）勘探与发掘活动所需的资金以及在此过程中保护水下文化遗产所需的资金，为水下文化遗产编制科学档案所需的资金，研究、运输和保存水下文化遗产所需的资金，应计入有关主管部门批准的水下文化遗产勘探与发掘项目预算。

第四章　机构、组织和个人在保护水下文化遗产方面的责任

第二十四条　发现水下文化遗产的组织和个人的责任

1. 组织和个人一旦探测到水下文化遗产，就有义务迅速且准确地把发现地点通知最近的地方政府机构，而且必须在三天内把以任何方式获得的水下文化遗产上交给以下地方政府机构之中距离最近的一个：

（1）各级人民委员会。

（2）各级政府文化信息主管机构。

（3）武装部队单位。

2. 发现水下文化遗产的组织和个人只需通知本条第一款中规定的各级政府文化信息主管机构。

第二十五条　机构、组织和个人在收到水下文化遗产相关信息和移交水下文化遗产时的责任

1. 接收水下文化遗产信息以及移交水下文化遗产必须采用书面形式，包括如下内容：

（1）提供水下文化遗产信息及移交水下文化遗产的机构、组织和个人的名称及地址；接收信息及水下文化遗产的机构、组织和个人的名称及地址。

（2）对发现水下文化遗产的地点、时间和环境的描述；移交的水下文化遗产的类型、材料、尺寸、特征、特性及其他信息。

2. 迅速协调相关职能部门组织保护水下文化遗产发现地，及时阻止本条例第九条中规定的违法行为。

3. 在条件不允许履行本条第二款规定的职责时，应向相关省级人民委员会及直接上级机构或组织报告。

4. 收到水下文化遗产信息24小时内，该机构或组织的负责人必须向省级人民委员会及直接上级机构或组织报告。

第二十六条　各级人民委员会的责任

1. 乡级人民委员会的责任

（1）按照本条例第二十四条和第二十五条的规定，接收关于发现水下文化遗产的信息，并立即报告本条例第二十四条和第二十五条规定的上级人民委员会和各级政府文化信息主管机构。

（2）组织水下文化遗产的保护、打捞和保存工作。

（3）对机构、组织和个人在保护水下文化遗产方面的权利、义务和责任进行宣传。

（4）为管理保护水下文化遗产以及组织相关活动创造条件，并为相关职能部门提供协助。

2. 县级人民委员会的职责

（1）指导相关专业机构和乡级人民委员会在各自辖区内传播、宣传和实施水下文化遗产管理和保护法规。

（2）指导水下文化遗产的管理和保护工作。

（3）迅速上报省级人民委员会和国家文化信息主管机构。

3. 省级人民委员会的职责

接到发现水下文化遗产的信息或报告后，省级人民委员会有如下职责：

（1）立即将其上报文化信息部。

（2）组织核实水下文化遗产信息的准确性。

（3）指导水下文化遗产所在地的保护工作。

（4）指导省级/直辖市文化信息主管部门对送存的水下文化遗产进行保护、保存和初步鉴定。

（5）与有关部门和组织合作，制订水下文化遗产发掘项目计划，指导各项勘探和/或发掘活动，并承担主要责任。

（6）发掘工作结束后，组织水下文化遗产的保存和保护工作，制订水下文化遗产的后续利用计划。

第二十七条　获准勘探和/或发掘水下文化遗产的机构、组织和个人的职责

获准勘探和/或发掘水下文化遗产的机构、组织和个人负有以下责任：

（1）保护国家主权。

（2）保守有关水下文化遗产勘探或发掘地点坐标的秘密。

（3）在勘探与发掘水下文化遗产过程中要确保绝对安全。

（4）保护生态环境、水生物和其他自然资源。

（5）遵守有关考古勘探与发掘的法律法规。

第二十八条　文化信息部的职责

除依据《文化遗产法》履行职责、行使权力之外，文化信息部还应承担如下职责：

（1）在水下文化遗产的管理、保护和价值提升方面对中央政府负责。

（2）拟定水下文化遗产相关的法律文件并提交中央政府和总理颁布实施，或者根据其权限颁布有关水下文化遗产的法律文件。

（3）承担主要职责，并与教育培训部和越南社会科学院共同协作，培训和培养专门从事水下文化遗产管理、保存、发掘工作的干部队伍，以提高其保存水下文化遗产的技能。

（4）管理和组织各项科研活动，并将科学技术研究成果应用于水下文化遗产保护和价值提升。

（5）在相关机构和组织的协作下，负责对各种水下文化遗产的勘探与发掘项目进行评估。

（6）在水下文化遗产所在地的省级人民委员会协作下，负责对水下文化遗产进行勘探和发掘。

第二十九条　规划投资部的职责

1. 计算和平衡水下文化遗产管理、保护、勘探与发掘项目的投资资本。

2. 通过与文化信息部、有关部委、分支机构、省级人民委员会协作，根据规划投资部的权限，负责对利用外国投资资本的水下文化遗产勘探和/或发掘项目进行评估。

第三十条　财政部的职责

1. 与有关部门和机构协作，负责制定管理、保护、勘探、发掘、保存、使用、转让、接收、分配和清算水下文化遗产的各项制度和财务政策。

2. 与文化信息部和规划投资部协作，负责为水下文化遗产的管理、保护、勘探与发掘项目提供金融专业知识。

3. 按照法律规定，对水下文化遗产的管理、保护、勘探与发掘活动分配资金，审查并监督其使用情况。

4. 防止和处理非法出口和进口水下文化遗产的行为。

第三十一条　公安部的职责

1. 与文化信息部、相关部委、分支机构和省级人民委员会协作，负责确保水下文化遗产所在地的安全和秩序，保护已经发掘出来的水下文化遗产。

2. 与财政部以及相关机构协作，防范和处理各种钻探、勘探、打捞、买卖、运输、出口和进口水下文化遗产以及转让其所有权等非法行为。

3. 指导下属的公安队伍与省级人民委员会协作，指导地方公安队伍保护水下文化遗产；确保水下文化遗产勘探与发掘区域的安全及秩序。

第三十二条　国防部的职责

与省级人民委员会、相关部委以及各分支机构协作，负责指导下属武装部队确保水下文化遗产所在地的安全与秩序；负责保护国家安全；监督、处理和防范各种非法打捞、运输和进出口水下文化遗产的行为。

第三十三条　交通部的职责

1. 在各个部委、分支机构和省级人民委员会提出要求时，交通部优先向其提供交通工具，确保水下文化遗产勘探、发掘和运输活动的顺利进行。

2. 指挥和安排相关交通路线，确保水下文化遗产的安全以及水下文化遗产所在地的交通安全。

第三十四条　自然资源与环境部的职责

与文化信息部和省级人民委员会协作，对水下文化遗产勘探与发掘项目的环境影响进行鉴定和评估。

第三十五条　越南社会科学院的职责

1. 组织科学研究活动，对水下文化遗产的勘探与发掘计划提出建议；为水下考古学建立组织模式。

2. 配合相关部委、分支机构和省级人民委员会对水下文化遗产进行勘探与发掘。

第三十六条　其他部委和分支机构在管理和保护水下文化遗产方面的职责

国家各个部门应依各自职责和任务，根据法律规定开展水下文化遗产的管理、保护和价值提升工作。

第五章　与水下文化遗产管理和保护相关的国际合作

第三十七条　与水下文化遗产管理和保护相关的国际合作方面的国家政策

国家鼓励与外国组织和个人合作，共同开展水下文化遗产的管理和保护活动，并就管理水下文化遗产相关活动开展研究，交流经验；国家鼓励科技成果转换并应用到水下文化遗产的保护和保存工作之中。

第三十八条　与水下文化遗产管理和保护相关的国际合作的具体内容

1. 在规划水下文化遗产管理、保存和保护项目方面进行合作。

2. 在与水下文化遗产管理、保存、保护、勘探与发掘相关的科学研究、技术应用和转让方面进行合作。

3. 在培养和训练水下文化遗产保护、勘探与发掘专业人才队伍方面进行合作。

4. 在水下文化遗产的信息交流方面进行合作。

第三十九条 涉外水下文化遗产纠纷及其解决

涉外水下文化遗产纠纷及其解决应该遵循以下原则：

（1）尊重国家独立和领土主权。

（2）协商一致与平等原则。

（3）符合越南法律规定和越南社会主义共和国签署或加入的国际条约。

第六章 表彰、违法行为的处理、检举揭发及其处理

第四十条 表彰和奖励

1. 表彰和奖励的形式与级别

根据文化遗产的价值，为发现水下文化遗产并主动将其送交国家主管机构的组织和个人颁发立功奖状、证书或奖牌，或报销其发现和保存水下文化遗产的费用；并按照《〈文化遗产法〉相关条款实施细则》第五十三条之规定颁发奖金。

2. 决定对发现和送交水下文化遗产的组织和个人进行表彰和奖励的权限、命令和程序应遵照《〈文化遗产法〉相关条款实施细则》第五十四条之规定。

第四十一条 水下文化遗产管理和保护中违法行为的处理

1. 所有水下文化遗产管理和保护中的违法行为都应依法作出处理。

2. 违反本条例规定和其他相关水下文化遗产管理和保护法律规定的组织和个人，应按其违法行为的性质和严重程度给予行政处分，追究相应的刑事责任。造成损害的，还应依法支付赔偿金。

3. 滥用职权、违反水下文化遗产管理和保护相关法律规定的工作人员，应按其违法行为的性质和严重程度给予纪律处分，并追究刑事责任。造成损害的，还应依法支付赔偿金。

第四十二条　水下文化遗产管理和保护中的检举揭发及其处理

1.组织和个人有权检举任何违反水下文化遗产管理和保护法律的行为。

2.个人有权揭发任何违反水下文化遗产管理和保护法律的行为。

3.处理检举和揭发事务的权限、命令和程序应遵守与检举和揭发相关的法律规定。

第七章　生效条款

第四十三条　生效

1.本条例在《宪报》公告十五日后生效。

2.政府以前制定的法规如与本条例不一致，则以本条例为准。

第四十四条　指导实施的组织

1.文化信息部部长必须对本条例的实施进行指导和监督。

2.各部部长、部级机构负责人、中央政府直属机构负责人、省级和直辖市人民委员会主席应贯彻实施本条例。

谨代表中央政府

总理

潘文凯

附录三 《关于保护和保存国家文化遗产、加强国家文化艺术委员会及其附属文化机构以及其他目的之法案》❶

（2009 年 7 月 27 日）

菲律宾国会参议院和众议院审议通过以下条款：

第一条 简称

该法案简称为《菲律宾国家文化遗产法》。

第一节 政策和原则

第二条 原则和政策声明

1. 1987 年《宪法》第十四章第十四条、第十五条、第十六条和第十七条宣布，国家应在自由的艺术和智力表达氛围中基于多样性和统一性原则促进菲律宾文化的保存、丰富和蓬勃发展。《宪法》同样要求国家保护、发展、促进和宣传推广国家的历史文化遗产和资源以及艺术创作。它进一步规定，菲律宾的全部艺术和历史遗产构成民族文化的宝贵财富，受到国家保护，并且国家有权决定其处置方式。

2. 该法将文化保存作为保持菲律宾身份的战略，旨在实现以下几个目标：

（1）保护、保存和宣传推广国家文化遗产、财产和历史以及当地民族文化遗产。

（2）建立和加强文化机构。

（3）保护文化工作者，确保其职业发展和福祉。

3. 国家应努力创造一种平衡的氛围，使历史与现代社会和谐共存。其应以一种综合和整体的方式、利用所有相关学科和技术妥善处理文化遗产保护问题。国家应履行职责，妥善管理文化遗产资源，以激励并造福今世

---

❶ 该法由本书作者郭冉翻译。原文信息：Philippine National Cultural Heritage Act of 2009 (Republic Act No. 10066, approved on March 26, 2010), available at https://www.lawphil.net/statutes/repacts/ra2010/ra_10066_2010.html, visited on 22 February 2021.

后代。

第二节 术语定义

第三条 术语定义

本法中下列术语的定义如下：

（1）"适应性再利用"是指出于其最初建造目的以外之目的利用建筑物、其他建筑结构以及有价值的场址，从而保留其场址、整体工程和原始设计。

（2）"人类学研究区"是指任何进行特定民族语言群体研究的地方，其属性对我们的文化遗产具有重要意义。

（3）"古董"是指在当地发现的已经有一百年历史且已经停产的文化财产。

（4）"考古区"是指任何遗存有描述和记录与文化有关的古生物学、史前和历史事件的化石、文物和其他文化、地质、动植物物品的地方，无论这些物品位于地表、地下、水下或海洋。

（5）"档案"是指因其证据价值、历史信息价值而被挑选出来永久保存的任何形式的公共记录和私人记录；也被称为档案资料集或档案馆藏；存放和保存档案资料的地方（建筑物/房间/存储区）；以及主要负责评估、排列、描述、保存、推广并提供档案材料以供参考和研究的组织、机构或组织机构的一部分，也被称为档案机构。

（6）"建成遗产"是指建筑结构和工程结构，包括但不限于桥梁、政府建筑物、祖先房屋、传统住宅、营房、火车站、灯塔、小港口，教育、技术和工业综合体及其设施，具有重要历史和文化价值的景观。

（7）"收藏者"是指任何不以销售为目的而获得文化财产的个人或机构。

（8）"委员会"是指国家文化艺术委员会。

（9）"保存"是指维护文化财产的文化重要性的所有过程和措施，包括但不限于保管、修复、重建、保护、改造以及上述各种过程和措施的任何组合。

（10）"文化机构"是指下列在某个特定领域承担特定职责的国家政府机构：国家博物馆（文化财产）；国家图书馆（书籍）；国家历史学会（菲律宾历史）；国家档案馆（档案文件）；菲律宾文化中心（文化和艺术）；

菲律宾语言委员会（语言）。

（11）"文化教育"是指对文化概念和文化过程的教授与学习。

（12）"文化遗产"是指在历史进程中保存、发展并传承的文化财产的总和。

（13）"文化遗产工作者"是指从事文化遗产工作的个人。

（14）"文化团体"是指主要从事文化工作的实体。

（15）"文化财产"是指所有体现人民和国家身份的人类创造物体，包括教堂、清真寺和其他宗教礼拜场所，学校、自然历史标本和场所，无论是公共的还是私人的，可移动的或不可移动的，有形的或无形的。

（16）"交易商"是指为收购并处置文化财产之目的而获取文化财产的自然人或法人。

（17）"遗产区"是指国家博物馆和/或国家历史学会公布的那些对国家具有重要文化价值的历史、人类学、考古学、艺术地理区域和环境。

（18）"历史"是指与菲律宾历史有关的过去事件的书面记录。

（19）"历史地标"是指国家历史学会公布的、与菲律宾历史重大事件和成就相关的场所或建筑物。

（20）"历史纪念碑"是指国家历史学会公布的那些纪念杰出历史人物或重大历史事件的建筑物。

（21）"历史圣地"是指国家历史学会公布的用以缅怀史实的历史遗址或构筑物。

（22）"历史街道名称"是指已经存在至少五十年且长期以来都被认为具有历史意义的街道名称。

（23）"重要文化财产"是指由国家博物馆和/或国家历史学会确定的对菲律宾具有特殊文化、艺术和历史意义的文化财产。

（24）"非物质文化遗产"是指社区、团体和个人视之为其文化遗产一部分的各种习惯、表现形式、表达方式、知识和技能以及与之相关的工具、物体和艺术品，例如：口头传统、口头语言和表现形式；表演艺术；社会习惯、礼节和节日活动；关于自然和宇宙的知识和实践；传统工艺。

（25）"非物质文化财产"是指各民族的学习过程以及在此过程中掌握并不断发展的知识、技能和创造力；他们创造的产品；资源、空间以及其他维持其可持续性的各种社会和自然环境。

（26）"图书馆"是指负责组织收集书籍、手稿、计算机化信息和其他材料，以供公众查阅、检索或通过网络访问的机构，并由受过专门培训的图书馆馆员提供与客户信息需求相关的各种服务和工作。

（27）"博物馆"是指为教育或休闲目的而研究、获取、保存、交流和展示人类及其环境的物质证据的常设机构。

（28）"国家文化宝藏"是指在当地发现的独特文化财产，它们对国家和民族具有重要意义，具有突出历史、文化、艺术和科学价值，并由相关文化机构正式公布为国家文化宝藏。

（29）"对民族具有重要意义的"是指那些历史、美学、科学、技术、社会和精神价值，它们能使民族成员对其共有的各种身份、文化遗产和民族遗产由衷地产生自豪感，促进民族团结。

（30）"具有重要文化意义的自然财产"是指国家综合保护区系统（National Integrated Protected Areas System）中对国家具有重要科学意义的独特的动植物生态系统的区域。

（31）"国家文化艺术委员会网络文化数据库"是指委员会内网中关于文化信息事务的特定域，只能在控制和保密的情况下在委员会内部进行访问。它包括菲律宾文化财产登记处。

（32）"史前时期"是指在文字产生之前的人类历史时期。

（33）"注册机构"是指菲律宾文化财产登记处，该机构负责对所有具有重要意义的文化财产进行注册登记。

（34）"修复"是指为防止进一步变坏或改变而采取的措施或技术干预手段。

（35）"物质文化财产"是指具有历史、档案、人类学、考古学、艺术和建筑学价值的文化财产，它们由特殊方式或传统工艺生产创造，而无论其是否起源于菲律宾，其中包括重要的古董和自然历史标本。

第三节　文化财产

第四条　类别

菲律宾文化财产分类如下：

（1）国家文化瑰宝。

（2）重要文化财产。

（3）世界遗产。

（4）国家历史圣地。

（5）国家历史纪念碑。

（6）国家历史地标。

第五条　被视为重要文化财产的文化财产

1. 为了防止文化财产被出口、改变或拆毁，下列作品应被视为重要文化财产，除非有关文化机构另行声明：

（1）"国家活宝藏"的作品。

（2）"国家艺术家"的作品。

（3）除国家博物馆通过声明排除在外的考古和传统民族志资料。

（4）除国家历史学会通过声明排除在外的民族英雄的作品。

（5）被相关国家机构授牌的历史建筑。

（6）至少有五十年历史的建筑。

（7）除国家档案馆通过声明排除在外的具有五十年以上历史的档案资料或文件。

2. 财产所有人可以请求相关文化机构撤销"重要文化财产"的推定，而相关文化机构应及时解除不合理的推定。

第六条　世界遗产

相关文化机构应与菲律宾教科文组织全国委员会密切合作，以确保对菲律宾的世界遗产以及文化遗产和混合遗产进行妥善保护和管理。

第七条　文化财产的特权

1. 被宣布为国家文化瑰宝和国家历史地标、世界遗产或国家历史纪念碑的所有文化财产，应享有以下特权：

（1）优先获得政府保护、保存和修复资金。

（2）通过委员会"保存奖励计划"鼓励民间主体支持国家文化瑰宝的保存和修复工作。

（3）有关文化机构授予官方遗产标记铭牌，宣布该不动产已被确认为国家文化瑰宝、国家历史地标、世界遗产或国家历史纪念碑。

（4）在发生武装冲突、自然灾害和其他危害国家文化遗产的特殊事件时，政府应优先保护国家文化瑰宝、国家历史地标、世界遗产或国家历史纪念碑。

2. 所有被宣布为"重要文化财产"的文化财产也可获得政府资助，用以保护、保存和修复工作。有关文化机构应授予官方遗产标记铭牌，公示该不动产已被列为"重要文化财产"。

第八条 国家文化瑰宝或重要文化财产的宣布或除名程序

宣布和除名国家文化瑰宝或重要文化财产应遵循如下程序：

（1）文化财产所有人、利益相关者或任何利害关系人向委员会提交申请，启动国家文化瑰宝或重要文化财产的宣布或除名程序，委员会收到申请后应通知主管文化机构。

（2）一旦确认该财产是国家文化瑰宝或重要文化财产，有关文化机构应向文化财产所有人和利益相关者发送听证通知。利益相关者，包括但不限于地方政府部门、地方文化艺术理事会、地方旅游理事会、非政府文化遗产保存组织和学校，可对申请提出支持或反对意见。

（3）文化财产所有人和其他利益相关者应在收到听证通知后十五日内提交立场文件，并向包括相关文化机构在内的所有当事方提供该立场文件。如需延长期限，最多不得超过三十日。

（4）申请人和利益相关者应在收到任何立场文件后十五日内给出答复。过期后即不再接受任何答复。

（5）主管文化机构应在自提交答复截止之日起九十日内提出解决方案，并对申请作出决定。

第九条 在售国家文化瑰宝的优先购买权

在购买被认定为国家文化财产的文化财产时，主管文化机构应享有优先购买权。在国家文化财产交易完成之前，主管文化机构享有与第三方出价进行对比的权利。

第十条 文化财产经营者的许可

1.所有文化财产经营者应取得主管文化机构颁发的经营许可证。所有文化财产经营者每季度应提交一份存货清单，其中应包括每件物品的历史记录。如连续两个季度未提交存货清单，将被取消许可证。所有文化财产经营者都应接受有关文化机构的检查。

2.文化机构可规定有关工作的收费标准，并负责收取注册费、许可费、检查费、证明费、授权费以及许可证照费。文化机构收取的各项费用应由该文化机构保留并当作办公费用。

第十一条 文化财产交易

未经有关文化机构批准，不得将文化财产出售、转售或带出国境。如果该文化财产确需带出国境，则仅可用于科学研究或展览活动。

第四节　遗产保护区

第十二条　遗产保护区的划定

国家历史学会和国家博物馆应与委员会、住房和土地使用管理委员会或其他有关机构协商，划定遗产保护区，以保护其所处地理区域的历史完整性和文化完整性。

第十三条　遗产保护区的维护

遗产保护区应由相关地方政府部门按照以下准则维护：

（1）实施文化财产的适应性再利用。

（2）负责妥善维护区域内的街道、公园、纪念碑、建筑物以及水体、运河、道路和栏杆，尽可能使其外观保持与国家历史学会认定的该区域最重要历史时刻的外观相近。

（3）地方政府部门应记录和维持所有社会文化习俗，包括但不限于开展传统庆祝活动、纪念历史战役、重温风俗习惯、再现历史战役场景以及恢复当地习俗活动等。

第五节　文化财产的登记和保存

第十四条　建立菲律宾文化财产登记处

1. 所有具有重要意义的菲律宾文化财产应在菲律宾文化财产登记处进行注册登记。

2. 委员会应通过主管文化机构和地方政府部门，自本法生效之日起三年内建立并管理该登记处。文化财产注册登记的准则如下：

（1）所有相关文化机构应对文化财产分门别类，建立文化财产的清单、评估和存档制度，并提交给委员会。对于不动产类的文化财产，主管文化机构应当在登记后及时通知相关契据登记处，以便其在该地契上注明。

（2）地方政府部门应通过其文化办公室保存其管辖范围内文化财产的清单，并应向委员会提供副本。

（3）有关的文化机构和地方政府部门应保持相互协调，更新文化财产清单，监督各自清单中的文化财产。

（4）所有政府机构、政府部门、政府所有或控制的公司及其子公司、公立和私立教育机构，均应向有关文化机构报告其拥有或占有的此类财产，并应自本法生效之日起三年内完成此类财产的注册登记工作。

（5）文化财产的私人收藏者和所有人应在本法生效之日起三年内对此类财产进行注册登记。即使在按照本法要求对上述相关财产进行注册登记之后，文化财产私人收藏者和所有人的占有权和所有权也不应被剥夺。

3.私人拥有的文化财产注册信息应当保密，并且只有在事先征得财产所有人同意后才能提供给他人。委员会应负责运营国家文化艺术委员会网络文化数据库的注册处。

第十五条 文化财产的保存

1.对于那些在实施本法之前国家博物馆和国家历史学会认定并授牌的国家文化瑰宝、重要文化财产以及国家历史地标、世界遗产或历史纪念碑、历史建筑，如需采取任何干预和保护措施，都应由主管文化机构负责实施、监督管理。

2.主管文化机构仅应批准那些严格遵守国际保存标准的方法和材料。

第十六条 传统及当代艺术的记录与保护

1.地方政府部门应记录传统及当代艺术与手工艺，包括其工艺流程和艺术工作者，保证原材料来源充足。地方政府部门应当鼓励和保持传统艺术和手工艺的发展，使其成为社区切实可行、稳定可靠的收入来源。

2.委员会、贸易和工业部、旅游部及其他直接或间接涉及商品生产的政府机构，应协助地方政府部门保护其传统及当代艺术与手工艺，使其在当前和未来都有市场，以发展并不断弘扬上述社区的独特文化遗产和本地特性。

3.有关的地方政府部门应将这些记录文件整理成年度清单并提交给委员会，该年度清单将被列入本法第十四条所规定的菲律宾文化财产登记处。

第十七条 自然历史的系统研究

1.国家博物馆有权对菲律宾领土范围内的包括重要文化财产在内的各种标本进行科学研究和现场采集，从而采集、维护和开发菲律宾动植物、岩石和矿物的国家参考藏品。其进行这些活动无须获得任何其他机构的许可。

2.国家博物馆应将此类藏品通知环境与自然资源部、农业部。在菲律宾领土范围内收集的所有标本都应存放在国家博物馆。

第十八条 遗产协议

1.委员会可以在有关文化机构的建议下，与文化财产的私人所有人就保护上述文化财产达成协议。

2. 此类协议应采用合同形式，包括但不限于如下条款和内容：

（1）该财产对公众的开放程度。

（2）产权负担的大小。

（3）财产地役权的期限。

（4）针对所有人或占用人在某地及其附近行使权利的限制条件。

（5）财产的维护和管理。

（6）为财产保存提供的财政援助。

（7）协议的争端解决程序。

3. 应在协议中注明土地所有权，以约束不动产文化财产的未来所有人或占用人。

第十九条　国家非物质文化遗产名录

主管文化机构应与菲律宾教科文组织全国委员会密切合作，保护菲律宾的非物质文化遗产。由菲律宾教科文组织全国委员会设立的菲律宾非物质文化遗产委员会应在执行菲律宾教科文组织全国委员会《保护非物质文化遗产公约》相关规定方面发挥领导作用，特别是其第十一条至第十五条。

第二十条　不动产国家文化瑰宝

1. 不动产国家文化瑰宝不得以破坏其尊严和真实性的方式进行重新安置、重建、污损或以其他方式更改，除非是为了使此类财产免遭自然破坏而采取的抢救行为。

2. 如未获得委员会或主管文化机构颁发的许可证，任何人不得移动本条规定的文化遗产。

第二十一条　土著财产

主管文化机构应与全国土著人民委员会协商，制订方案并颁布法规，以协助土著人民保存其特殊的文化和历史财产。

第二十二条　重新命名历史街道以及被认定为国家文化瑰宝或重要文化财产的建筑

除非经国家历史学会举行听证并批准，地方立法或国家法律不得重新命名那些被指定为国家文化瑰宝或重要文化财产的历史街道、公园、建筑、圣地、地标、纪念碑和遗产。此外，对于在本法生效之前对上述遗产的重新命名行为，国家历史学会可在举行听证后指令地方政府部门恢复该遗产的原名。

第六节　对文化财产出口、转运、进口和归还的监管

第二十三条　文化财产的出口

1. 出口菲律宾文化财产登记处注册的文化财产，应遵守以下要求：

（1）通过主管文化机构获得委员会的授权。

（2）出口许可证申请应在拟从菲律宾出口之前三十日提交。

（3）出口许可证的申请必须包括以下内容：临时出口的目的；文化财产的出口日期；文化财产的归还日期；文化财产的描述；菲律宾文化财产登记处的文化财产清单。

2. 出口许可证的授予应基于以下条件：文化财产的出口是临时的；为了科学研究或展览而必须出口的。

第二十四条　归还要求和协议

1. 如菲律宾文化财产登记处注册的文化财产被非法出口，外交部应根据主管文化机构的建议，主张对方归还。任何赔偿和费用应由菲律宾政府承担。

2. 为了保护文化和外交利益、保证文化财产的安全，菲律宾可根据下列条件与缔约国订立关于文化财产进口和归还问题的国际条约：

（1）协议内容必须是对缔约国具有重要意义的文化财产。

（2）文化财产必须符合保护文化遗产的现行出口政策。

（3）缔约国应享有对等的权利。

第七节　委员会／文化机构的权力

第二十五条　发布禁止令的权力

当国家文化瑰宝和重要文化财产的物理完整性面临破坏或发生不同于其原始状态的显著改变的危险时，主管文化机构应当立即发出禁止令，中止任何可能影响文化财产的活动。在不动产文化财产所在地拥有管辖权的地方政府部门，应当在发现该文化财产后立即向主管文化机构报告，并应迅速采取适当措施以确保不动产文化财产的完整性。主管文化机构还应通知文化财产的所有人或占用人，并就颁发禁止令是否适当进行听证。只有在主管文化机构通知所有有关各方和利益相关者并举行听证会后，通过发出书面授权才能取消该禁止令。

第二十六条　发布强制修复令的权力

如果私有财产无法由其所有人妥善维护，或者因疏忽失修而导致该财产面临无法保存的可能，主管文化机构可向该文化财产的所有人或占用人发出修复令或维护令。如所有人在三十日到四十五日内未能履行上述指令，委员会资助的主管文化机构可进行修复，并由所有人承担修复费用。

第二十七条　检查权

委员会授权有关文化机构随时检查国家文化瑰宝、重要文化财产以及国家历史地标、遗产或纪念碑，以切实保护其完整性。它们还可以检查那些可归类为文化财产的公共藏品或私人藏品，但对私人藏品进行检查需事先获得该藏品所有人的书面同意。

第二十八条　委托其他政府机构代行职权的权力

1. 有关文化机构以及委员会有权委托菲律宾国家警察、国家调查局、菲律宾武装部队、菲律宾海岸警卫队以及其他地方或国家执法机构代表其行使本法及其实施细则和条例规定的职权。其他地方或国家执法机构包括：渔业局执法人员、环境与自然资源部护林员、海关局和移民局执法人员、跨国犯罪问题特使办公室成员以及其他此类机构及其责任承担者。上述机构应立即派遣相关人员具体负责保护菲律宾文化财产登记处注册登记的文化财产。

2. 拒不遵守有关文化机构和委员会的委托令的，应根据本法第四十九条之规定予以处罚。

第二十九条　追回文化财产的权力

委员会有权追回或收回由外国国民或实体保管的文化财产，并将这些文化财产带回菲律宾保管。

第三十条　人类学研究及考古勘探与发掘

1. 国家博物馆在文化、考古、人类学研究方面，国家历史学会在历史人类学研究方面，应分别规范和控制外国人开展的人类学研究工作，还应分别规范和控制所有考古勘探与发掘活动。根据上述规定，国家博物馆或国家历史学会应授权其他机构负责保护考古和人类学遗址。它应遵循以下规则：

（1）在陆地和/或水下考古遗址中发现的全部文化财产均归国家所有。

（2）在没有书面授权也没有考古学家和/或国家博物馆代表现场监督的情况下，不得为获取有文化价值的材料和数据进行陆地和/或水下考古勘探与发掘。

（3）所有以获得具有文化价值的材料和数据为目的且以外国国民为主

的人类学研究，均应在国家博物馆或国家历史学会的授权和监督下进行。应鼓励菲律宾国民进行人类学研究，特别是应鼓励土著社区成员进行人类学研究。

（4）可能被认定为重要文化财产的考古或人类学物品，只有在经过国家博物馆或国家历史学会的适当评估和书面许可后方可出境。

（5）在人类史前时期可能用作居住、宗教、祭祀和埋葬目的之洞穴、岩石掩体及其附近区域开展任何勘探与发掘活动，均应在国家博物馆考古学家和/或其他专家的直接管理和监督下进行。

（6）在洞穴、岩石掩体及其附近区域开展采矿活动均应获得国家博物馆的许可证和书面授权。由申请采矿的公司出资，国家博物馆派代表进行适当的事先检查，以确定该区域不存在考古学材料以及考古学材料未被破坏。

（7）本法禁止非专业人士在洞穴、岩石掩体及其他区域进行挖掘活动。在这些区域内开展的所有动土施工活动必须获得国家博物馆的许可证和书面授权，并由其代表进行监督。

（8）所有寻宝许可证和执照应由国家博物馆颁发，国家博物馆应制定实施细则和条例，以充分控制、规范和监督所有此类活动的申请人。

（9）本法关于陆地和水下考古遗址勘探与发掘的规定应取代所有地方、市、地区和自治区政府的决议和法令。

2. 一旦发现有任何文化财产或历史财产存在，国家博物馆或国家历史学会应立即中止一切可能影响该遗址的活动，并应立即通知对发现地有管辖权的地方政府部门。地方政府应迅速采取措施，保护和维护文化财产的完整性，并应在发现后五日内向主管机构报告。只有在考古材料全面收集完毕之后，经国家博物馆或国家历史学会书面授权，上述中止决定才可取消。

3. 委员会应根据主管文化机构的建议，根据本法实施细则和条例，对发现、报告新的考古遗址的人员提供奖励。

4. 任何政府或非政府基础设施项目或建筑工地开发项目，都应在其环境影响评估系统中考虑人类学、考古学、历史文化遗产保护问题。

第八节 文化机构的作用

第三十一条 文化机构认定文化财产的责任

1. 各个文化机构应按照其各自章程和授权，界定和划分各自在文化财产事务以及对国家文化瑰宝、国家历史地标、遗址或纪念碑的评估认定方面的职责范围。其各自职责范围在必要时应定期重新划分。

2. 就本法而言，各个文化机构在文化财产分类方面分别承担的责任如下：

（1）菲律宾文化中心应负责与表演艺术有关的重要文化财产。

（2）国家档案馆应负责重要的档案材料。

（3）国家图书馆应负责管理稀有珍贵的当代菲律宾书籍和手稿，具体包括但不限于总统文件、期刊、单份或合订的报纸、图书和电子记录文档。

（4）国家历史学会应负责与菲律宾历史、英雄人物和历史文物保护有关的重要动产和不动产。

（5）国家博物馆应负责重要的动产和不动产文化及自然财产，包括与美术、考古学、人类学、植物学、地质学、动物学和天文学有关的的藏品及其保护工作。

（6）菲律宾语言委员会应负责传播、发展、推广菲律宾民族语言，推动保护民族语言。

第三十二条 国家文化机构之间的联动

下列文化机构和其他国家政府机构，应在本法规定内与委员会协商、协调、密切合作，以执行其各自的计划和项目。此外，委员会可以自主与其他机构和组织对接，从整体上做好文化遗产保护工作：

（1）作为本法规定之文化机构管辖权的补充，旅游部及其附属机构负责旅游服务中的文化教育工作，并负责保护文化财产。旅游总体规划的制订和实施应符合本法规定。

（2）王城区管理局负责修复工作和管理王城区开发工作。

（3）国家公园发展委员会是旅游部的附属机构，负责监督开发（美化、保存和维护）奎松纪念堂、圣地亚哥古堡、卢内塔公园、帕克公园、马麒麟山区以及其他国家公园和卫星项目。

（4）教育部应负责组织实施基础教育法，保护和修复相关的建筑遗产，例如国家历史学会确定的具有重要价值的加巴尔登校舍（Gabaldon School）。

（5）公共工程和公路部负责承担主要的基础设施项目，特别是在规划、设计、建造和维护国家公路和桥梁时，因为它们会影响文化遗产的结构及其保护工作。

（6）全国土著人民委员会代表菲律宾土著文化社区，应就其管辖范围内与文化财产有关的事项与国家机构进行协调合作。

（7）环境与自然资源部负责建立和管理国家综合保护区系统，保护野生生物资源，包括洞穴和洞穴资源，并与全国土著人民委员会协调，保护作为土著人民文化圣地的自然资源。

（8）内政与地方政府部应就其管辖范围内与文化财产有关的事项与相关国家文化机构进行协调合作，确保本法得到地方政府部门的贯彻执行。

（9）穆斯林事务办公室应与相关国家文化机构就其管辖范围内的文化财产问题进行协调。

（10）菲律宾教科文组织全国委员会负责提供菲律宾各文化机构与联合国教科文组织之间的联络，并协助国家文化机构执行菲律宾批准或正在批准过程中的联合国教科文组织协定和公约。

（11）住房和土地使用管理委员会应与地方政府部门和委员会就遗产保护区的建立和维护事宜进行沟通协调。

（12）棉兰老穆斯林自治区（Autonomous Region in Muslim Mindanao）和科迪勒拉行政区（Cordillera Administrative Region）应在其各自管辖范围内与国家文化机构就文化财产问题进行沟通协调。

（13）跨国犯罪问题特使办公室应具备监督和行动能力，以追查非法贩运和被盗的文化瑰宝。

第三十三条　将文化财产保护计划纳入地方政府部门的预算

鼓励地方政府部门将保护和保存文化财产的计划和预算纳入其环境、教育和文化职能活动。

第三十四条　培训计划

委员会应与主管文化机构协调，向已经开展文化遗产保护计划和项目的地方政府部门提供文化遗产保护方面的培训。

第九节　文化财产激励机制

第三十五条　捐赠免税

根据1997年菲律宾《国家税务法典》之规定，以任何形式向委员会及其附属文化机构捐赠均应对捐赠者免税，并在计算捐赠者的所得税时将其视为准予扣减数额，应从总收入中扣除。

第三十六条　国家文化遗产资源援助机制

委员会可以补助的形式向历史组织、考古组织、建筑组织和艺术组织提供财政支持，用于文化财产保护或研究工作。根据本法提供的补助金不得被视为应税收入。

第三十七条　奖项和引用

为鼓励保护国家文化遗产，委员会应建立年度表彰机制。菲律宾总统根据委员会的建议，对那些在遗产保存和保护方面取得的特殊成就和重要贡献予以金钱奖励，颁发奖状进行表彰。

第十节　文化教育

第三十八条　将国家文化瑰宝和重要文化财产纳入基础教育体系

1. 在本法生效后一年之内，教育部应与委员会的菲律宾文化教育机制对接，制订针对国内和海外菲律宾人的文化遗产教育计划，以将他们纳入正规教育、另类教育和非正规教育，着重加强文化遗产的保护和保存工作。

2. 菲律宾文化财产登记处同样应由省级政府和地方政府纳入正规教育、另类教育和非正规教育。

第三十九条　文化遗产教育计划

自本法生效之日起一年内，教育部、技术教育和技能发展局以及高等教育委员会在与委员会协商之后，在全国教学计划中规定以下文化遗产教育计划，重点放在省、独立市和自治市：

（1）保护和保存文化遗产。

（2）有关文化财产的有文化和历史意义的印刷品、影像和广播媒体等教学材料。

（3）对指定的地方文化财产的参访、公众开放和信息传播工作。

第四十条　对公众开放

无论其被认定为国家文化瑰宝还是重要文化财产，如无合理理由，任何人不得妨碍公众进入国家历史地标、纪念碑和遗址进行参观调研，不得妨碍政府代表进行检查。根据有关文化机构的规定可以收取一定费用，以支付文化遗产的保存费用，包括日常维护和保养费。对于私有的纪念碑和遗址，国家历史学会或国家博物馆应与其所有人安排开放参观时间和定期检查时间。

第十一节　文化遗产工作者激励机制

第四十一条　文化遗产工作者的激励措施

1. 国家文化机构应与高等教育委员会协调，设立奖学金，开展教育培训计划，采取其他措施，从而保护策展人、保管人、鉴定人、文化研究人员、文化教育工作者、历史学家、图书馆馆员、档案保管员、文化财产估价师和评价人的福祉。经主管文化机构负责人批准，应向这些文化遗产工作者提供补助、奖励和奖学金：

（1）文化遗产工作者计划。自本法生效之日起九十日内，委员会应提供以下资料：在任的鉴定人、文化财产估价师和评价人名册；面向文化财产保管人、鉴定人、文化财产估价师和评价人以及其他与文化财产相关工作人员的教育和培训计划；地方政府部门文化财产保护总体培训计划。

（2）运用科学职业绩效体系。凡获得文化遗产推广和保护相关领域博士学位、理科硕士学位或文科硕士学位的文化遗产部门公务员，只要符合其所任职政府部门职业绩效体系设定的专业评定标准，应授予其专业技术级别以及相应的待遇。

2. 政府机构中科技方面的文化遗产工作者应有资格获得《第8439号共和国法案》（Republic Act No. 8439，也被称为《政府科学家、工程师、研究人员和其他科技人员大宪章》）规定的福利。委员会同样应建立所有非公务员文化遗产工作者适用的绩效奖励制度。

第十二节　菲律宾黎刹文化中心

第四十二条　创建菲律宾黎刹文化中心

本法特创建并成立菲律宾黎刹文化中心，其主要目的是在全世界推广菲律宾的艺术、文化和语言。

第四十三条　菲律宾黎刹文化中心的海外分支机构或办事处

1. 菲律宾黎刹文化中心应在海外菲律宾人工作的国家设立分支机构或办事处，教育海外菲律宾人后代了解他们的起源，同样在拥有大量菲律宾社区的发达国家，也应设立分支机构或办事处。

2. 分支机构或办事处应储存充足的菲律宾艺术、文化和语言资料，特别是书籍、DVD光盘、CD光盘、电影、杂志、艺术品、旅游宣传材料、信息材料等。所有这些资料应向菲律宾人和外国人公开。

第四十四条　与菲律宾学校的协调与监督

菲律宾黎刹文化中心应协调并监督为菲律宾海外儿童开设的菲律宾学校。

第四十五条　提供的服务

菲律宾黎刹文化中心各个分支机构应为儿童和成人提供菲律宾语课程、展览、小型演唱会、诗歌朗诵、烹饪课。

第四十六条　向菲律宾黎刹文化中心提供旅游、贸易和投资资料

旅游部、教育部、国家文化艺术委员会、高等教育委员会、国家历史学会、国家档案馆、国家图书馆和菲律宾文化中心应向菲律宾黎刹文化中心海外分支机构提供旅游宣传资料。贸易和工业部同样也应提供贸易和投资方面的资料。

第四十七条　拨款

国家财政必须立即抽调资金，拨付一亿比索用以贯彻落实本法相关条款。

第十三节　刑罚规定

第四十八条　禁止行为

如其他法律并未对某违法行为科以更高刑罚，则任何人故意实施下列行为均为违反本法的行为：

（1）破坏、毁坏、损毁或损害任何世界遗产、国家文化瑰宝、重要文化财产以及考古和人类学遗址。

（2）修改、变更或破坏由国家历史学会认定、归类和授牌的任何国家圣地、纪念碑、地标和其他历史宫殿及建筑物的原始特征，或者未获得委员会书面许可而在这些地方从事建筑或房地产开发活动。从纪念碑或遗址外围界限量起五米范围为规定的安全区或缓冲区，在此区域内从事上述活动同样构成违法行为。

（3）未经国家博物馆事先书面授权，勘探、发掘或挖掘具有文化历史价值的物品。在没有合格考古人员现场监督的情况下，任何人不得实施发掘或挖掘活动。

（4）违反《新民法典》和其他相关法律规定侵吞发掘的文化财产。

（5）进口、出售、分配、采购、获取或出口任何通过盗窃或违背所有人意志的方式而获取的文化财产。

（6）非法出口菲律宾文化财产登记处注册登记的文化财产，或非法出口那些通过核查即可归类为文化财产的物品，或者在运输过程中进行虚假申报。

（7）未经有关文化机构依法注册并颁发执照而进行文化财产交易。

第四十九条　刑事处罚

1. 一经定罪，法院应决定对违法者处以二十万比索以上罚金，或者单处或并处十年以上有期徒刑。对于任何企图隐瞒注册的文化财产，或任何企图违法占有或发掘的文化财产，均应以委员会的名义予以没收充公。此外，如法人实施违法行为，则其董事长、经理、代表人、董事、代理人或雇员也应承担本款规定之刑罚。另外，如果该违法行为是由交易商实施，除根据本条规定处罚之外，还应自动吊销其营业执照。如果违法者是外国人，则移民局应羁押并根据本法规定的诉讼程序处理，应在其服刑完毕之后立即驱逐出境。

2. 相关部门、委员会、局、机构或办公室的负责人、负责官员以及工作人员故意不履行本法第二十八条委托令规定职责的，应承担不作为责任，依法予以处罚。

3. 如果违法行为涉及相关文化财产未依本法第十四条完成注册，且在委员会或有关文化机构通知后仍不依法注册，则应处一万比索以上、十万比索以下罚金。

4. 第三十一条规定的有关机构负责人、政府官员和工作人员，如未就因实施其部门计划项目而对文化财产造成的损害与委员会进行协商和沟通协调，应承担法律责任，并应根据本条第一款处以刑罚。此外，违法行为人还应承担相应的修理或重建费用。

第十四节　捐赠

第五十条　国家文化艺术基金

菲律宾政府博彩委员会（PAGCOR）、一般拨款（General Appropriations）应提供五亿比索的资金，每年最少提供一亿比索，为期五年，最终建立国家文化艺术基金。该款项应存放于财政局设立的文化艺术特别账户，专款专用。

第十五节　最终条款

第五十一条　实施细则和条例

委员会应与本法相关的其他政府机构沟通协商，在本法生效之日起九十日内颁布本法的实施细则和条例。

第五十二条　废除条款

《第 7356 号共和国法》(Republic Act No. 7356，即《关于建立国家文化艺术委员会的法律》)、《第 8492 号共和国法》(Republic Act No. 8492，即《1998 年国家博物馆法》)、《第 9072 号共和国法》(Republic Act No. 9072，即《国家洞穴和洞穴资源管理和保护法》)和《第 7942 号共和国法》(Republic Act No. 7942，即《1995 年菲律宾采矿法》)的有关规定以及其他与本法规定不一致的法律、总统令、行政命令、实施细则和条例，自本法生效之日起废除，以本法为准。

第五十三条　可分离条款

本法中任何可能被宣布为违宪的部分或条款，不影响本法其他可以继续存在并生效的部分或条款的效力。

第五十四条　生效条款

该法在两份以上全国发行的报纸上刊登十五日后生效。

已批准

（签名）　　　　　　　　　　（签名）
众议长：普洛斯彼罗·诺格拉雷斯　　参议长：胡安·彭斯·内里
（PROSPERO C. NOGRALES）　　（JUAN PONCE ENRILE）

该法合并了《参议院第 3014 号法案》和《众议院第 6733 号法案》，由参议院和众议院分别于 2009 年 12 月 14 日和 2009 年 12 月 16 日通过。

（签名）　　　　　　　　　　（签名）
参议院秘书长　　　　　　　　众议院秘书长
EMMA LIRIO-REYES　　　　　MARILYN B. BARUA-YAP

批准日期：2010 年 3 月 26 日

（签名）
菲律宾总统：格洛丽亚·马卡帕加尔－阿罗约
（GLORIA MACAPAGAL-ARROYO）

附录四 《马来西亚国家遗产法》(节选)❶

第一部分 前 言

简称和生效日期

1.（1）本法可简称为《国家遗产法》（2005）。

（2）本法自部长经《宪报》公告指定之日起生效；部长可为马来西亚不同地区指定不同的生效日期。

解释

2.（1）在本法中，除文意另有所指外：

"建筑物"（building）是指从历史、艺术或科学的角度来看，由于其建筑风格、同质性或在景观中的位置而具有突出的普遍价值的单个建筑物或建筑群。

"古物"（antiquity）是指：

（a）任何具有或者合理推定具有五十年以上历史的可移动物体；

（b）该物体被嗣后添加、重建或恢复之任何部分；

（c）具有或者合理推定具有一百年以上历史之任何人类、植物或动物遗骸（remains）。

…… ……

"物品"（object）包括任何可移动的古物、物质文化遗产、非物质文化遗产和历史文物，但不包括宝藏。

"历史文物"（historical object）是指任何具有宗教、传统、艺术或历史意义的人工制品或其他物品，包括：

（a）民族志研究资料，例如家具、农具、装饰品、个人装饰品；

（b）艺术品，例如雕刻、雕塑、绘画、建筑、纺织品、乐器、武器和任何其他手工艺品；

（c）手稿、硬币、纸币、奖章、纪念章、徽章、纹章、旗徽、盔甲；

---

❶ 该法由本书作者郭冉翻译。原文信息：Malaysia's National Heritage Act 2005, available at https://gtwhi.com.my/wp-content/uploads/2020/12/National-Heritage-Act-2005.pdf, visited on 22 February 2021。

（d）已经停止生产的车辆、船舶和轮船之整体及其部分。

…… ……

"恢复"（restoration）是指准确地恢复某个历史时期呈现的建筑物外形或具体结构或建筑物之组成部分及其组合方式的过程，方法是移除后来添加部分并把缺失的原件放回原处，包括：

（a）对外部和内部进行全面修复；

（b）对外部、内部或任何部分结构进行部分修复，只有当建筑物之部分结构对于阐释其文化价值的历史重要性具有重要意义时，或者对指定区域的整体价值有所贡献时才应采用；

（c）适应性修复，包括对建筑物的全部或部分进行的外部修复，以及为适应现代功能用途而进行的内部修复。

"重建"（reconstruction）是指通过某种新的构造准确地复制在某个历史时期出现但又消失的结构或其一部分的形式和细节的过程，包括全部重建或部分重建。

"保存"（preservation）是指为了阻止进一步解体、腐朽或破败不堪的状态而确保结构安全和完整状态，但不打算进行重大重建，包括：

（a）抑制或减缓物品或建筑物的解体、腐朽或破败状态的技术；

（b）改善结构条件，使建筑物安全、适宜居住或可以其他方式使用；

（c）不会改变或影响建筑物的构造或历史外观的日常维护和细微修理。

"修复"（rehabilitation）是指通过修理或改建（alteration）使财产恢复可使用状态的过程，这使财产既可以在当代物尽其用，同时又可保留该财产作为历史建筑至关重要的那些部分和特征。

"养护"（conservation）包括保存、恢复、重建、修复和适应或其任何组合。

"所有人"（owner）对任何土地而言是指注册登记的土地所有人以及习惯保有财产（customary tenure）的法定土地所有人和使用人。

"占用人"（occupier）包括实际占有、管理或控制土地的耕种者或个人，包括任何占有或控制该建筑或土地上之动产的个人。

…… ……

"遗址"是指根据第二十四条指定为遗址的场所。

"遗产"是指所有国家遗产、遗址、文物和水下文化遗产的通称，而不论其是否被列入登记簿。

"国家遗产"是指根据第六十七条被宣布为国家遗产的遗址、文物、水下文化遗产或文化遗产传承人。

"文化遗产"包括物质和非物质的文化财产、建筑物和人工制品，可包括但不限于与马来西亚历史或当代生活方式有关的物质、物体、物件、人工制品、形成物、建筑物、表演、舞蹈、歌曲、音乐，以及位于地面、地下或水下的除自然遗产以外的物质文化遗产。

"水下文化遗产"是至少一百年来，周期性地或连续地，部分或全部位于水下的具有文化、历史或考古价值的所有人类生存的遗迹，比如：

（a）遗址、建筑、房屋、工艺品和人的遗骸，及其有考古价值的环境和自然环境；

（b）船只、飞行器、其他运输工具或上述三类的任何部分，所载货物或其他物品，及其有考古价值的环境和自然环境；

（c）具有史前意义的物品。

……………

第三部分　管理机构

文化遗产专员的任命

4.（1）为了行使该法赋予专员的权力，履行对应的职能，部长应任命一名官员，称为"文化遗产专员"。

（2）文化遗产专员的任命须在《宪报》刊登。

（3）根据第一款任命之文化遗产专员的性质是具有永久继承权和公章的法人。

（4）文化遗产专员可以自己的名义提起诉讼以及被起诉。

（5）文化遗产专员的任期不得超过三年，并有资格连任。

其他官员的任命

5.（1）部长可不时任命必要数量的副专员、助理专员、授权官员和其他必要的官员，以协助文化遗产专员履行本法赋予的各项职责。

（2）根据第一款任命的所有人员，均须接受文化遗产专员的监督、指导以及管理。

文化遗产专员的职责

6. 文化遗产专员履行以下职责：

（a）决定文化遗址的认定以及文物和水下文化遗产的注册登记。

（b）建立并维护文化遗产登记簿，决定并细化应列入登记簿的文化遗产之类别。

（c）监督和审查文化遗产的保护、保存、修复、维护、宣传（promotion）、展览和公开（accessibility）工作。

（d）推动和促进与文化遗产相关的各种研究。

（e）授权、监控和监督文化遗产发掘活动。

（f）维护所有与发掘、勘探、发现或搜寻遗产活动相关的文件。

（g）建立并维持与有关国家机关在文化遗产保护方面的联络与合作机制。

（h）建议并协调各级地方规划部门、委员会和其他机构与实体保护、推广和处理文化遗产。

（i）采用最佳的标准和做法保护、保存文化遗产。

（j）向部长提供有关文化遗产保护问题的咨询意见。

（k）履行部长有时分配的其他职责。

（l）处理因履行职责而导致的偶发事件或继发事件。

文化遗产专员的权力

7. 文化遗产专员根据本法享有如下权力：

（a）订立合同。

（b）获得（acquire）、购买、征用（take）、持有、用益（enjoy，占有和使用）各类动产和不动产文化遗产。

（c）转让（convey）、分配、移交、放弃、收费（charge）、抵押、赠予（demise）、重新分配、让与（transfer）或处置、处理任何授权给文化遗产专员的动产或不动产及其相关权益。

（d）采取其他履行本法规定职责所必需的措施。

…… ……

第九部分　水下文化遗产

水下文化遗产的发现

61.（1）任何人在马来西亚管辖水域发现水下文化遗产后，均应尽快通知文化遗产专员或港口官员。

（2）港口官员在收到通知后应尽快通知文化遗产专员，并在可能的情况下将其移交给文化遗产专员。

（3）文化遗产专员确认该水下文化遗产具有重要文化遗产价值的，应将其列入遗产登记簿。

（4）任何人拒不根据第一款之规定进行通知的，即构成犯罪。

可移动水下文化遗产的占有、保管或控制

62.（1）如果文化遗产专员发现有人正在或曾经占有、保管或控制可移动水下文化遗产及其任何部分，可书面通知要求其在通知规定时间内上报该水下文化遗产的全部信息。

（2）如果此人已经不再占有、保管或控制该水下文化遗产，其应向文化遗产专员提供材料详细说明其不再占有、保管或控制该水下文化遗产的具体情况。

（3）如果此人已经将其占有、保管或控制的可移动水下文化遗产转让，其应告知文化遗产专员受让者的名称和住址。

（4）任何人拒不遵守本条之规定的，将构成犯罪。

水下文化遗产的宣布

63.（1）如果文化遗产专员认为任何位于马来西亚水域的水下文化遗产具有重要文化遗产价值但其历史不足一百年的，应上报部长，由文化部部长在《宪报》上刊登通知宣布该遗址或物体为水下文化遗产。

（2）任何被宣布为水下文化遗产的遗址或物体，均应列入遗产登记簿。

水下文化遗产保护区

64.（1）文化部部长可以根据文化遗产专员的建议，在《宪报》上发布通知宣布水下文化遗产所在的区域为文化遗产保护区（Protected Zone）。

（2）未经文化遗产专员书面批准，任何人不得在保护区内从事任何活动。

（3）任何人违反第二款之规定即构成犯罪。

打捞或发掘活动执照

65.（1）除非获得文化遗产专员颁发的执照，任何人不得为寻找水下文化遗产之目的在马来西亚水域开展打捞或发掘活动，否则将构成违法行为。

（2）任何人违反第一款之规定即构成犯罪。

在调查、打捞或发掘过程中发现的水下文化遗产的所有权

66.（1）在任何调查、打捞或发掘过程中发现的任何水下文化遗产，均应交给文化遗产专员并应列入遗产登记簿。

（2）若文化遗产专员占有该水下文化遗产，其应在四十八小时内在水下文化遗产发现地所属区域的港口办公室张贴一份水下文化遗产清单。

（3）任何水下文化遗产的所有人一旦按要求向文化遗产专员主张权利，在专员占有水下文化遗产之日起一年内并在缴纳打捞费和其他应付费用之后，就可以根据专员设定的条款和条件合法地拥有该水下文化遗产。

（4）任何人如不遵守第三款设定之条款及条件，即构成犯罪。

（5）如一年内没有所有人提出权利主张，则该水下文化遗产应成为联邦政府的绝对财产。

（6）除非部长另有指示，文化遗产专员可以原址保存水下文化遗产。

第十部分　国家遗产

国家遗产的宣布

67.（1）文化部部长可在《宪报》上刊发命令，将遗产登记簿所列之任何遗址、文物、水下文化遗产或文化遗产传承人宣布为国家遗产。

（2）部长依第一款发表声明，可以考虑：

（a）历史重要性及其与马来西亚历史的关联性；

（b）独特的设计或美学特征；

（c）科学或技术上的创新或成就；

（d）社会或文化意义；

（e）与马来西亚文化遗产相关的教育、展示或进一步科学研究的潜力；

（f）展示丰富性、多样性或不同寻常的特征整合的重要性；

（g）自然遗产、物质或非物质文化遗产、水下文化遗产的稀有性或独特性；

（h）某一遗址或文物对某类遗址或文物而言具有代表性；

（i）任何与确定文化遗产价值有关的其他事项。

（3）如果遗址、文物或水下文化遗产位于国有土地之上，文化部部长在依第一款作出宣布之前应咨询国家主管部门（State Authority）。

（4）如果遗址、文物或水下文化遗产位于已经被转让的土地上或不在联邦政府或州政府的土地上,文化部部长应在拟宣布之日前至少三十日通知该遗址、文物或水下文化遗产的所有人、保管人或受托人。

(5)如果根据第一款宣布国家遗产涉及非物质文化遗产且此类作品仍存在版权,则在宣布其为国家遗产之前,应征得版权所有人同意。

(6)如果根据第一款宣布国家遗产涉及文化遗产传承人,则在宣布其为国家遗产之前,应征得本人同意。

(7)文化部部长在《宪报》上发布的命令副本应送达给该遗址、文物、水下文化遗产的所有人、保管人、受托人或文化遗产传承人。

(8)任何人反对根据第一款宣布为文化遗产,可在命令刊发后三个月内以书面形式向文化部部长提出异议,并可向文化部部长申请撤销该命令。

(9)文化部部长可以根据国家文化遗产委员会的建议决定撤销或拒绝撤销该命令,其决定为最终决定。

国家遗产的提名

68. 任何人均可以规定形式向部长提名自然遗产、物质或非物质文化遗产、文化遗产传承人或水下文化遗产。

国家遗产的所有权或占有

69. 由联邦政府或州政府以外的人拥有或占有的任何国家遗产,可仍由其所有人、保管人或受托人占有。

国家遗产所有权的变化

70. (1)国家遗产的所有权只能通过以下方式改变:

(a)继承;

(b)经文化遗产专员事先批准后出售。

(2)如果所有人、保管人或受托人有意出售国家遗产,则该所有人、保管人或受托人应保障文化遗产专员可以商定价格优先购买该国家遗产,或者按照文化遗产专员的指示以其认可的方式处置该国家遗产。

(3)如果文化遗产专员与所有人对该国家遗产的合理赔偿产生任何争议,则应将争议提交文化部部长,由其作出最终决定。

(4)如根据第一款(b)项出售文化遗产,则其所有人、保管人、受托人以及购买人应在所有权变更后三十日内以书面形式通知文化遗产专员,并由文化遗产专员对登记簿进行变更。

国家遗产列入登记簿

71. 文化遗产专员应将根据第六十七条第一款宣布的国家遗产列入登记簿。

国家遗产的保护与保存

72.（1）文化部部长可对管理、保护和保存不同类别的国家遗产规定不同程序和准则。

（2）部长可批准向国家遗产的所有人、保管人或受托人提供任何财政援助，以保证其遵守第一款规定的程序或准则。

附录五　印度尼西亚文化旅游部
《水下文化遗产管理导则》❶

第一章　一般要求

第一条

本条例所提及名称的意义：

（1）水下文化遗产是在海洋、河流、湖泊、沼泽和其他水下自然环境中发现的所有与人类活动相关且符合1992年关于文物的第5号法令之第一条第一款规定的动产或不动产；

（2）水下文化遗产管理是与文物、遗址或保护区的保存相关的一切活动，包括保护、发展、监督和利用水下文化遗产；

（3）保护是指为防止和应对由人类行为或自然过程引起的所有影响或后果而作出的任何努力，这些行为或自然后果可能会对水下文物和水下遗址的价值和完整性造成损失或破坏；

（4）维护和养护是为保护遗址和保护区免受人为、自然和生物因素破坏而采取的一切努力；

（5）许可是评估和审查许可申请文件的过程，从而确保许可证申请人拟进行的活动依据法律法规开展；

（6）安全保障是通过防止可能损害水下文物和水下遗址持续存在的人类行为来保护水下文物和水下遗址的活动；

（7）利用是在确保保护目标的前提下为宗教、社会、旅游、科学、教育和文化之目的利用文物、遗址和保护区的活动；

（8）监督是为了保证相关的文物和遗址管理计划可以依法有效实施的活动；

（9）水下文化遗产勘探是一项通过调查和打捞来发现水下文化遗产和识别其科学、历史和文化价值的活动；

---

❶ 该法由本书作者郭冉翻译。原文信息：Indonesia Ministerial Regulation of No. 48 of 2009 on Guidelines for Management of Underwater Heritage Culture and Tourism [NUMBER：PM.48/UM.001/MKP/2009]，available at https://jdih.kemenparekraf.go.id/en/katalog-230-Peraturan%20Menteri, visited on 22 February 2021。

（10）水下文化遗产调查是一项观察（观测）活动，旨在发现并识别水下文化遗产及其潜在价值；

（11）水下发掘是一项通过考古发掘方法改变水下遗址状况的活动，目的是寻找水下考古遗址的考古、历史和环境数据；

（12）水下文化遗产文献记录是记录水下文物、遗址及其周边环境的相关数据的活动；

（13）控制是一系列旨在防止违反法律法规行为的活动；

（14）部长是指主管文化事务的部长；

（15）区域政府是省长、县长或市长以及作为区域政府组成部分之区域政府机构；

（16）区域政府机构主管部门是负责管理水下文化遗产事务的部门。

第二章　目的、目标、范围和策略

第二条

水下文化遗产管理导则旨在为省政府和县/市政府以综合方式实施与水下文化遗产保护、开发和利用有关的政策、计划及开展相关活动提供参考。

第三条

实施水下文化遗产管理导则旨在：

（1）实施水下文化遗产管理，实现其历史、科学和文化价值；

（2）推动省政府和县/市政府增加对水下文化遗产管理政策、计划和活动的投入；

（3）推动省政府和县/市政府提高水下文化遗产管理政策、方案和活动的有效性；

（4）鼓励以综合的方式建立管理机构，根据各自职责共同执行水下文化遗产管理任务，履行相关职能。

第四条

水下文化遗产管理导则包括：

（1）保护；

（2）水下文化遗产调查；

（3）水下发掘；

（4）维护和养护；

（5）文件记录和出版；

（6）控制与利用。

第五条

水下文化遗产管理应采用协同方式实施，依据法律法规采取保护和利用措施。

第三章 实施水下文化遗产管理导则的范围

第一部分 保 护

第六条

1. 第四条第一款中提到的保护通过以下方式进行：

（1）许可；

（2）保障安全；

（3）抢救；

（4）监督；

（5）教育。

2. 水下文化遗产管理活动应依据主管官员依法颁发的许可证进行。

3. 以下活动应获得许可：

（1）水下考古研究；

（2）培养历史、科学和文化价值观之教育活动；

（3）出于介绍、宣传科学和文化价值观之目的而举办展览；

（4）将文化遗产物品带出印度尼西亚共和国领土；

（5）进行调查以识别和盘点水下遗址，进行发掘以实现考古研究之目的；

（6）打捞水下文化遗产进行修复、保存和展示，以培养历史、科学和文化价值。

4. 根据法律法规保障水下文化遗产的安全，具体而言，通过以下方式进行：

（1）保障水下文化遗产存放地点的安全；

（2）水下文化遗产管理局与海洋渔业部、印度尼西亚海军、水警协作确保海上安全。

5. 根据法律规定对水下文化遗产开展抢救活动，目的是防止：

（1）自然因素和环境变化造成破坏；

（2）危害水下遗址安全的开发活动；

（3）紧急情况，例如火灾、洪水、暴动和当局认为是紧急情况的其他情况。

6. 第五款所述抢救活动应通过以下方式进行：

（1）通过发掘和吊装从其原始位置移走；

（2）从其存储区域转移。

7. 第六款所述抢救活动应以不违反保存或保护原则的方式进行，并且应遵守相关法规。

8. 依法对水下文化遗产进行监测，具体而言包括以下方式：

（1）陆上监测；

（2）海上监测。

9. 调查应依法进行，由移民局调查员进行，并与印度尼西亚国家警察的调查员协作。

10. 因举报或怀疑出现以下事项即可开始进行调查：

（1）水下文化遗产管理不符合法律规定；

（2）未经许可进行水下文化遗产调查或打捞活动；

（3）水下文化遗产被盗或遭到破坏。

第二部分　水下文化遗产调查

第七条

1. 水下文化遗产调查的目的是发现并识别位于海洋、湖泊、河流和陆地之下的遗存。

2. 调查可以由政府与私营部门合作进行。

3. 水下调查必须遵守政府文化主管部门发布的各项指南以及印度尼西亚潜水运动协会发布的潜水程序。

4. 每项水下调查活动必须依法向主管单位报告。

第八条

1. 如果在第七条第一款所述的调查活动中发现水下文化遗产，必须详细记录水下文化遗产的数量、初始状态和位置，采集的物品样本数量不得超过十个。

2. 发现水下文化遗产必须报告有关机构。

3. 报告程序应符合法律法规。

4. 发现水下文化遗产应予以适当奖励。

5. 评估和奖励应依法进行。

第三部分　水下发掘

第九条

1. 水下发掘包括发掘、打捞、对水下发现物品的处理以及转移到其他处理地点。

2. 发掘工作必须由具有相应专业技能的人根据水下发掘标准进行。

3. 水下发掘应遵循考古原则，具体包括：

（1）每项发掘活动都会改变水下文化遗产信息的数据和质量，因此必须准确记录整个发掘过程；

（2）水下发掘是在特殊的高风险环境中进行的，因此必须高度重视工作的安全性；

（3）水下发掘是在非常有限的时间内在特殊环境中进行的，因此必须严格遵守各项程序、方法和技术以及工作标准；

（4）水下发掘必须由团队协作实施。

4. 在保护区内进行的每项水下发掘活动均应遵守相关法律法规。

5. 每次水下发掘活动必须报告有关部门。

第四部分　维护和养护

第十条

1. 维护和养护包括清洁、维护和保存。

2. 维护和养护必须由具有水下文化遗产养护知识和技能的人按照相关标准进行。

3. 实施维护和养护应遵守与人力资源、设施和设备相关的各项标准。

4. 每次维护和养护活动都必须向相关单位报告。

第五部分　文件记录和出版

第十一条

1. 水下文化遗产的文件记录归类为基本文件、调查、发掘、养护和利用。

2. 水下文化遗产的文件记录必须由具有专业知识和技能的人依法进行。

3. 文件记录包括照片、录像、登记、标记、数据库、存储等记录形式。

4. 出版包括印刷（报告、期刊、时事通讯、图书和其他形式）、展览、咨询和其他形式的信息传播，既可以直接传播，也可以通过纸媒和电子媒体等大众传媒进行传播。

5. 文件记录和出版活动应按照适当程序、方法和技术进行。

6. 所有文件记录和出版活动必须向有关单位报告。

第六部分　控制与利用

第十二条

1. 控制以监督方式实施，包括直接监督和依法授权社区实施监督。

2. 监督可以由依照法律法规负责处理文化事务的区域政府机构进行。

3. 利用是为了文化、教育、科学、宗教、社会和旅游之目的，且不得与保护之目的产生冲突。

4. 所有控制和利用活动必须向有关单位报告。

第四章　规　划

第十三条

1. 文化旅游部负责制订全国水下文化遗产管理计划。

2. 国家水下文化遗产管理规划是一项指导方针，各地的省长、县长或市长有义务根据法律法规整合方案和政策，开展水下文化遗产管理活动。

第十四条

1. 区域水下文化遗产管理政策、计划和活动的整合方案应列入区域长期发展计划（RPJD）、区域中期发展计划（RPJMD）、区域发展工作计划（RKPD）和区域工作单位预算（RKA-SKPD）。

2. 第一款中各种计划和预算文件的编制应在各级政府和机构之间进行协调。

3. 该区域承担水下文化遗产保护职能的工作单位应着力整合水下文化

遗产管理政策、计划和活动，可以区域行动计划（RAD）的形式纳入第一款所述的规划和预算文件编制工作。

第五章 实施方式

第一部分 一般规定

第十五条

1. 省长、县长或市长有义务根据各自权限在其管辖区域实施水下文化遗产管理政策、计划和开展相关活动。

2. 第一款所述的水下文化遗产管理政策、计划和活动应依法实施。

3. 负有管理水下文化遗产职责的工作单位负责实施既定的水下文化遗产管理政策、计划及开展相关活动，并在实施过程中加强与区域工作单位（KPD）、社区组织、大学和公众的协作。

4. 前款所述的"实施"可通过协调、宣传、推广、交流、信息分享、教育、培训和提供便利的方式进行。

第十六条

1. 通过组建、发展、加强或利用工作队、水下文化遗产管理论坛、工作组或其他省级、县/市级机构来实施水下文化遗产管理政策、计划和开展相关活动。

2. 第一款所指的工作队、论坛、工作组或其他机构的成员应包括相关的区域政府机构主管部门、社区机构、大学和社区。

3. 第一款所指的工作队、论坛、工作组或其他机构的组建应由省长/县长/市长发布法令予以规定。

第十七条

1. 省政府和县/市政府应协作实施有关水下文化遗产管理的政策、计划和开展相关活动。

2. 第一款所述的协作应依法进行。

第二部分 省

第十八条

省长在文化发展领域实施水下文化遗产管理政策、计划和开展相关活动时，应该：

（1）根据政府建议授权许可水下文化遗产调查或打捞遗存于距离海岸线4海里至12海里海域范围之内的水下文化遗产；

（2）对在距离海岸线4海里至12海里海域范围之内发现水下文化遗产的，应予以合理奖励；

（3）协调当地区域政府机构主管部门与县市部门实施水下文化遗产管理政策、计划和开展相关活动；

（4）与其他省份以及其他省份的县市部门开展合作，并推动各县与各市在各自区域范围之内合作实施相关法律法规；

（5）加强机构能力建设，包括增加人力资源以实施水下文化遗产管理；

（6）促进水下文化遗产管理政策、计划和活动的贯彻落实；

（7）提高公众对水下文化遗产管理的认识水平；

（8）准备建立水下文化遗产管理数据收集系统。

第三部分　县和市

第十九条

县长或市长在文化发展领域实施水下文化遗产管理政策、计划和开展相关活动时，应该：

（1）根据政府建议授权许可水下文化遗产调查或打捞遗存于距离海岸线不超过4海里海域范围之内的水下文化遗产；

（2）对在距离海岸线不超过4海里海域范围之内发现水下文化遗产的，给予合理奖励；

（3）协调区域政府机构主管部门实施水下文化遗产管理政策、计划和开展相关活动；

（4）与本省以及其他省份的县市部门开展合作，依法实施水下文化遗产管理政策、计划和开展相关活动；

（5）加强机构能力建设，包括增加人力资源以实施水下文化遗产管理；

（6）促进水下文化遗产管理政策、计划和活动的贯彻落实；

（7）提高公众对水下文化遗产管理的认识水平；

（8）准备建立水下文化遗产管理数据收集系统。

第六章　监测与评估

第二十条

1. 为了确保水下管理政策、计划和活动的综合实施措施保持协同性和有效性，省政府、市政府和县政府应进行监测。

2. 第一款所述之监测旨在明确在实施水下文化遗产管理政策、计划和开展相关活动过程中取得的进展以及面临的障碍。

3. 通过直接协调以及监测负责实施水下文化遗产管理政策、计划和开展相关活动的区域政府机构主管部门进行定期监测。

4. 监测贯穿于水下文化遗产管理政策、计划和活动从规划到实施、开展的全过程。

第二十一条

1. 每年应对水下文化遗产管理政策、计划和活动的实施情况进行至少一次评估。

2. 对水下文化遗产管理政策、计划和活动实施情况的评估结果应作为制定新的水下文化遗产管理政策、计划和开展相关活动的参考资料。

第二十二条

1. 政府应监督和评估本省水下文化遗产管理政策、计划和活动的实施情况。

2. 省长作为政府代表负责监督和评估县／市水下文化遗产管理政策、计划和活动的实施情况。

第七章　报　告

第二十三条

1. 县长或市长有义务向省长提交关于本县／市水下文化遗产管理政策、计划和活动实施情况的报告。

2. 省长有义务向部长和内政部长提交关于该省水下文化遗产管理政策、计划和活动实施情况的报告。

3. 第一款和第二款所述的实施情况报告应每年进行一次，在必要时也应及时提交报告。

第八章 资　金

第二十四条

1. 实施本省水下文化遗产管理政策、计划和开展相关活动所需资金由该省区域收支预算（APBD）支出。

2. 实施县/市水下文化遗产管理政策、计划和开展相关活动所需资金由该县/市区域收支预算支出。

3. 政府可依法为实施水下文化遗产管理政策、计划和开展相关活动提供资金支持。

第九章　指导和监督

第二十五条

1. 部长应指导并监督省政府实施水下文化遗产管理政策、计划和开展相关活动。

2. 省长应指导并监督县/市政府实施水下文化遗产管理政策、计划和开展相关活动。

第十章　最后条款

第二十六条

本条例是省政府和县/市政府开展水下文化遗产管理活动的指南。

第二十七条

本条例自颁布之日起生效。

雅加达 2009 年 9 月 24 日

文化旅游部部长

附录六 《文莱古物和宝藏法》❶

本法对古代历史遗迹、考古遗址和古物的控制和保护进行规定；规范各类宝藏相关的法律；并对其他相关事项作出规定。

生效日期：1967年1月1日

第一部分 引用名称和定义

第一条 引用名称

本法被引用时应称为《古物和宝藏法》。

第二条 定义

1. 除相关条文另有规定之外，本法中：

"古代历史遗迹"是指任何位于文莱达鲁萨兰国之内，其历史可以追溯到或者可以合理地认为是1894年1月1日之前的历史遗迹，以及根据本法第十七条被宣布为"古代历史遗迹"的任何其他历史遗迹。

"古物"是指：

（1）在1894年1月1日之前或有合理理由认为在1894年1月1日之前，人为地建造、塑造、雕刻、建立、挖掘或以其他方式生产或改造的任何可移动和不可移动物体或土壤、河床、湖底或海床之任何部分；

（2）任何此类物体被嗣后添加、重建或恢复之任何部分；

（3）1894年1月1日之前以及有合理理由认为在1894年1月1日之前的任何人类、植物或动物遗骸（remains）；

（4）任何古代历史遗迹。

但是，任何在本法生效之日或之后被进口到文莱达鲁萨兰国之内，或与地方或国家历史、传统、艺术、考古或其他科学性质的公共利益无关之

---

❶ 该法由本书作者郭冉翻译。原文信息：Brunei Darussalam, Antiquities and Treasure Trove Act (2002), available at https://en.unesco.org/sites/default/files/brunei_lawant_02_enorof.pdf. visited on 22 February 2021。

物体或遗骸都不应被认为是本法之"古物"。

"局长"是指博物馆局局长。❶

"区长"是指地区行政长官。❷

"历史文物"是指任何具有宗教、传统、艺术或历史意义的人工制品或其他物品，包括：

（1）民族志研究资料，例如家具、农具、装饰品、个人装饰品；

（2）艺术品，例如雕刻、雕塑、绘画、建筑、纺织品、乐器、武器和任何其他手工艺品；

（3）手稿、硬币、纸币、奖章、纪念章、徽章、纹章、旗徽、盔甲；

（4）已经停止生产的车辆、船舶和轮船之整体及其部分。

"历史遗址"是指根据本法第十七条被宣布为"历史遗址"之遗址。

"部长"是指负责主管博物馆的部长。

"历史遗迹"是指任何庙宇、清真寺、教堂、建筑、纪念碑、港口、土方工程、竖石纪念物、圣迹、洞穴或其他构筑、建造或挖掘而成的物体，以及任何坟墓或其他埋葬场所或者任何其他类似不动产及其遗迹，因其具有公共利益以及重要的宗教、历史、传统或考古价值而必须予以妥善保护；并且，包括任何历史遗迹所在地及其附近因围栏、遮蔽或保护之需的场地及其进出道路。

"占用人"包括实际占有、管理或控制土地的耕种者或个人，包括任何占有或控制动产的个人。

"所有人"对任何土地而言是指在文莱达鲁萨兰国注册登记的土地所有人以及在文莱达鲁萨兰国按习惯保有财产的法定土地所有人和使用人。

"常任秘书长"是指负责主管博物馆事务的部级机构的常任秘书长。

"宝藏"是指任何人未知的或下落不明的金钱、硬币、金、银、银条、金条、珠宝、宝石或任何埋藏于地下、河床或海床的有价物品及其附属物

---

❶ 对此国内也有人翻译为"博物馆总馆长"。——译者注

❷ 文莱分区、乡和村三级。全国共有四个区（District，当地人称之为县）：文莱-摩拉区（Brunei-Muara）、都东区（Tutong）、马来奕区（Belait）和淡布隆区（Temburong）。各区设区长分别负责区内日常行政事务，由内政部办公室统筹管理。区下面设乡（Mukim），乡长（Penghulu）由政府任命，乡下面设村（Kampong），村长（Ketua Kampung）由村民民主选举产生。参见商务部国际贸易经济合作研究院、中国驻文莱大使馆经济商务处、商务部对外投资和经济合作司：《对外投资合作国别（地区）指南：文莱》（2021年版），载中华人民共和国商务部网站，http://www.mofcom.gov.cn/dl/gbdqzn/upload/wenlai.pdf，最后访问日期：2023年2月21日。

品，但宝藏不包括任何古物。

2. 为确定任何物体是否为古物或者历史文物，应当建立一个博物馆委员会，名称为"博物馆委员会"，以下简称"委员会"，该委员会包括：

（1）常任秘书长，担任委员会主席；

（2）局长，担任委员会秘书；

（3）七名成员，由部长提名。

该委员会作出的关于任何物体是否为古物或者历史文物的决定是终局的。

3. 博物馆委员会可制定为适当履行其职责所必需的各项规章。

第二部分　古物、历史文物和古代历史遗迹的发现及其所有权

第三条　古物的所有权

1. 在不违反本法规定的前提下，自本法生效之日或之后在文莱达鲁萨兰国发现的所有古物均为文莱达鲁萨兰国苏丹陛下政府的绝对财产。

2. 所有古代历史遗迹自本法生效之日无论为何人所有，或者只要它并非为被授权的受托人或管理人所控制，均为文莱达鲁萨兰国苏丹陛下政府的绝对财产。

3. 所有发现的古物（古代历史遗迹除外），无论位于地上、地下还是河流、湖泊或海洋之中，均为文莱达鲁萨兰国苏丹陛下政府的绝对财产。

4. 任何与古物有关的诉讼应首先假定该古物是本法生效之后才被发现的，除非有证据证明并非如此。

第四条　发现古物的通知义务

1. 任何人发现其有理由相信是古物或古代历史遗迹的任何物体或历史遗迹，均应立即通知发现地所属区域的乡长、村长或该区的区长；如有条件，应将古物交给区长，区长应为此开具收据。

2. 前款规定的乡长或村长收到通知后应通知该区的区长。

3. 如区长有理由相信在该地区发现的物品属于古物，可书面通知要求该物品占用人在可能的情况下尽快将该物品送交发现地的区长，区长接收后应开具相应的收据。

4. 区长收到根据本条第一款规定的通知之后应立即通知局长。

5. 根据本条第一款或第三款送交区长的任何物品以及区长有理由相信在该地区发现的任何物品或历史遗迹属于古物，该物品发现地或历史遗迹

所在地的区长应通知局长，局长应立即报告博物馆委员会。

第五条　对某些古物的补偿

1. 一旦发现除古代历史遗迹以外的任何古物，区长有权代表局长保管和占有该古物，应负责妥善记录，并应立即将其交付给局长。

2. 在任何情况下，博物馆委员会均可决定不保留该古物，并将其退还给将其交给区长的人，该古物所有权应视为已移交给其所有人，但应根据第三条确定所有权的古物除外。

3. 一旦博物馆委员会决定保留古物，除第七条规定之外，委员会应支付：

（1）对古物发现者以及古物所在地的土地所有者给予合理补偿；如果古物发现者与古物所在地的土地所有者系相同之人，应将全部补偿支付给此人；

（2）对在国有土地上发现古物的人（负有履行本法规定职责和义务的人除外），应向发现者提供合理补偿。

但是，若发现者未能按照第四条之规定通知报告其发现的，委员会即使决定保留该古物，也不得向发现者支付上述款项。

第六条　古物的分配

1. 尽管有第三条和第五条之规定，博物馆委员会仍可与任何人达成书面协议，允许他们根据该条之规定从政府那里获得对此类古物或其部分的合理补偿；该古物的整体价值或部分价值的份额应按照上述协议规定的方式予以分配。

2. 尽管有第五条之规定，根据第一款达成的任何协议均合法有效，但是，若发现者未能按照第四条之规定通知报告其发现的，该发现者无权根据此类协议获取该古物之任何份额。

第七条　在发现地原址保存之古物的补偿

如果博物馆委员会认为古物应在发现地原址保存，则仅应向其发现者支付委员会确定的合理补偿。

第八条　奖励的支付

如果按照本法规定保留古物的博物馆委员会认为，根据第五条可以支付给发现者或土地所有者的补偿款数额不足，而且发现者或土地所有者又提出要求的，委员会可酌情决定向该发现者或土地所有者支付其认为根据第五条之规定应付的金钱奖励，但是，若发现者未能按照第四条之规定通知报告其发现的，委员会不应向该发现者支付上述奖励。

第九条　古物的出售或处置

1. 部长可书面通知要求任何占有古物或历史文物的人或依法有权出售或处置古物的人，未经事先通知公告拟出售或处置行为，不得出售或处置该古物或历史文物。

2. 任何人在收到第一款所述通知之后三十日内不得出售或以其他方式处置任何古物或历史文物；即使其所有人可能已经与他人达成协议，政府仍然有权以合理价格优先购买此类古物或历史文物。

第十条　对价值、价格或分配问题的争议

如博物馆委员会与他人就任何古物或历史文物的合理补偿数额或者根据第六条项下协议对古物或历史文物的分配问题产生争议，该争议应提交部长，部长的决定为终局决定。

第三部分　发　掘

第十一条　未经许可任何人不得开展发掘活动

1. 未经常任秘书长颁发许可证授权许可，任何人不得在其作为所有人或占用人的土地或其他任何土地上为了寻找古物而开展发掘活动。

2. 但本节之规定不适用于任何由局长及其代表开展的发掘活动。

第十二条　发掘许可证的申请

1. 发掘许可证的申请均应：

（1）按照规定的方式提交给博物馆委员会秘书；

（2）包含对拟发掘土地的准确完整的描述、拟发掘活动的性质、范围以及其他规定的具体事项。

2. 博物馆委员会秘书应将申请和局长推荐书一起提交给常任秘书长。

第十三条　发掘许可证的授予或拒绝

常任秘书长可酌情决定是否颁发发掘许可证，并应将其决定通知局长：

除非经调查后确认以下事项，常任秘书长不得颁发发掘许可证：

（1）拟开展发掘活动所在地的土地所有者已经同意该发掘活动；

（2）拟开展发掘活动不会对附近居民、附近宗教场所、墓地、学校、水源、供水系统、灌溉与排水工程、公路造成任何损害或不便；或者对于可能造成的任何此类损害，申请人已为支付相应补偿作出充分准备；

（3）申请人能够提供担保，确保其遵守本法规定、本法实施细则以及发掘许可证规定的任何条件。

第十四条 许可证条款和条件

1. 根据第十三条颁发许可证应遵守有关有效期（以第十五条规定为准）以及许可条件方面的明文规定。

2. 除一般性明文规定或适用于特殊情况的具体条件外，根据第十三条颁发的许可证应符合以下要求：

（1）许可证持有人应采取一切合理措施保护其发现的古物；

（2）许可证持有人应按照局长要求以科学的方式开展发掘工作；

（3）许可证持有人应妥善记录在发掘过程中发现的所有古物；

（4）许可证持有人应按照局长要求在合理时间内将依本法第六条分配给他的所有古物的照片、铸件、拓印或其他复制品上交给局长；

（5）许可证持有人应按照局长要求提供发掘方案以及照片。

第十五条 许可证的延长和撤销

1. 发掘许可证有效期届满后，常任秘书长在收到局长推荐建议后，可决定延长有效期或其他他认为合适的期间。

2. 发掘许可证有效期届满后，常任秘书长可决定撤销许可证，许可证持有人无权主张补偿其因许可证撤销而遭受或声称遭受的任何损失或损害。

第十六条 私人权利的保留和政府的豁免权

1. 本部分之任何规定均不得被视为授权侵犯文莱达鲁萨兰国的任何私人权利或违反任何现行成文法律。

2. 对于依本部分规定颁发的发掘许可证之授权而开展发掘活动所造成的任何人身伤害和财产损失，博物馆委员会或政府不应单纯因为许可证颁发行为而承担任何损害赔偿责任。

第四部分 古代历史遗迹和历史遗址

第十七条 古代历史遗迹和历史遗址的宣布及目录

1. 苏丹可通过命令❶宣布任何历史遗迹为古代历史遗迹，宣布任何遗址为历史遗址，并可划定该历史遗迹或遗址的范围。

2. 根据苏丹指示或经苏丹同意，局长应在《宪报》上刊登古代历史遗

---

❶ 苏丹必须在与部长会议协商后才能作出相关决定。

迹和历史遗址的目录及其范围，并通过同样的批准流程对此类目录进行及时增加或修订。

第十八条　古代历史遗迹和历史遗址的禁止行为

1. 未经常任秘书长书面许可，除非按照常任秘书长咨询部长后颁发许可证之各项条件，任何人不得从事以下行为：

（1）在依据第十七条公布并不时增加或修订的目录中所列之古代历史遗迹和历史遗址及其附近区域，从事挖掘、发掘、建造、植树、采石、灌溉、烧石灰或其他类似工作，或堆土与堆放垃圾；在历史遗址建立或扩展墓地；

（2）拆除古代历史遗迹或扰乱、阻碍、修改、标记、推倒或移走古代历史遗迹及其任何部分；

（3）对古代历史遗迹进行改动、增补或修理；

（4）在古代历史遗迹附近建房筑墙。

2. 根据本条第一款提交的申请，应提请局长提出建议和意见。

第十九条　古代历史遗迹和历史遗址的保护行为

1. 对任何位于私人领地的古代历史遗迹和历史遗址，政府在与局长协商后：

（1）可与所有人和占用人作出保护、检查和维护方面的安排，并为此目的从财政划拨资金用于支付必要的、所有人或占用人愿意开展的维修或保护工作所需之费用。但是，一旦支付此类工程之费用，该工程应按照政府与局长协商后确定的具体指示进行；

（2）通过私人合同购买或租用该遗址，或根据文莱达鲁萨兰国现行公共用地征收方面的成文法律之规定，收购该遗址；

（3）移走古代历史遗迹之整体及其任何组成部分，从而弥补它对所处的遗址或建筑物造成的损害，并对损害进行补偿。但这种补偿的金额应通过协议确定；在有争议的情况下，应提交给部长，由部长作出最终决定。

2. 如果政府不愿行使第一款规定的权力，博物馆委员会有权代表政府行使任何此类权力，但在这种情况下，政府应负担本条规定政府应付的相关费用，并承担本条规定政府应行使的权力可能产生的相关责任。

第二十条　古代历史遗迹和历史遗址的检查

1. 古代历史遗迹和历史遗址的所有人或占用人在任何合理时间均应允许常任秘书长、局长或常任秘书长全权委托或特别授权的任何个人或官员进入遗址进行检查，或者进行他认为对修复、维修、改建、维护或养护工作而言是必需且紧要的研究工作。

但是，只有在上述所有人或占用人至少提前七日收到拟检查通知的情况下，本条规定的相关责任才能产生。

此外，如果任何人出于良心或宗教理由反对进入检查或开展此类工作，则除非首先获得部长书面许可并经苏丹陛下批准，不得进行检查或开展此类工作。

2. 在任何情况下，如上述所有人或占用人因完成／实施／承担第十九条规定的相关工作及其部分工作而遭受或声称遭受任何损失或损害，该所有人或占用人均无权要求予以补偿。

第五部分　考古保留土地

第二十一条　考古保留土地的宣布

为实现本法之目的，苏丹可发布命令宣布任何国家土地为考古保留土地。

第二十二条　未经许可禁止从事的活动

除非持有常任秘书长经咨询局长后颁发的许可证，任何人均不得：

（1）翻耕或耕种考古保留土地的任何部分；

（2）在考古保留土地建造任何建筑或设施；

（3）砍伐或以其他方式毁坏位于考古保留土地的树木；

（4）侵占考古保留土地。

第六部分　宝藏

第二十三条　收回宝藏的通知

1. 任何发现宝藏的人，除根据本法第四条规定已经履行通知和上交义务之外，还应将该发现通知宝藏发现地的区长，并将宝藏交付给区长，区长接受后应提供收据。

2. 收到通知的区长应将该通知汇报给局长。

3. 若区长有理由相信根据本条交付的物品属于古物，应按照第四条第四款之规定进行通知，并且本法中有关古物的相关条款应适用于该古物，但如果博物馆委员会确定该物品不属于古物，则适用本部分的相关条款。

4. 如果区长有理由相信在其所管辖地区发现宝藏但发现者并未根据本法规定向其通知，那么他应书面通知发现者或疑似发现者在规定时间和规定地点亲自向其汇报，并将发现的宝藏或疑似宝藏交付给他，区长接收后应提供收据。

第二十四条　要求请求权人主张权利的通知

1. 区长收到根据本法第二十三条报送的通知，或接收根据第二十三条第四款上交的宝藏或疑似宝藏之后，应在连续两期《宪报》上发布通知，要求所有对宝藏及其任何部分主张权利的人或其代表必须在规定时间和地点向区长提出主张，上述时间不得早于该通知在《宪报》上首次发布之日后两个月但不迟于三个月。该通知还可以在本地区的地方性媒体上发布，期限不少于一个月，并且应在宝藏发现地张贴通知副本。

2. 如果区长认定的宝藏发现地的所有人或占用人在宝藏发现之时并非发现者，则区长也应以同样的方式书面通知宝藏发现地的所有人或占用人。

第二十五条　请求权人未出现时权利的丧失

任何对该宝藏或其部分享有任何权利的人，如果未按照第二十四条发布之通知要求主张权利，则丧失其权利。

第二十六条　有待调查的事项

1. 在依据第二十四条通知的具体日期和地点，区长应将宝藏安置在现场，开展调查并确定：

（1）相关物品或物件是否属于宝藏；

（2）发现该宝藏的主体、地点及环境；

（3）在可能的情况下，隐藏该宝藏的主体以及相关环境。

2. 区长可在任何阶段将聆讯延迟任意长的时间，但应记录其将聆讯推迟的理由。

第二十七条　允许请求权人提起诉讼的期间

如果在根据第二十六条进行调查后，区长有理由相信该宝藏是在发现之日前五十年之内被人隐藏，并且隐藏人根据上述通知要求出现并主张拥有该宝藏或由其他人提出要求，区长应下令将聆讯延后到他认为合适的时间，以使请求权人在有管辖权的法院提起诉讼从而确认其权利。

第二十八条 宝藏被宣布为无主物的情况

1. 如果区长在调查后认为宝藏并非以上述方式被隐藏；或者，如果区长发现，在根据第二十七条确定的期限内未提起上述诉讼；再或者，如果在上述期限内提起诉讼但请求权人的诉讼请求最终被驳回，区长可发布声明，宣布该宝藏为无主物。

2. 任何因依第一款所作之声明而受损的人可以在该声明作出之日起两个月内向高等法院（High Court）提起诉讼。

3. 除非依法提起诉讼，上述声明为最终决定。

第二十九条 宝藏归政府所有的情况

当根据第二十八条对宝藏作出声明后，该宝藏应归政府所有。

第三十条 对发现者和土地所有人的奖励

政府可酌情向宝藏的发现者和宝藏发现地的土地所有人支付其认为适当的款项作为奖励。

第七部分 古物或历史文物的出口

第三十一条 未经许可禁止出口

1. 除非获得局长颁发的出口许可证，任何人不得出口古物，并且局长在签发任何出口许可证之前应咨询常任秘书长。

2. 如果局长认为古物对国家具有长期重要性或利益且应代表政府取得其所有权，或出于公共利益等理由而不应出口，或者常任秘书长以古物应由政府取得为由反对出口，局长不应颁发出口许可证。

3. 出口许可证申请人应提交一份拟出口古物或历史文物的清单，应申报其价值，并提供局长要求的其他有关详细信息，并在局长要求时将任何此类古物交给局长检查。

4. 除非申请人证明他是该古物的所有人或他是代表所有人并在所有人授权范围内行事，否则不得向其颁发古物的出口许可证。

第三十二条 许可证的出示

出口许可证持有人应按要求向局长或海关官员出示出口许可证。

第三十三条 禁止出口古物的权力

1. 任何因第三十一条第四款所列理由而被拒发出口许可证的人，均可在收到拒绝通知之后一个月内诉诸部长。

2. 任何因古物应由政府取得或因公共利益而被拒绝颁发出口许可证的

人，均可在收到拒绝通知之后一个月内诉诸博物馆委员会，由其作出最终决定。

第三十四条　拟出口古物的取得

如以该古物应由政府取得为由拒绝颁发出口许可证，或根据第三十一条禁止出口历史文物，政府应向其所有人支付合理补偿，此后该所有人应将其交给局长，由局长根据政府指示进行处置。

第八部分　局长的权限

第三十五条　局长对古物和宝藏进行检查的权力

对于局长有理由认为具有或将具有持久价值或利益的古物和历史文物、古代历史遗迹和宝藏，无论由何人占有，局长或局长书面授权的人员皆可在任何合理时间进行检查；并且占用人有义务允许此类检查，并为局长或其授权人员提供一切合理的便利，以便研究局长有理由认为具有或将具有持久价值或利益的古物和历史文物、古代历史遗迹和宝藏，并制作绘图、摄影、拓印以及制作铸件等复制品。

但是，对于有理由认为具有或将具有持久价值或利益的古物和历史文物、古代历史遗迹和宝藏，未经其占用人同意不得出售此类绘图、摄影、拓印和复制品。

此外，如果所有人出于良心或宗教理由反对进入检查，那么，除非首先获得部长书面许可并经苏丹陛下批准，局长或其授权的人员不得进入检查。

第三十六条　权力的委托

经常任秘书长批准，局长可以一般性地或特别地授权任何其他官员行使、履行或执行其根据本法及其相关条例或规则所拥有的任何权力、职责或职能。

第九部分　处　罚

第三十七条　处　罚

1. 古物和宝藏发现者没有报告、交付发现的物品，或未陈述其发现的准确信息，或故意对发现信息作出不实报告，都属于违法行为，应处一年监禁并处三千元罚款。

2. 如未根据第十三条取得发掘许可证，任何人故意或过失挖掘古物，或拆毁、损坏任何古代历史遗迹，无论在地上还是地下，即使是在其拥有的土地上，都属于违法行为，应处三个月监禁并处一千元罚款。

3. 任何人违反第十八条之规定，都属于违法行为，应处三个月监禁并处一千元罚款。

4. 任何人违反第二十二条之规定，都属于违法行为，应处三个月监禁并处一千元罚款。

5. 任何人如未根据第三十一条取得出口许可证而出口或企图出口古物，都属于违法行为，应处三个月监禁并处一千元罚款。

6. 任何人出口或企图出口那些局长禁止出口且已经根据第三十四条拒绝颁发出口许可证的古物和历史文物，都属于违法行为，应处一年监禁并处四千元罚款。

7. 任何人违反第九条之规定出售或处置古物和历史文物，都属于违法行为，应处六个月监禁并处二千元罚款。

8. 任何人拒不为局长或局长授权的人员提供合理便利以使其检查、研究、拍摄、拓印或复制古物和历史文物，或拒不允许其进入并根据本法之规定对古代历史遗迹和历史遗址进行修复、维修、改建、维护和保护等必要工作，都属于违法行为，应处一千元罚款。

9. 任何人恶意或过失毁坏、伤害、污损、移位、扰动或损毁古物和历史文物，都属于违法行为，应处一年监禁并处四千元罚款。

10. 任何人通过对古物、历史文物以及具有考古价值的物品的真实性或年代作出虚假描述、陈述或其他意思表示，从而故意欺骗或企图欺骗任何公职人员的行为，都属于违法行为，应处一年监禁并处四千元罚款。

第三十八条　对起诉的限制

除非由检察官（Public Prosecutor）提起或者取得检察官同意，不得对违反本法的任何行为提起诉讼。

第三十九条　丧失对古物和宝藏的主张及其利益

1. 任何人如违反本法关于古物、历史文物（古代历史遗迹除外）或宝藏之规定而构成犯罪的，将完全丧失对它的所有主张和利益以及作为发现者可能获得的任何奖励；在这种情况下，裁判官（magistrate）可指令把古物、历史文物或宝藏交付给代表政府的区长，如裁判官作出该指令，古物、历史文物或宝藏的占用人应按指令承担相应的交付责任。

2. 经苏丹陛下批准，部长可视情况作出决定，命令按照他认为合适的条款和条件把根据本条之规定没收的古物、历史文物或宝藏交还给其所有人、其他权利人或者发现者。

第十部分　杂项和其他规则

第四十条　授权出售古物

1. 政府在与局长协商后可出售政府所有的古物和历史文物。

2. 对于政府根据第一款规定出售的古物或历史文物，除非买卖双方另有明确书面约定，否则第九条之规定不再适用于该古物或历史文物。此外，尽管有第三十一条第四款之规定，仍应向申请人颁发该古物或历史文物的出口许可证。

第四十一条　古物的出借

1. 经局长同意，政府可将属于政府财产的任何古物或历史文物出借给学术团体或博物馆或专家学者，或者与他们进行交流，并可授权出境进行学术交流。

2. 前款项下的任何出借协议均应对其保护和保险事宜作出适当规定，并且，在局长或有关政府认为有必要的情况下，还应对古物或历史文物的归还事宜作出适当规定。

第四十二条　治安法院的管辖权

治安法院有权根据本法以及据此制定的相关规则作出相应判决。

第四十三条　经销商（Dealer）

除非持有常任秘书长颁发的经销商执照（a dealer's licence），任何人不得在任何地区从事古物交易活动。

第四十四条　其他规则

苏丹可制定规则，以执行或实施本法之规定，并可以在不违反上述一般规定的前提下对下列事项制定规则：

（1）规定根据本法授予或签发任何执照或许可的条件和限制（包括费用的支付和金额）；

（2）规定公众可进入文莱达鲁萨兰国任何古代历史遗迹的条件和限制（包括费用的支付和金额）；

（3）对违反或不遵守根据本条制定之任何规则的行为，或者违反或不遵守根据此类规则颁发执照或许可证之限制或条件的行为，规定处以不超过一千元的罚款。

附录七 《国际法中的军舰和其他国有船舶残骸的法律制度》❶

国际法学会，

强调在保护和保存文化遗产方面进行合作的义务，

意识到保护和维护海洋环境的责任，

遵循《联合国海洋法公约》（1982年）所载之习惯国际法规则，

回顾《保护水下文化遗产公约》（2001年）、《关于禁止和防止非法进出口文化财产和非法转让其所有权的方法的公约》（1970年）和《国际统一私法协会关于被盗或者非法出口文物的公约》（1995年），

注意到《内罗毕国际船舶残骸清除公约》（2007年），

还注意到《联合国国家及其财产管辖豁免公约》（2004年），

铭记海上武装冲突法以及关于国家继承的习惯规则，

意识到军舰残骸问题仍然存在不确定性，并希望为澄清有关这一问题的国际法作出贡献，

通过以下决议：

第一条 定 义

就本决议而言：

1. "沉船"是指不能运转的沉没的国家船只及其任何部分，包括任何留存或曾经留存在该沉船上的物体。

2. "沉没的国家船只"是指国家所有并在沉没时仅用于政府非商业目的之军舰、海军辅助船或其他船舶。它包括与该船有关的任何货物或其他物体的全部或部分，无论该货物或物体是国家所有还是私人所有。该定义不包括搁浅的船舶、正在沉没过程中的船舶或石油平台。

---

❶ 该法由本书作者郭冉翻译。原文信息：Institut De Droit International, The Legal Regime of Wrecks of Warships and Other State-Owned Ships in International Law (29 August 2015), available at https://www.idi-iil.org/app/uploads/2017/06/2015_Tallinn_09_en-1.pdf. visited on 22 February 2021.

第二条 文化遗产

1. 任何具有考古和历史性质且位于水下一百年以上的沉船都属于文化遗产。
2. 所有国家都应采取必要措施，以确保对属于文化遗产的沉船予以保护。
3. 在适当情况下，应对第一款所述性质的沉船实施原址保存。
4. 第一款所述性质的沉船如未进行原址保存，则应按照适当的考古惯例进行发掘和展示。
5. 各国应采取必要措施，防止或控制对作为文化遗产的沉没的国家船只开展与本条及其他相关条约规定之义务不符的商业开发或掠夺行为。

第三条 沉没的国家船只的豁免权

在不影响本决议其他规定的情况下，沉没的国家船只不受船旗国以外任何国家的管辖。

第四条 沉没的国家船只作为船旗国的财产

沉没的国家船只一直是船旗国的财产，除非船旗国已经明确声明抛弃、放弃或转让其所有权。

第五条 货物状态

1. 沉没的国家船只上的货物不受船旗国以外的任何国家管辖。
2. 船旗国拥有的货物一直是该国的财产。
3. 其他国家拥有的货物一直是这些国家的财产。
4. 船只沉没对船上货物的产权不产生影响。但是，未经船旗国同意，不得侵犯或移出货物。

第六条 海上武装冲突

依据相关国际法规则被俘获的国家船只属于俘获国的财产。

第七条　内水、群岛水域和领海中的沉没的国家船只

沿海国在行使主权的过程中，在不损害本决议第三条之情况下享有规范其内水、群岛水域和领海沉船相关活动的专属权利。

第八条　毗连区中的沉没的国家船只

根据《联合国海洋法公约》第三百零三条，沿海国有权对把沉没的国家船只从其毗连区移出的问题作出规定。

第九条　专属经济区或大陆架上的沉没的国家船只

船旗国对遗存于他国专属经济区或大陆架上的沉没的国家船只进行任何活动均应适当顾及沿海国的主权权利和管辖权。根据相关条约，船旗国应将拟在沉船上进行的任何活动通知沿海国。如沿海国要求船旗国合作清除沉船但船旗国拒不采取任何行动，则沿海国有权清除影响其主权行使的沉船。

第十条　国际海底区域的沉没的国家船只

在不影响《联合国海洋法公约》第一百四十九条的情况下，"区域"内沉没的国家船只由船旗国专属管辖。

第十一条　国家继承

该决议的规定不影响有关国家继承的国际法原则和规则。

第十二条　战争坟墓

对沉没的国家船只中的人的遗骸应给予应有的尊重。履行这项义务可以把沉船作为战争公墓，或者在发掘沉船时对死者遗骸进行适当处理和埋葬。有关国家应对建立沉船战争公墓作出规定。

第十三条　打捞

打捞沉没的国家船只须遵守适用的国际法规则、本决议之规定以及考古惯例。

第十四条　航行危险以及海洋环境保护

1. 在不违反本决议第七条的前提下，船旗国应清除那些构成航行危险或海洋污染来源或海洋污染威胁的沉船。

2. 沿海国可采取必要措施消除或减轻迫切的危险。

第十五条　合作义务

1. 所有国家应合作保护和保存属于文化遗产的沉船，清除对航行造成危险的沉船，并确保沉船不会污染海洋环境或威胁海洋环境。

2. 尤其值得强调的是，闭海或半闭海沿岸国应以与其他国家权利和义务相一致的方式开展合作，履行本决议规定的义务。